未曾有の「国難」に教育は応えられるか

――「じひょう」と教育研究60年

新堀 通也

東信堂

はじめに――なぜ本書を出版するのか

本書出版の動機には二つのものがある。一つは戦後日本の教育の現場にあって、これを批判的、理性的に観察分析した私なりの論考を整理したいという考えである。私が生まれたのは大正10年（1921年）、昨年は卒寿を迎えたが、私は終戦直後、旧制広島文理科大学を卒業、直ちに広島女子高等師範学校（何れも後に新制広島大学の母体となった）に奉職後、教育の実践と研究に60年間を捧げた。前半40年間は国立の広島大学で、後半20年間は私立の武庫川女子大学で過ごした。武庫川女子大学を定年退職したのは2005年である。武庫川女子大学を退職した後、記念として請われ執筆した米寿記念論文3編を収録した上、余録コラムとして2編の論文と、教育社会学における業績に対して授与された紫綬褒章に関する論文（「教育社会学と私」）とを付け加えて、本書の全体構成とした。戦後60年間、さらに最近の「未曾有の国難」に関する「じひょう」を加えて、私自身の現代教育批判、分析、その研究の枠組みとしての教育社会学研究の歩みを整理したつもりである。

いうまでもなく戦後の少子高齢化は教育に対して決定的な影響を与えてきた。これに対して日本の教育の対応は適切であったかが吟味されなくてはならない。それは単に子どもに対する対応だけではない。教師教育、学校、政治などがいかに対応すべきかについて現在、深刻な反省を迫られている。

少子高齢化は、定年退職後の高齢者がいかにして「生きがい」や「社会的貢献」をもって、その「余生」を送るかという問題を提起している。単なる厄介者、社会的依存者ではなく、「生涯現役」たるの実力と実績と資質を持つことが彼ら高齢者に求められる。私自身は幸運にもほとんど喜寿に至るまで「現役」の教育者と研究者とを兼ねそなえることができたし、現在もなおいささかの社会的活動（主として教育評論活動と、大学院卒業生の指導）にたずさわっている。今回、出版することにしたのも卒寿を越えた高齢者が本を出して世の中に貢献、刺激を与えることができるという「生涯現役」のモデルを提供したいという思いがある。実際粗製乱造のそしりやかげ口は百も承知の上だが、私は今まで１００冊以上の単行本を国の内外から出してきたし、上に述べた通り紫綬褒章や旭日中綬章、中国文化賞、広島大学・武庫川女子大学名誉教授、日本教育社会学会長・名誉会員、その他、数多くの栄誉章を受賞した。自分なりに全力をつくし独創的な解釈を加えたと自負するいくつかの大作、問題作もこの世に問うたつもりである。出版当時にはかなりの評価を受けたものもあるが、口下手のためか、宣伝下手のためか、世にときめくタレントや評論家たるの実質は得ていない。

心ひそかに本書が卒寿翁の著書として、いささかでも評判を呼び、広く刺激を与えるなら、私にとっても生きがいとなり、これにまさる喜びはない。これが本書出版のひそかな第２の動機である。

本書の出版は私にとっての「知己」ともいえる東信堂の下田勝司社長の高い判断によっている。いつものことながら改めて感謝の意を表したい。

２０１２年１月20日

新堀　通也

目次／未曾有の国難に教育は応えられるか——「じひょう」と教育研究60年——

未曾有の国難に教育は応えられるか

――「じひょう」と教育研究60年――

第1部　戦後から21世紀まで何を主張してきたか

はしがき

１９８５（昭和60）年４月、武庫川女子大学に着任してちょうど20年後の２００５（平成17）年３月末を以て、私は同大学を退職することになった。

全くの偶然だが、私が本学に着任した直後、大阪市に本社をおく日本教育綜合研究所の宮坂政宏編集長の依頼を受けて、私は同社発行の教育専門誌『週刊教育ＰＲＯ』の「じひょう」欄の執筆を毎月一回、担当することになった。そこで１９８５年10月１日の同誌に「教育における民間活力」なるタイトルの時評を発表して以来、現在に至るまで計３１２回、26年あまり教育の流れをその時どきのトピックに即しつつ観察し、私の見方や解釈を率直に述べてきた。ここではそのいくつかを選んで、編集した。小見出しのタイトルが各回の時評であり、それぞれに発表年月日をカッコの中に記しておいた。私が本学に勤務した20年間とその後、現在に至るまでの教育の流れの観測記録であり、学術論文とはもちろんいえないが許しを得たい。

Ⅰ　時代と教育

1　戦後の時代区分

1　戦後60年、教育への教訓（2005年8月16日）

終戦記念日にあたって、戦後60年の歩みを回顧、総括するとともに、60年前の悲劇の正確な認識と反省が内外から求められている。それは教育についても例外ではない。この60年間、教育自体も、また教育を取り囲む社会も劇的な変化を遂げてきたから、その激変が教育にいかなる影響と課題を投げかけたかを冷静に吟味し、歴史から教訓を得なくてはならない。最も基本的と思われるものを箇条書き的に整理してみたい。

第一に、教育の影響と限界。戦争や敗戦といった、関係する国家や国民のすべてに決定的な変化や影響をもたらす非常事態は言うまでもない。この60年間に限っても、大学紛争、大震災、サリン事件、児童殺傷事件など、数え上げれば際限がないほど多数で深刻な事件や事故が突発し、その関係地域や関係者に衝撃を与えた。その多くは、予想・予測もされなかった例外的な事態であるから、それへの適応や対応が困難を極めるのも当然だ。そのため、こうした非常事態に直面した場合、人間の生地、本性、本音があらわに露呈される。例えば空襲や大震災の際、我が身の危険を冒して隣人を救おうとする人がいたかと思うと、火事場泥棒よろしく被災者の財産を盗んだり、救援物資を騙し取ったりする人がいた。非常事態となるとメッキが剥げ、人間の美しさと醜さとがハッキリと表れる。

「心の教育」の重要性が謳われたのは戦後40年あまり経った臨教審の時代だが、教育の力を超えた「変え難い心」が存在することを、戦後60年の歴史は示している。「変え難い」というより「変え難くなった」という方が正確であり、変え難いほど身に付いた「美しい心」を作り上げたのも、まさに教育なのである。幼い頃の家庭教育、学校における「感動」や「志」の教育が特に重要であろう。

以上とも関係するが、第二に、人間の「変わり身」の早さが、特に60年前の社会的激変によって明らかとなった。それはある意味で前項の「変わりにくい醜い心」の変種といってもよい。特に終戦を境に、熱烈な「軍国少年」「愛国少年」が、一転して「平和」「反戦」「反国家主義」に心酔し、「忠君愛国」を鼓舞し、「教え子を戦場に」送り込んだ熱血教師が一転して共産主義や反体制運動の闘士となり、戦争の「大義」を説き、「八紘一宇」のスローガンを理論づけた学者や評論家が一転して民主主義や社会主義の旗手となったなどの例は枚挙に暇がない。この種の人たちを筆者自身、数多く知っている。「要領がよく」「変わり身の早い」この人たちは、よくいえば柔軟性や適応力に富んでいるが、悪くいえば一貫性がなく、環境、時流、流行に流されるカメレオンの如き存在だ。極端から極端へと振り子のように揺れ動く彼らは、確かに「変わりやすい」が、その実、要領がよく世渡り上手、大勢順応的保身術に長けている点で、彼らの本性は全然変わっていない。我が身可愛さからの保身的利己主義からではなく、あまりに純情、純粋であるために、その時その時の権力や世論を素直に受け入れ、信じ込み、宣伝する人もいる。彼らも「変わり身は早い」が、純情や素直さというその本性は変わらない。

第三に、ＰＴＳＤ（心的外傷後ストレス障害）との関係。この語がにわかに脚光を浴びて登場したのは、今から10年前の阪神淡路大震災を契機とする。全く突然、この地方を襲った天災は、何百万という人々の生命や生活を揺るがし、心身に大きなストレスを引き起こした。その後も規模こそ異なるにせよ、大教大附属池田小学校の児童殺傷事件、ＪＲ西日本の電車脱線事故など、数多くの衝撃的なトラウマが頻発し、ＰＴＳＤとその治療が大きな問題となっている。

しかし、それよりはるか以前に、またはるかに大規模なトラウマが経験されていた。ＰＴＳＤなどという語こそなかったにせよ、60年前の終戦がそれである。既に、それ以前にも敗色は蔽い難く、国民もある程度予感はしていたものの、いざ終戦の詔勅が出され、一夜にして国の主権と独立が失われ、焼土と飢餓の中に投げ込まれた国民すべてが、いかに大きな虚脱、不安、絶望などに陥ったかは容易に想像できる。価値も制度も１８０度転換したのだから、この激変はまさに桁違いのトラウマだったといってよい。ところが、敗戦というトラウマの規模や程度に比例したストレス障害は起きなかったように思われる。

その理由はいろいろある。大震災などの場合は被災者と非被災者、被災地と非被災地とは明瞭に区別され、被災者や被災地は限定されていたから、被災者や被災地に救いの手を差し伸べる人や地域が多数存在し、それだけストレス障害の存在や治療を意識するゆとりが多い。また震災は完全な天災だが、敗戦、さらに遡って開戦は人災だから、その責任を戦争犯罪人、また戦争協力者などになすりつけることができる。トラウマの発生責任の曖昧さが、ストレス障害の処理を困難にする。

2 昭和の終焉（1989年1月10日）

多くの国民のねがいも空しく、深い悲しみの中、天皇が崩御された。哀悼のことばもない。あの高齢で病いと闘われながら、苦しみを表に出さず、従容として逝かれたときくにつけ、尊敬と同情の交錯した思いに駆られる。ノブレス・オブリージュという言葉があるが、「人間宣言」をされた前も後も、天皇は一貫してこれを体現されてきたように思う。とうてい、ふつうの「人間」にできることではない。

ともあれ昭和の時代は終焉を告げた。この国際化の時代にあって、国内だけにしか通用しない元号で時代を区分するのはたしかに不便でもあるし、政治的イデオロギーによる元号反対論もある。しかし憲法第一条や元号法が存在する限り、元号は合法的である。元号に代えて西暦一本にせよという主張もあるが、その西暦ももとはといえば、キリスト誕生（それも歴史的事実としては誕生4年後が西暦元年だが）を基準として設けられており、いわば宗教的な起源や性格をもっているのだから、政教分離や信仰の自由に反しているし、またキリスト教と不可分だから、西洋中心の歴史観や世界観を反映しているといえる。西暦が国際的に通用するようになったのは、西洋が世界の覇者となったという歴史の所産にすぎない。英語が現在、国際語となっているのと同様だ。

国際語たる英語の学習が必要不可欠だからといって、国語たる日本語を廃止せよという人は一人もいないが、時代の呼称にしても、国際的な西暦に加えて、国内だけに通用する元号を用いることは、合法的であるばかりか便利でもある。日本の歴史を考えたり、時代や世代を区分したりするとき、元号が広く使用されているのは、その有効性の大きさの故であろう。インターナショナリズムは健全なナショナリズムを欠くなら、無国籍なコスモポリタニズムに堕してしまうといわれるが、西暦と元号との併用も日本人の時代感覚を豊かにするという一面をもっているように思う。

実際、日本人は全世界的な視野から論じたり、国際関係が重要な意味をもつことを扱ったりする場合には、「20世紀の日本」とか「90年代に向けて」とかいった風に西暦を基準にするが、国内の時代の風潮や世代の特徴を論じる場合には、「大正デモクラシー」とか、「昭和一ケタ」とかといった言い方をする。西暦という抽象的で無機的な数字の羅列では表し得ない具体的で個性的な特徴がそれによってビビッドに伝えられるし、時代の共有による共属意識も感じられるからであろう。外国でも元号によるのではないにせよ、ビクトリア時代とかドゴール時代とかといった言い方が行われる。

こうして過去60余年間が昭和時代と呼ばれることになるが、この類いまれな長期の期間を一つにくくって、特徴づけることはもちろん無理だ。強いて言うなら、月並みだが、激動の昭和ということになるが、さらにそれを三分することができよう。すなわち昭和20年と、昭和40年ごろとが、その境界線である。

昭和20年を境とした激変については改めて説明するまでもない。大正デモクラシーから一転して急に勢いを増し、終には無謀な戦争を引き起こし、最後には自滅するに至った軍国主義。戦前日本の崩壊とともに突然到来した民主主義の制度と思想、占領軍と困窮。物質的、精神的、政治的などあらゆる面における虚脱と混乱。こうした状況の中からいかにして立ち直るかが、個人にとっても国家にとっても最大の切実な課題となった。

やがて講和条約の締結、つづいて経済の復興によって、昭和40年ごろを境として、今度は急速に「経済大国」

となって国際社会への仲間入りを果たす。その後も工業化、情報化、高齢化、都市化、高学歴化その他の社会変動、文化変動、意識変動が加速し、現在に至っている。

それぞれの激動に無縁であった人は一人もいない。激動に押し流され押しつぶされた人もいれば、激動に巧みに便乗して一時的にわが世の春を謳った人もいる。しかし激動の時代を生き抜くことがいかに難しいか、いや激動の中にあって自らを見失わず、人間としての尊厳を守ることがいかに難しいかを、すべての人が身を以て体験したはずだ。

激動は教育でも例外ではない。いや教育はいろいろな意味で社会に依存する程度が大きいから、時の勢いに流されるどころか、自ら進んでそれに迎合しようとする体質をもち、社会に過剰適応する一方、教育は「聖域」視されるため、社会の変化について行けず、マンネリズム、伝統、因習に固執して不適応に陥りやすい。特に昭和40年ごろからの激動は、戦争や飢餓といった目に見える危機を伴うものでないため、教育はいっそう社会的遅滞に陥っているように思われる。昭和の終焉を機に反省すべきであろう。

3　「成金」日本の反省（1989年1月31日）

昨年は史上まれに見る好況の一年だったが、今年もそれが継続するというのが大方の予想だ。戦後わずか40年、明治から数えても100年あまりで、この資源の乏しい極東の小国が世界の「経済大国」にまで成長すると予測し得た人は一人としていなかった。急成長という言葉があるが、これほど急成長を遂げた国はあまりない。欧米「先進国」に「追い付き追い越す」ことは長い間、国民の悲願であり努力目標だったが、少なくとも経済面ではそれが実現し、今や逆に「途上国」からモデル視されるようになっている。

しかし、この成功の影でいろいろな問題が生まれたこともまた否定できない。「経済大国」といわれる通り、成功は主として経済に限られており、モノやカネのゆたかさに表れているが、それとはウラハラに心や教養はかえって貧しくなった。そのため折角手にいれたモノやカネを有意義に使うことができず、世界から嫌われ者となり、軽蔑や非難を受けている。成功のあまり、もはや外国から学ぶべきものはないといった傲慢が生まれる一方、勤勉、努力、忍耐、感謝、自制など、成功の原動力となった徳が忘れられ捨てられている。享楽、浪費、わがままが横行し、何でもカネやモノで片付くとか、カネもうけのためなら何をやってもよいといったカネ第一主義、物質主義が信奉されている。経済的には成功したが、それに代わる、ないしはそれ以上の新しい目標や理想が見出せないため、生きがいを喪失する。人びとは共通の目標や理想を失ったため、連帯、協力、寛容なども消え去り、自分中心主義、エゴが幅を利かせる。

一言にしていえば、日本という国全体にしても個々の日本人にしても、成金というにふさわしい。現代日本は成金国家だといってよい。本人は得意かもしれないが、心ある人からみれば鼻もちならないのが成金趣味であり、周囲のひんしゅくを買っていることに気が付かないのが成金である。成金の成金たるゆえんは、成功の速度が極めて速いことと、成功がカネやモノなど経済面に偏っていることとの二つだが、日本はこの二つの基準を完全に満たしている上、成金の悪趣味的な特徴を典型的にそなえている。経済は社会にせよ個人にせよ、最も重要な基礎基盤だから、それが短期間に成功したというそのこと自体は決して非難に値しない。問題はそれが日本や日本人から「品格」を失わせ、成金呼ばわりされるようになったところにある。

もし、経済的成功を短期間に収めても、成金として指弾や軽蔑を受けないだけの「品格」を備えていればよかったのだが、あまりにも成功が早すぎたため、また経済だけに視野が限られていたため、「品格」を生み出すための準備をする余裕がなかった。そのため折角成金になっても、周囲からは嫌われ、自らも心の満足が得られない。成金になるための教育は盛んだったが、成金になってからどうするかという教育、成金になっても成金といわれないための教育は忘れられていた。

図式的にいえば、戦前の教育は「軍事大国」になるためのものだったのに対し、戦後の教育は「経済大国」になるためのものであった。軍事的成金として世界の「三大強国」の一つにまで成長した結果の没落を体験した後、戦後は経済的成金として世界の「経済大国」の一つにまで成長した。その結果、どんな運命が待ち受けているかはまだ分からない。しかし『大国の興亡』がベストセラーになっている今日、少し長い目で見れば、今の日本の繁栄も槿花一朝の夢にすぎないかもしれない。それがいやなら今からでも遅くはない。今までの教育、現在の教育を根本的に洗い直して、成金といわれないような日本と日本人を作る必要がある。

　実際、誰もが「教育は長い目でみなくてはならぬ」といい、「教育は国家百年の計」という。新しい年を迎えて、この言葉を改めてかみしめる機会にしたいものだ。ところが成金になった今の日本人は、その日暮らしでその場その場を何とか切り抜け、出来るだけ困難な問題は自ら引き受けずに先送りしようとする傾向があるが、将来そのツケがまわって苦しまなくてはならないのは結局、今の子どもたちだ。「祖先のたたり」とか「親の因果が子に報い」などという言葉があるが、前の世代の過失や悪業のしりぬぐいを後の世代がしなくてはならないことは、先の戦争がこれを雄弁に示している。別の例を挙げれば、カネあまり日本とはいうものの、今でも国の借金、つまり国債残高は160兆円、国民一人当たり約150万円に達し国債に対する利払いは国家予算の二割を占める。赤字が出ることが目に見えていながら、地元の人気とり、票集め、建設費のバラマキなどのため、きそって鉄道を誘致しようとするのも同様だ。

　一時のがれ、その場しのぎで将来のツケに目をつぶるということの風潮が、教育にまで及んでいないかどうかという反省が必要であろう。

4　ポストモダンの教育（1992年2月11日）

ポストモダンという言葉や思想が流行している。今日の時代を表わすのに適当だからだろう。モダンを近代と訳すにせよ現代と訳すにせよ、それを支配し指導してきた理想や原理が色あせ、人びとはもはやそれを信奉することを止めてしまったが、さればといってそれに代わるものがない。

イデオロギーも国家も献身の対象ではなくなり、会社も組合も忠誠の対象ではなくなった。文明や科学技術の発達はかえって人間性の喪失や環境の破壊を招き、進歩・合理性・効率など、近代化の原理は懐疑の対象となった。立身出世、名誉や富の獲得などを目指してひた走り、野心の奴隷となることは嘲笑と後悔を引き起こすようになった。

現在に不満はあり将来に不安はあるが、さればといって現在を強引に打ちこわそうという気にもなれず、その気になっても打ちこわせるわけではないし、打ちこわした後がどうなるかも分からない。一応、平穏無事に暮しているだけに、現在があまりに変わってもらっては困る。

これがポストモダンの、いわゆる成熟社会に生きる人びとの思いである。燃えるような理想や野心、若々しい情熱やエネルギーは消え失せ、社会にも個人にも、よって立つべき原理は見失われ、目指すべき未来は見えない。アノミー状態にあるともいえるが、アノミーの場合はまだ依るべき原理を得たい、在るべき未来を知りたいという願望や欲求が残っている。これに対してここではそうした願望や欲求までが放棄されている。ニヒリズム、シニシズムに近い。原理に基づき、未来に向かって行動することは合理主義的であるとともに理想主義的だが、ポストモダンはそれを否定する。

そこで一方では気分、感情、好ききらいといった主観的で非理性的なものがもてはやされ、面白さ、楽しさ、あそび、はみ出しが重視され、他方では高邁で超越的な理想に対するシラケ、冷やかし、茶化し、不マジメが特徴となり、もっともらしいお説教はきらわれる。ここでは道徳も正義や自己犠牲などといった抽象的、あるいは大上段にかまえた概念ではなく、やさしさや思いやりなどといった等身大の感情的な概念によって示される。

こうしたポストモダンの中での教育がいかに難しいかは明らかだ。親や教師が目標や理想を提示し、学校や社会が規則や規範を設定しても、子どもはこれに反発し反抗する。大人が権威や権力を以て、子どもにこれを受容させようとする伝統的な教育の前提条件が破綻してしまっているのだ。こうした形態の教育が戦前は支配的だったが、戦後は民主主義のスローガンのもとで、いわゆる児童中心主義が勢いを得た。ここでは「みんないい子」という子ども性善説が基礎になっており、依然として大人がいいと考える理想に向かって教育され得るという楽観論が支配する。しかしポストモダンの洗礼を受けた子どもは、そんなおだてにも乗らなくなる。大人がどんなに笛を吹いても踊らなくなる。大人のいうことを真に受けるほど素直ないい子は、かえって仲間から白い目で見られるようになる。

このような子どもを大人が教育することは難しい。そこでポストモダンの教育は子どもを引きつけようとして、また大人の良心を満足させようとして、いろいろ情緒的なスローガンやキャッチフレーズを創り出した。「子どもを守る」「一人ひとりを見つめる」「無限の可能性を信じる」「ゆとりある教育」「楽しい学校」「分かる授業」「個性を伸ばす」「一芸重視」などなど。たしかにこれらの言葉は美しく、感情に訴え、勇気をふるい起こすし、表立って反駁するのは困難だ。

しかし少し冷静、理性的に検討してみると（それ自体、ポストモダンの反対するところだが）、極めて曖昧でファジーな概念であることが分かる。一々取り上げるわけにはいかないが、例えば「楽しい学校」。楽しいというのは主観的な感情だから、楽しいという感じ方は子ども一人ひとりによってちがう。勉強が楽しい子どももいれば、弱い者いじめに快感を覚える子どももいる。「個性を伸ばす」といっても、個性なきことが個性であるような平凡な子どもも多いし、個性の中にはよからぬ個性もある。「一芸重視」にしてもそうだ。ウソつきの名人、スリの名人も一芸に秀でているが、まさか学校がそんな一芸を重視していいはずはない。個性や一芸と人格の全面発達との両立も決して容易ではない。

学校が学校である以上、また教育が教育の名に値するためには、必ず価値や価値判断が存在しなくてはならない。ところがそれを否定するのがポストモダンなのだから、ポストモダンの学校や教育はこの本質的な矛盾、難問に直面せざるを得ない。特に大人が中心となり、大人から子どもへという方向を取ってきた伝統的な教育を自明当然のこととしてきただけに、その解決は容易ではない。

5 「世紀末」か「夜明け前」か（2000年12月5日）

今年も残り僅か、間もなく21世紀がやってくる。「一年の計は元旦にあり」というが、「教育は国家百年の大計」、長期的視野で今年を回顧する必要があろう。今年が暗い「世紀末」であったか、明るさの見える「夜明け前」であったかといえば、誰もが前者に軍配を上げるだろう。せめて来年を「夜明け前」にするよう決意し努力しなくてはなるまい。

今年、最も広い関心を集め衝撃を与えたのは、佐賀市で17歳の青年がバスを乗っ取り、人質にした三人の女性客を殺傷した事件だ。これに類する事件がここ数年、たて続けに起き、「17歳の犯罪」と名付けられ、それを契機に少年法改正論が高まった。

他方、親から子どもへの暴力が大きな問題となり、「児童虐待防止法」が施行された。暴走する子どもに対して管理や処罰を厳しくし、「毅然たる」態度を以て「出席停止」や「警察との連携」などの処置に出るよう提案が行われると同時に、家庭教育や「子育て」支援の重要性が改めて力説された。

こうした「17歳の犯罪」と「児童虐待」とも関係するが、首相直属の諮問機関たる教育改革国民会議が中間報告を発表した。「教育を変える17の提案」という副題を持つこの中間報告は、第一の提案として「教育の原点は家庭であることを自覚する」を挙げ、それに続けて「学校は道徳を教えることをためらわない」「奉仕活動を全員が行うようにする」「問題を起こす子どもへの教育を曖昧にしない」という提案を行った。

この中間報告で特に賛否の論議を巻き起こしたのは、上述の「奉仕活動の義務化」という提案と、第17の「教育基本法の見直し」という提案であった。

「17歳の犯罪」の背後には、もっと広範に蔓延し進行するいじめ、不登校、非行、援助交際、引き込もりなど、挙げていけばほとんど際限のない教育病理がある。一口に生徒指導上の諸問題と言われ、その対策は教育行政にとっても教育現場にとっても、最も頭の痛い問題となっている。

対策としてスクールカウンセラー、適応指導教室、ティームティーチング、さらには中高一貫、総合的学習、学習指導要領改定、絶対評価の導入、学校の個性化・特色化、通学区制の緩和、保健室出席扱い、学校五日制など各種の施策が提案、実施されつつある。これらは一口に言って、教育だけでなく、あらゆる分野の行き詰まり打開の「切り札」とされる「規制緩和」の教育版だと言ってよいが、何れも十分な効果を上げておらず、かえって「学級崩壊」や「学力崩壊」など、集団レベルの問題が、小学校段階から大学段階にまで起きつつある。「ゆとり」教育がこうした状況を招いたといった教育政策批判の声も高まった。

そうかと思うと、こうした状況に対して無力な学校や教員に対する非難も起きつつある。「聖域」視され、「親方日の丸」に甘える学校を「開かれた学校」たらしめるため、学校評議員制度の導入、社会人校長の登用などが行われるとともに、教員評価の厳格化、「問題教員」の追放、教員の企業研修なども実施され始めた。

「規制緩和」は競争原理、自己責任を強調するが、下手をすると無秩序や不平等、格差増大をもたらす恐れがあることが、次第に意識、警戒されるようになった。「規制緩和」と並んでもう一つ、今年、にわかに登場したスローガンは「ＩＴ革命」への対応である。ＩＴは景気回復の決め手、切り札として、財政難にもかかわらず、公的資金導入の錦の御旗となった。

事実、わが国は米国はもとより、多くのアジア諸国に比べても、ＩＴ革命への取り組みで大きく後れをとったことは明らかであり、その後れを取り戻すため、光ファイバー網、インターネットの普及、コンピュータ教育の徹底などが不可欠の優先事項だという認識が官民を問わず、広く行き渡った。教育についてもＩＴと言えば、優先して資源が投入されるようになった。

少子化の波が高校で言えば15歳人口、短大、大学で言えば18歳人口を襲い始めたここ10年、その影響はますます大きく、かつ切実となりつつある。進学率、若年人口、経済の急成長期に拡大に拡大を重ねてきた高校や短大、大学は進学率の頭打ち、少子化、経済不況、財政難、学歴主義の崩壊などの中で、いかにして「生き残るか」、もっと端的に言えば「客を集めるか」が、切羽詰まった問題となった。

義務教育段階でも児童生徒数が減れば、それだけ教員一人当たりの負担も減り、手厚い教育や指導ができるはずだが、先に述べたような教育病理が蔓延するので、世の監視の目が光るようになる。高校はおろか、短大、大学も定員充足のため、事実上「全入」（「Ｆランク」）を余儀なくされるところが出てくる。「冬の時代」を「夜明け前」にする努力が必要だ。

6 ミレニアムと「教育立国」（1999年12月14日）

新しい年がやってくる。特に西暦2000年という区切りのよい年なので、人々に一層新しい気持ちを引き起こす。一年の終わりや始めには、過ぎし一年の回顧や後悔、新しい一年への希望や抱負を覚えるものだが、さらにその年が百年という世紀の終わりや始めだと一層長期の視点からの感慨を抱くようになる。

来年は20世紀最後の年（「世紀末」）であるとともに、21世紀の幕開けを一年後に控えた年（「夜明け前」）でもある。「長い目で見よ」といわれる教育についてもすでに10年ほど前から、臨教審をはじめ中教審など、国レベルの審議会から「21世紀に向けての我が国教育改革の基本方針について」などと銘打つ答申が次々に出されてきたし、教育界だけでなく一般社会でも、21世紀の日本はこのままで果たしてやっていけるか、21世紀の日本が生き延び、生き残るためには、教育を抜本的に改革しなくてはならないのではないか、などという切迫した気持ち、不安感や危機感が広く行き渡っている。

来年は20世紀最後の年であるだけではない。2000年という、千年単位のタイムスパン、すなわちミレニアム（千年紀）最後の年でもある。世紀を越えてさらに長期の歴史的展望をもたらすのに格好の年だといってもよい。

こうして2000年という年が近付くにつれて、わが国ではミレニアムという、世紀よりさらに長期の時代的単位が意識され、それが教育にも反映され始めた。耳慣れない単語のもの珍しさだけの故ではない。国づくりの基礎は人づくりだが、その人づくり、すなわち教育は「国家百年の大計」であるどころか、「国家千年の大計」だとして、「教育立国論」がようやく市民権を回復しつつある。

恐らく戦後初めて、今年、文部省は「教育立国」という語を公式に採用した。9月に改訂された「教育改革プログラム」のサブタイトルに『「教育立国」を目指して』という言葉が用いられたのが、それだ。

ここ数年来、教育改革は中教審、大学審、教課審、教養審など、文部省に設置された各種の審議会の答申に基づいて計画され実施されてきた。さらに少し遡れば、昭和62年に出された臨教審（それは文部省ではなく内閣直属の審議会であったが）の最終答申の線に沿っている。臨教審は21世紀に向けての教育改革の基本原則として、「生涯学習体系への移行」「個性の重視」「変化への対応」の三つを掲げた。

こうした流れの中で文部省は、教育改革の具体的な課題やスケジュールを取りまとめて、「教育改革プログラム」を平成9年1月に策定、さらに翌年4月、これを改訂、続いて前述の通り平成11年9月、第三回の改訂を行ったのである。その書き出し（「基本的考え方」）は次のような文章で始まっている。

「目前に迫った21世紀において、世界的な大競争時代の中で、我が国が活力ある国家として発展し、国際社会に貢献できる科学技術創造立国、文化立国を目指していくためには、あらゆる社会システムの基礎となる教育の役割が極めて重要である。…（中略）

このような教育の意義と現状にかんがみ、教育立国を目指して、21世紀に向けた教育改革を進めていく上で、次の視点に重点を置く必要がある。」（傍点、筆者）

その視点として「心の教育を充実する」「個性を伸ばし多様な選択ができる学校制度を実現する」「現場の自主性を尊重した学校づくりを促進する」「大学改革と研究振興をすすめる」の四つが掲げられているが、教育立国への道は科学技術創造立国、文化立国ととらえられていて、教育立国本来の意味である「立国」に参加し貢献する能力や気概をもつ国民の育成、あるいはそれに対する自覚や責任感をもつ教師の養成といった視点はほとんどない。

もう一つ平成11年に文部省がまとめた計画がある。それは内閣が打ち出した「ミレニアム・プロジェクト」の一環として策定された「情報化による教育立国プロジェクト」と称するものである。

それは「日本の教育の在り方そのものを抜本的に変革する教育の高度な情報化を総合的に推進する事業」と定義され、教育の情報化、具体的にはコンピュータ・ネットワークの構築と情報リテラシーの普及向上などを、日本の教育における最重要課題と位置付けている。

ミレニアムという語と教育立国という語を併せ用いているこのプロジェクトも、今述べた説明からも分かるように、教育のハード面ばかりを重視し、立国を目指す教育の方針や内容とは何か、というソフト面についてはノータッチだ。情報化に対応する教育に遅れをとったのでは立国が覚束ないことは言うまでもないが、人間性や道徳性や学力面で立国に値する国民を育てるという視点を欠いては仏作って魂入れずのそしりを免れない。

7 少子高齢化時代のキャリア教育（2005年11月15日）

今後、着実に進行すると予想される少子高齢化のもとで、若い世代に対するキャリア教育が広く要請されている。大量の「団塊の世代」の定年退職がもたらす「07年問題」が提起するように、これからの日本は、ますます寿命（余生）が延長する高齢者を、ますます減少する若い労働力人口が支えていかねばならない。

一方では、引退する高齢者（その中には元気いっぱいの新老人が多い）の能力活用、社会貢献の道を用意しなくてはならないし、他方では若い世代の資質能力、労働意欲の開発を進めなくてはならない。いずれも差し迫った教育課題であり、前者のためには高齢者に対するリカレント教育、高齢者による教育などを推進する必要があるが、後者のために提唱されるのがキャリア教育だ。

実際、大学まで「実学志向」「資格志向」「就職準備」など「役に立つ」教育を重視し、就職率の向上に懸命になっているにもかかわらず、若い世代の間にはニート、フリーター、パラサイト・シングルなどと称される人たちが増えている。リストラされた中高年の再就職は困難だし、若年層に対する求人倍率も下がっている。そこで若いうちから学校で職業や仕事の意味を自覚させ、自らの能力適性、希望を生かす職種や職場を探し出し、生涯を見通した人生設計、進路決定を行うよう組織的に準備指導する必要があり、それがキャリア教育と呼ばれる。

それとも若干関係するが、最近のマスコミ報道などから得られる印象は若い「有名人」の出現だ。卓球、ゴルフ、テニス、野球、囲碁、将棋、音楽、小説、マンガなどで、高校生、さらには中学生が国際的、全国的な大会やコンクールで権威ある賞を受賞して一躍有名人となって何千万円という賞金や契約金を獲得し、ヒーロー、ヒロイン、タレント、スター、売れっ子などともてはやされる。こうした若い人たちが最近急増しているように思う。その多くは、「二世」として同業の親や師匠の「特訓」を早くから受けている。

他方、20歳代、30歳代の若さでインターネット関連産業で事業を立ち上げて大金持ちになったり、国会議員にかつぎ出されたりする人も出てきた。こうした華やかな若き成功者、有名人、勝ち組を目の当たりにして夢みるとき、親や教師など地味で平凡な一生に甘んじているかに見える周囲の大人に、軽蔑や憐憫の情を覚える若者が増えるのも不思議ではない。その大人が説くキャリア教育を、彼らは素直に受け入れようとはしない。

しかし、世の中で必要不可欠な圧倒的多数の職業とは、コツコツと勤め上げる労多き仕事、地味で単調な仕事である。逆に、先に挙げたような派手な職業の華やかな成功者、勝者は、それこそ運と才能に恵まれたごく少数の例外である。野球が何より好きで、野球にそこその才能があると自他共に認める多くの少年がプロ野球のスターを夢見るが、そのほとんどは実現しない。野球一本槍でやってきた者の痛手は大きい。幸運にも夢が実現した者にしても、選手を辞めてからも監督や野球解説者などとなって、一生、野球でメシを食べていける人はさらに少ない。

野球に限らず、こうした将来が確実に予測されるのに、自分の能力や夢を生かす進路を早くから選択させるキャリア教育は、当の子どもにとっても望ましいものとはいえない。能力と定員とは一致しないし、能力の自己評価と他者評価とは一致しない。野球を例にすれば、一流選手になるだけの能力、実力をもつ人すべてに一流投手たるの地位を与えるだけの余裕はないし、自分には一流投手たるの能力があるという自信があっても、周囲はそうは認めてくれない場合が多い。

それだけではない。「勝ち組」となり成功者となったところで、真の満足や幸福が得られるとは限らない。自分は切望し、他人からは羨ましがられるかもしれないが、いつ没落し、いつ忘れ去られるかもしれないという不安、「負け犬」からのねたみや反感、私生活の隅々にまで好奇の目で監視、報道される窮屈さなど、華やかな「有名人」には多くの「有名税」がつきまとう。また、「有名人」を目指した多くの人が病む「有名病」の深刻さを考えても、「自分に合った仕事」「自分の好きな道」をやみくもに強調するキャリア教育はかえって逆効果を生みかねない。

派手で華やかな職業とは逆の、地味だがやりがいのある尊い職業にはまた、それなりの失望や幻滅が待ちかまえている。教職という「聖職」はその典型だ。この「聖職」を「天職」として熱望して教職に就いた教師に待ち受けているのは、「3Ｋ」的な苦業である。それに耐え、それを克服することに生きがいを見出させる教育が教職志望者へのキャリア教育となるべきだろう。そうした「経験知」を伝え得る適任者とは、まさに退職した教職経験者だと言ってよい。

２　現代の教育的風潮

８「見て見ぬふり」症候群（１９９１年９月３日）

「今どきの若者」「近ごろの子ども」に対する不満や心配はいつの時代にも存在するが、今の大人はそれを口に出して、子どもを叱ったり注意したりしない。子どもが何をしようと、何をしなくても、黙って「見て見ぬふり」だ。いいたいこと、いうべきことは山ほどあるのに、大人はじっと我慢の子になる。

こうした光景は、街頭でも車中でも、家庭でも学校でも、日常広く観察され体験される。そのため子どもはますます「いい気」になるし、大人はますます「腹ふくるる業」に陥る。今や「見て見ぬふり」を見過ごすわけにいかない段階に達している。「見て見ぬふり」に対する「見て見ぬふり」を見直すことが必要だ。

「見て見ぬふり」が横行する社会を許容社会という。いかなる行為も許容、黙認し、子どもに不干渉、放任の態度を以てするのである。「見れどもいわず」が「見て見ぬふり」の典型だ。いかにも子どもの自主性、自由、人格を尊重するが如くに見えるし、子どもから煙たがられ嫌われずにすむ。だが大人から一切、忠告も直言も受けない子どもは善悪適否の判断力を失い、自省心や自制力の発達を阻まれるだろう。「見れどもいわぬ」大人が多数派になると、口うるさい少数派は子どもからだけでなく大人仲間からも「頭が古い」「頑固者」などといわれて、肩身の狭い思いをしなくてはならない。

それだけではない。この許容社会はさらにエスカレートして、弁護社会から謝罪社会となる。子どもが何かよからぬことを仕出かしても、それを黙認、許容するばかりか、「無理もない」「子どもの気もちが分からなかった」といって弁護し、さらには「そこまで追い込んだ我々、大人がわるかった」と子どもに謝罪し懺悔するようになるのだ。子どもの「落ちこぼれ」は教師の「落ちこぼし」のためであり、学校の「輪切り」のためである。子どもに罪はなく、子どもは被害者なのだから、子どもは一切を免罪される。いかにも「子どもの味方」「正義の味方」のようで、大人の良心を満足させてくれる。

「見れどもいわず」に代表される「見て見ぬふり」を育てた背景や条件は数多い。自由、平等、人権など民主主義の原理の一面的解釈、欲求不満に陥れないことが教育の秘訣だとする「児童中心主義」、出生率の減少から来る子どもの希少価値の増大、敗戦による大人の自信と権威の喪失、子どもの要求すべてをかなえ得る「ゆたかな社会」の到来、子どもから嫌われまい、いやなことは他に委せようとする大人のエゴなど。

しかし「見て見ぬふり」症候群と名付けた通り、「見て見ぬふり」には「見れどもいわず」の他、これに近似する症状がいくつかある。

その一つは「見たくても見えない」場合だ。子どもの数が減ったし、子どもは学校や塾で勉強に忙しいので、子どもを直接観察する機会は少なくなった。家庭でも親は遠くに通勤したり単身赴任したりで、子どもといっしょに過ごす時間が乏しい。何かといえば子どもは勉強部屋に追いやられる。

もう一つの症候は「見れども見えず」とでも名付け得るものだ。子どもを見ることはできても、それを見る大人に「見る目」がないため、あるいは子どものプライバシー擁護の声が高いため、表面的、皮相的な観察にとどまり、子どもの内面、深層を見ることができない。これは特に教師に当てはまる。地域の住民にせよ家庭の親にせよ、子どもを見る機会は減っているが、教師だけは子どもを直接、継続的に観察できる立場にある。ところがその教師は多数の子どもをあずかっている上、うっかり立ち入ったことを知ろうとするとプライバシー侵害という抗議を受けなくてはならないので、子ども一人ひとりの内面や問題の本質を見ることが中々できない。

第三の症候は見ることができるのに、「見ようとせず」、見ることを断念し、現実を直視しない場合である。やかましいことをいいたくないので、問題の子どもや問題の行為から目をそらし、見ようとしない。そうした態度がいつの間にか習慣化して問題に対する不感症が育つのである。

逆に見ようとしても、子どもの方が見せてくれない場合がある。大人が「見て見ぬふり」を反省するあまり、何から何まで一々、監督し干渉すると、子どもはかえって自己防衛的となる。自分の周りに固い壁を作り、緘黙症や自閉症に陥ったり、大人の目の届かぬカゲやウラで自分たちだけの世界を作ったりする。そうなると大人は、最も見なくてはならぬ子どもや問題を見ることができなくなる。

「見て見ぬふり」は、大人が子どもに対して寛容であることの表れだ。寛容を意味するトレランスという英語には「耐性」という訳語がある。子どもに対する大人の側の寛容が、子どもの耐性の発展を阻みかねないことを暗示するといえるのかもしれない。

9　教育ポピュリズムへの対応（2002年3月12日）

最近、教育ポピュリズムという語が広く用いられ注目されるようになった。ポピュリズムは大衆迎合主義、人気取りの政策などと訳されるが、大衆化した教育の世界でも、特に子どもや若者への迎合や人気取りが盛んであり、これを教育ポピュリズムと称するのである。

大衆化した大学では、すでに「学生消費者主義」（スチューデント・コンスーマリズム）という語がリースマンらによって作られている。特に、18歳人口急減下では学生は大学にとって何より大事な顧客であり、大学の提供する教育の消費者だ。大学は顧客や消費者たる学生の関心や要求に沿った教育を提供しなければ、学生、さらにその母集団たる志願者が集まらず、そうなると大学はやっていけない。消費者は王様、お客は神様となり、大学が学生を選ぶのではなく、学生が大学を選び、教授が学生を評価するのではなく、学生が教授を評価する時代が到来するが、これも下手をすると教育ポピュリズムの横行を招く。

高等教育機関である大学でさえそうなのだから、普通教育機関である小中高などの学校に、この波が押し寄せるのも当然だ。学校だけではない。家庭でも地域でも、車中でも街頭でも、子どもは何をやっても何もしなくても黙認、許容されるばかりか、「悪いこと」をしても悪いのは子どもではない、「悪いこと」をせざるを得ないように追い込んだ大人や社会こそが「悪い」と弁護、免責する。

子どもの自由や権利を尊重し、子どもを欲求不満に陥れてはならぬというタテマエのもとで、子どもの要求をすべて肯定、充足し、一切の束縛、規制、評価を廃止する。子どもの御機嫌や鼻息をうかがい、子どもの人気を取ろうとする教育ポピュリズムが蔓延する。

その結果、「自己中心主義」が子どもの間に蔓延し、学級崩壊その他の教育病理が深刻化する。教育が普及していなかった時代には、学校は唯一の教育専門機関であり、学校教育は最も確実有利な投資対象であり、子どもにとって学校は年少労働から解放してくれる有り難い場であった。大学は希少価値を持つ学歴や資格を与えてくれ、学生という身分自体、特権と尊敬、羨望の的であった。こうして学校や大学は学生生徒に対しても、親や世間に対して優位に立ち、一方的に教育課程や評価の決定権を握っていた。

ところが学校が普及するにつれ、こうした優位は揺らぎ始める。それまではどんな製品（教育の結果、例えば卒業生）を生み出しているかについて、クレームをつけられることはなかった。しかし学校の大衆化とともに、消費者主権が自覚され、それまで学校には無縁だった消費者運動、不買運動、製造物責任法などの波が学校にも及んでいる。

小中学校は無償の義務教育なので、子どもや親は学校を選ぶことができず、ただで「配給」される教育が「安かろう悪かろう」とも有り難くお受けしていたが、無償とはいえ、結局は親をも含む納税者の税金によって賄われるのだから、やがて世間からもクレームがつかざるを得なくなる。大学という高い授業料や入学金を払わされる場合、一層然りである。

こうして、あらゆる学校はアカウンタビリティを問われるようになる。しかし「面白くない」「楽しくない」「分からない」「役に立たない」などといった消極的な基準や尺度が皮相、安易な意味で解されると、「易きに着き」「悪貨が良貨を駆逐する」教育ポピュリズムが成長、跋扈する結果、先に述べたような学級崩壊、水準低下、自己中心主義の横行などの教育病理が発生する。「心」ある人々から改めて教育ポピュリズムの解消が主張される。

それにはいろいろな対応策が考えられるが、特に強調すべきは初期消火、あるいは予防の必要性である。例えば学級秩序の崩壊、授業や指導の不成立を意味する学級崩壊。私語の横行が問題とされたのは大学だったが、今日もっと激しい学級崩壊が学校最初の段階たる小学校、それも最初の学年で起きている。これがいわゆる小1プロブレムだ。小学校の最初に学級崩壊が起き、そのまま放置されると小学校卒業生はそれを当然と見なすようになり、やがて大学の教室を私語や携帯電話でかきまわしても平然とするようになる。この若者たちが成人になると、成人式崩壊を引き起こす。成人式崩壊を食い止めようとして、成人式を短縮したり、式辞を廃止したり、ロックで新成人を引き付けようとしたり、涙ぐましい努力が行政によって行われているが、これらは何れもポピュリズムの表れだ。

こうした崩壊の連鎖を考えれば、まず着手すべきは小1プロブレムの解決だ。新鮮な気持ちで入学する小1新入生の入学時に、学校という新しい世界はそれまでとは違って、自己中心主義が通用しない公的な場であることを徹底的に教える必要がある。だが小1プロブレムの前には、幼稚園の「自由保育」があり、家庭教育がある。そこまで考えなくては学級崩壊は解決できない。

10 プライバタイゼーション（1999年5月11日）

中教審をはじめ教課審、教養審、生涯学習審、大学審など、中央レベルの教育関係審議会が次々に国の教育改革の方針を打ち出している。その中にはすでに具体的施策として実施されたものも多いが、それら答申の前文などで述べられている通り、その源をたどっていくと結局、臨教審答申に行きつく。生涯学習審や大学審自体、臨教審答申の提案に従って設置された審議会だ。

その臨教審は、21世紀に向けてのわが国教育改革の基本方向を提示したが、そこでは「生涯学習体系への移行」、「個性の重視」、それに「変化への対応」の三つが原則として掲げられ、その変化としては国際化、情報化、成熟化の三つが指摘された。このうち前の二つはそれまでも現代社会の変化の代表として広く認められてきたキーワードだが、臨教審が新しく注目したのが成熟化である。

現代社会、特に脱工業化の段階に入った先進工業国を成熟社会と名付けたのはガボールであり、わが国も急速に成熟化しつつあることに異論はない。しかし臨教審の論調や主張をそのまま素直に受けとってよいかとなると、かなり、いや大いに疑問がある。端的にいえば臨教審は成熟化をあまりに楽天的、肯定的にとらえていて、成熟化に潜む負の課題についてはほとんど言及、警告していないのだ。臨教審答申が出された時代とその後の時代とは大きく変わったにもかかわらず、その後の審議会は相変わらず臨教審の成熟化論にしがみついているように見える。

臨教審の成熟化論をキャッチフレーズ的にいえば、「成長から成熟へ」、「生産から生活へ」、「仕事から余暇へ」、

「モノから心へ」、「量から質へ」、「ハードからソフトへ」という変化を指すが、こうしたキャッチフレーズに酔って成熟化を謳歌し、それに対応する教育改革だけで、21世紀を迎えられるとは思われない。

臨教審が成熟化を礼讃したことには、時代の背景がある。世界的にはローマ・クラブが「成長の限界」を指摘し、大きな反響を与えた。人口の爆発的増加、資源の浪費、環境の破壊などが加速度的に進行し、地球や自然の許度を越えて文明、産業、経済などが成長しつつあると警告したのである。こうした国際世論の波が押し寄せつつあったときに臨教審は発足したが、そのころのわが国はまさに高度成長の絶頂期にあった。右肩上がりの成長に伴う負の側面、つまり成長の限界が至るところに露呈し意識されただけに、成長の対極としての成熟が歓迎された。

臨教審の最終答申が出されたのは、昭和62年。バブルの崩壊が起きて、文字通り高度成長が終わり、低成長、さらにはマイナス成長にわが国が苦悩するようになったのは、ほんの数年後のことである。高度成長の時代には、土地の資産価値は上昇し、就職口はいくらでもあり、税収はふくらんだ。人々はこの「花見酒」に酔いしれた。

敗戦後、自信も国力も失ったわが国がドン底からはい上がって、高度成長を遂げ、「経済大国」としての地位を自他ともに認められるようになったとき、国民には一種の誇りやおごりとともに、成長路線への反省が生まれた。馬車馬のように働いてきた結果、カネやモノの点で豊かさやゆとりはできたが、かえって心の豊かさや生活のゆとりは失われた。趣味も余暇も家族も返上して働く「会社人間」「仕事人間」「働き中毒」に対する非難や嘲笑も起きる。社会資本の遅れ、過密過疎、公害などの問題が認識され、「経済一流・政治三流」「文化後進国」などという自嘲の声も高まる。海外からは「経済侵略」「貿易黒字のタメコミ」など、「日本たたき」が起きる。

こうした時代の中にあって、先のいろいろなキャッチフレーズで示される「成熟化」がアピールするようになったのである。もっと自分を大事にする、心の豊かさ、ゆとり、生活の質を尊重するという原則を高く掲げるだけの社会的条件が高度成長の結果、成熟した。

成熟化の中で生まれるこうした考え方、生き方、気分や態度の変化をプライバタイゼーションという。私化、私秘化などと訳されたこともあるが、私事化、私生活化と訳されるのがふつうである。自分中心主義、ミーイズムもこれに近い。プライバタイゼーションの語が示す通り、人びとは公的（パブリック）なことより、私的（プライベート）なことに関心を移し変え、自分が自由に支配できる私的な空間（家庭や個室）、私的な時間（余暇）、私的な行動（趣味やレジャー活動）に価値や生きがいを見い出そうとする。その行きつく先は自分を守ろうとするあまり、一切の他者、一切の社会とかかわり合うことをわずらわしい、面倒だと拒否することである。「引きこもり」、結婚や出産の拒否、ぬいぐるみ・ペット・たまごっちなどの愛好などがその例だ。特に忘れてならないのは、個人の側のプライバタイゼーションに対応して、社会の側にポピュリズム（大衆迎合主義）が発達するという傾向である。

11 疑心暗鬼（2000年11月7日）

巨額の損失を招き、時には一流企業の命運を左右しかねない事件が、食品業界や薬品業界に頻発している。雪印、森永、キリン、ケンタッキー、参天など、製品に薬物、毒物、異物の混入が発覚、製品を全面回収するという事件がそれだ。中にはハエ、ヤモリ、ゴキブリなど、およそ想像もできない異物が品質管理の徹底した（はずの）近代的工場で生産される製品に入っていたという例もあるし、味がおかしい、カビ臭いなど、以前であればそれほど大問題にならずに済んでいたであろう例もある。

もちろん、明白に企業側の過失によって大量の中毒患者や被害者が出た事件もある。食品業界や製薬業界だけでなく、自動車製造業界などにおけるクレームとリコールの発生がそれだ。

しかし、こうした事件の多発の影に隠れて悪質な犯罪が出現する。カネを出さなければ毒物を混入した製品をバラまくぞ、と脅迫状を会社に送りつけたり、実際にスーパーや自販機に置いたりするといった事件は、すでにグリコ・森永事件で経験済みだ。

何れにしても企業は対応を一歩誤れば、永年築いてきた信用やブランドを一挙に失う危機にさらされる。こうした事件がいつ何時どき、起きるか分からないとなると、企業、中でもトップや生産責任者には気の休まる暇もないに違いない。生産者や売り手の側に、過失がないよう、製造物責任を問われないよう、念には念を入れ、企業倫理に徹すべきことは当然だが、「消費者は王様」「お客は神様」であり、告発時代、訴訟社会が到来しているため、「御無理、御尤もっとも」で済まそうとする風潮も強まってきた。

こうした風潮を逆手にとった犯罪が出てきたのである。食堂で出された料理に髪の毛が入っていたと、スゴミをきかせてカネを出させるといった手口は、すでに昔からヤクザが開発してきたが、今やインターネットや携帯電話などの普及によって、直接、顔を見せずに匿名で、いいがかりをつけることが可能となった。新聞社へのタレ込み、大量の「怪文書」「内部告発」のバラまきなどによって、謝罪とつぐないを企業に要求するといった恐喝まがいの行為が起きるようになった。犯行の手口が計画的、綿密となって、犯人がなかなか割り出せず、大きなニュースとなる成功例が多くなるにつれて、ますますこの種の模倣犯、便乗犯、時には愉快犯が出てくる。

さらに悪質化して、何人か何十人かの人間が共謀、結託して一見バラバラにある会社の製品から同じ毒物や異物が見つかったと抗議するなら、その会社を倒産に、社長を辞任に追い込むことができるだろう。知恵者、黒幕がこのような戦術を編み出すかもしれない。

こうした犯罪、あるいは犯罪まがいの行為の「犯人」は、不特定多数の顧客、あるいは自社の社員の中にいるかもしれないから、企業は顧客や社員を全面的に信用できなくなる。いつ「いいがかり」をつけられるか、いつ「飼い犬に手を噛まれ」「恩を仇で返されるか」分からないと、疑心暗鬼の状態に陥る。疑い出せばキリがない、最悪の事態まで疑うこと自体、疑心暗鬼のなせる業だ。

こうした疑心暗鬼は製造業に見られるだけではない。相互の信頼が最も大事なはずの教育においてさえ（見方によっては教育に最も顕著に）見てとれる。上述のような業界での事件は、モノ（製品や商品）や身体（中毒や障害）に関係するのに対し、教育はヒト（「人づくり」）や心（「心の教育」）に関係する。それだけに相互の信頼関係が決定的に重要であり、「信なければ立たず」は教育に文字通り当てはまる。

ところが、この信頼関係が大きく崩れ始めている。「子どもを徹底的に信頼せよ」「どんな子どもも見捨ててはならぬ」という美しいスローガンやタテマエにもかかわらず、その信頼を裏切る事件や事態が多発している。「ふつうの子」「おとなしくて目立たぬ子」「できる子」が、いつキレて事件を起こすか分からない。事件が起こると教師も校長も親も判を押したように「どうしてあの子が」「気が付かなかった」と弁明する。いじめはいつ起きても不思議ではない、至るところに不登校の予備軍がいると解説されると(「氷山の一角」説)、すべての子が信じられなくなり、疑心暗鬼に陥る。

「心の傷」「心の痛み」となると、千差万別だから、「頑張れ」と励ましても、「悪い」と叱っても、「心の痛み」を感じる子が出てくる。ある子どもを「よくやった」と誉め、いい点をつけると、他の子どもに「心の痛み」を与えると主張する親や教師もいる。教師が何の気なしに発した一言が大問題になることもある。こうして教師と子どもや親、教師と教師、教師と校長、学校と地域などの間に、疑心暗鬼が暗々裡に生じるとき、教師や学校は萎縮、遠慮、自己防衛に走り、自由闊達な空気が教育から失われてしまう。

12　禁じられた知識（２００３年11月18日）

かつて、「禁じられた遊び」というフランスの名画が上映されて世界的に評判になったことがある。禁じられたコトバや行為をタブーというが、「禁じられた知識」があることを指摘したのはピーターセンである。科学はその貪欲ともいえる知的好奇心の故に、ほとんどあらゆる現象や事実を取り上げ研究のメスを入れてきた。しかし、科学は研究の対象や方法の選択、研究成果の発表において、無制限の自由や自律性をもっているわけではない。

研究対象からいえば、プライバシーや人権の擁護が広く社会的に尊重されるにつれて、個人の人種、宗教、信条、居住地、学歴、職業、収入などに関する知識を獲得することは急速に困難になってきた。センサス（国勢調査）の調査項目が次第に縮小されてきた状況をピーターセンは叙述しているが、心理学や社会学などの調査、アンケート、発表についても「禁じられた知識」は増加しつつある。

研究方法について言えば、生体実験、動物実験などで被験者や子どもを「モルモット」扱いし、クライアントを科学の手段視することは許されない。研究成果の発表についても、それが何に利用されるのか、利用される可能性があるかについても研究者は厳しく予測し、用心しなくてはならない。研究者は学界の一員である以前に社会の一員であり、科学的ヒューマニズムは科学者の社会的責任を早くから主張した。

教育者も同様で、子どもの生育歴、家庭環境、素質能力などを知らなければ子どもの理解も指導も困難だし、子どもを理解することが何よりも重要だと言われながら、「禁じられた知識」の範囲は拡大しつつある。情報の氾濫は現代の特徴だが、最も必要な情報、身近な知識はかえって得にくくなっている。一方では、子どものいかなるサイン、シグナルも見逃さないことが求められ、カウンセリングやインタビューやアンケートで子どものことを何から何まで知り尽くそうとするが、他方では子どもは自らを隠そうとするし、親や世間は子どもや家庭のプライバシーを守ろうとする。情報公開への要求は主として政府など公的機関や企業など民間組織に対して提出される。

こうして「禁じられた知識」の範囲は拡大し、最も重要な事実の研究や公表が制限されてくる。こうした事態そのものの研究、少なくともその重要性の指摘が科学にとっての課題となる。恐らく、フッサールが提唱し、その後、多くの科学、特に人間や社会に関係する科学に決定的な影響力を与えつつあるのは現象学であろう。

その影響は、まず心理学や精神医学に現れた。代表はフロイドの精神分析学と深く関係する深層心理学である。個人が自ら意識せず、また、たとえ意識しているにしても自ら認めようとしない、また公言しようとしない深層心理、潜在意識（それはまた、当の個人の意識、価値、世界観、行動などにとって基本的、本質的な意味を持っている）を、表に現れた、これまた無意識の行動やコトバや夢などの現象の観察や分析によって明らかにしようとするのである。

この深層心理学はフロムやアドルノなど、フロイド左派、あるいは新フロイド学派の人たちを通して社会学にも大きな影響を与えた。また現象学的社会学の流れの中で、ギュルヴィッチは「深さの社会学」の名称のもとに深層社会学と称される理論を提唱した。それを層位社会学と訳す方が適当だとする日本の研究者もいる。社会には表に現れる客観的、制度的な層から、表に現れない暗黙の潜在的な層に至るまでいろいろな層が存在し、それら層位の相互関係、特に潜在的な層自体の研究が必要だという主張に注目した訳語だと言える。

社会学と心理学との交錯領域に社会心理学が成立し、世論、流行、差別、投票などといったマクロな社会心理を研究するとともに、ソシオメトリ、グループダイナミックス、準拠集団などを通して小集団や人間関係など、ミクロな社会現象を研究する。しかし、これらの研究は客観性、実証性を重んじるあまり、深層社会学が提唱する深層的、潜在的な社会心理にまで視野を拡大していないきらいがある。

深層社会心理学という名称は未だほとんど存在しないし、深層社会心理自体、「禁じられた知識」に近いのでその研究も困難だが、その重要性は大きい。特に各種の問題や病理現象を抱える教育にとって、深層社会心理の解明が必要だ。私はずっと以前、英国のフレミングの著書『教育の社会心理学』(１９５８、東京創元社）と、米国のクラインの著書『小集団の研究』(１９６２、明治図書）を訳出したことがあるが、何れも学級や学校などミクロな単位に焦点を当てている上、深層社会心理はほとんど扱っていない。この「禁じられた知識」の解禁の必要を主張したい。

13 安全強迫症―隠されたエゴ（2006年4月4日）

日本は世界一安全な国という自負も評判も、今や地に落ちてしまった。突如として発覚した耐震強度偽装事件、ＢＳＥ輸入牛肉事件、ライブドア粉飾決算事件、ホリエモン偽メール事件などは、そのニュース性からいっても大きな衝撃と広い注目を集めたが、いずれも関係者や国民の安全神話を大きく覆した。いずれも人災による突発事件だし、中には「時代の寵児」ともてはやされた人が一夜にして「天国から地獄へ」突き落とされ、自らの地位を奪われるという劇的な例も少なくない。

その他にも記憶に新しい阪神淡路大震災、ＪＲ西日本脱線事故など大規模な突発災害も枚挙に暇がないし、もっと身近な至るところで交通事故、凶悪犯罪、有害食品などが溢れて人々の安全を脅かしている。突然死など予期せざる突発的な事件や事故だけでなく、環境破壊、財政赤字、少子高齢化、国際摩擦など、将来の不安をもたらす事態が徐々に広く忍び寄ってきている。今や、国（さらには地球）も地域も職場も家庭も個人もその安全を脅かされ、危機感と不安感が広く行き渡っている。

ついでながら暗い未来を予測する悲観論は楽観論的未来予測よりはるかに安全だ。予測が的中すれば自らの先見の明を誇ることができるし、的中せずに明るい時代が到来すれば自分が警告したためだと、これまた自らの先見の明を誇ることができる。こうしていやが上にも安全不安が広く行き渡るが、現在及び未来の安全に自信を持てない人々が安全を何よりも優先し、寝ても覚めても安全を第一に考える安全強迫症（裏返していえば不安症）に陥るのも、将来に希望が持てずその日暮らしに走るのも、子どもの将来を心配する親が子どもをつくろうとしなくなるのも当然と言えるかもしれない。

安全の喪失は、今まで最も安全と思われていた家庭や学校や地域にも及び、子どもにも襲いかかるようになった。学校の中に突然、部外者や卒業生が侵入して子どもや教師を殺傷する、校内で生徒が教師を、教師が子どもに暴行を加えるといった想定外の惨事が起きるようになった。登下校中の子どもが見知らぬ大人に誘拐、殺害されるという事件も続発している。

いつ、このような事件や事故が起きても不思議ではなくなると、教師も親も子どもも安心してはいられない。「見知らぬ人に声をかけられても返事をしてはならぬ」「一人で登下校をしてはならぬ」と教えられ、防犯ベル、監視カメラが備えられ、学校の門扉は固く閉ざされる。そうした配慮を怠った学校で万一、事件や事故が起きれば、学校や教師は厳しく責任を追及される。そこで、学校や教師は子どもの安全を守るためだけでなく、外部からの非難攻撃から自らの身を守るためにも安全第一主義を奉じ、安全強迫症に陥らざるを得ない。子どもの安全のためと言いながら、また自らもそう信じながら、その実、心の奥深くには自らの安全確保、自己防衛、自己保身というエゴが隠されているのだ。

こうした無意識、無自覚の隠されたエゴは、安全強迫症に見られるだけではない。潜在意識、深層心理、精神分析、フロイド左派、さらには深層社会学（「深み」の社会学）などといった概念や理論がもてはやされ、教育でも隠された（ヒドン）カリキュラムの重要性が認められているが、これらと同じ流れの中に「隠されたエゴ」とでも称し得る風潮や言説が現代の教育を大きく支配しているように思う。その実態や影響の解明が必要だろう。それに最も参考になるのは、米国で盛んな「ポリティカル・コレクトネス」（略して〝ＰＣ〟、「政治的正義」などと訳される）の研究であろう。

「子どもが主人公」「みんないい子」といった美しいスローガンのもと、子どもの自由、人格、個性、人権の擁護といった反駁し難い原理を掲げる「ツメコミ反対」「管理主義反対」「序列付け反対」「国旗・国歌反対」などの反対運動の蔓延流行、子どもに対する「見て見ぬふり」「甘やかし」、迎合、悪平等など、いわゆる教育ポピュリズムの深層には、子どもから嫌われることを、親やマスコミから叩かれることを恐れる教師や学校の側における自らの安全志向、保身やエゴが隠されている。

隠されたエゴには自己防衛的、消極的なものだけでなく、さらに進んで相手を屈服させ支配して自らの利権や要求を実現しようとする攻撃的、積極的なものがある。子どもだけでなく、あらゆるところに見られる不平等、格差、差別、人権侵害の解消・撤廃を「錦の御旗」に掲げられると、特に公的な立場にある人たちは屈服せざるを得ない。最初、純粋に人道的な動機から始められた運動も、成功を収めるにつれて要求をエスカレートさせることがあるし、「エセ」利権団体さえ出てくる。こうして攻められる側にも、攻める側にも、エゴがしばしば隠されているという事実を隠すわけにはいかない。

14 「転向」の研究（2006年7月4日）

「戦後民主主義」の理論的旗手グループが組織した「思想の科学」研究会の共同研究『転向』が出版されたのは1960年である。知識人や思想家、言論人や政治家など国の指導者、エリートが何ゆえにあの無謀な戦争を正当化、支持するようになったのか。中でも、民主主義、自由主義、社会主義、共産主義など「進歩的」（時には「急進的」）な考え、イデオロギーの持ち主がいかにして国家主義や軍国主義に〝転向〟するに至ったかを研究したのであり、「歴史に学ぶことが少ない」と何かにつけて国の内外から非難される中で例外的な試みだといっていいと思う。

ここで指摘したいのは、この研究によって明らかにされた〝転向〟のメカニズムが、戦後、その方向こそ逆であるにせよ繰り返して働いたという事実である。戦前、「左」や「赤」の人たちが「右」や「大政翼賛」の陣営に〝転向〟したのと同じように、戦後、それまでの「愛国少年」や国粋主義者、戦争協力者が手のひらを返すように「民主主義」「平和主義」の礼賛者に〝転向〟した。圧倒的多数の日本国民は終戦を境に「軍国主義」から「平和主義」に、「反米」から「親米」に〝転向〟した。役人も教師も、この180度の〝転向〟を当然のこととして受け入れ、国民や子どもを「指導」した。

「昔、陸軍、今、総評」と広く囁かれた通り、戦前、泣く子も黙った軍人、憲兵に代わって、戦後は組合幹部や左翼の指導者が肩で風を切るようになった。時代の転回によって羽振りの良さや支配的価値に大きなブレが起き、あるいはそれに引かれ、あるいはそれへの同調を強制される人々が出現する。〝転向〟もその所産であり、転向者の中には保身や自己防衛のため、時代の変化をいち早く嗅ぎ取って要領よくその流れに乗り換える世渡り上手で器用な人もいるし、あまりに純真・素直で一方の極から他方の極に移り変わっても何ら自己矛盾を感じない純情派、熱血漢もいる。圧倒的な物理的、社会的、心理的な力によって〝転向〟を強制、受容した「転向者」は、その後の保身、身の安全のためにも権力の忠実な代弁者となり、過剰同調、追従の道を本心から歩む場合が多い。中国の文化大革命における「紅衛兵」による人民裁判、「壁新聞」における名指しの告発、三角帽子を被らされての町中「引き回し」、農村への長期の「下放」などによる「洗脳」もそれを例証する。

〝転向〟を生む、これら生々しい実例を知った多くの人々は、なまじ「危険思想」にかぶれ弾圧されて〝転向〟する前に、「大勢順応」「事大主義」「沈黙」「ノンポリ」「モノ言わぬ大衆」の一員として、ひっそりと小市民的生活を送って身の安全を図ろうとする。劇的な〝転向〟の背後には、こうした無言の風土、世論がある。

社会の急変、世の風潮や世論の変化の中での〝転向〟を以上のように眺めるとき、〝転向〟の通念とは全く異なるものの、最近の二つの出来事に示唆が得られる。一つは朝鮮総連本部、もう一つは大阪市の解放同盟支部への警察の立ち入り検査である。前に述べた通り、戦前の〝転向〟とは全く逆の方向に戦後の〝転向〟が行われた。軍国少年が全学連の闘士に変身し、日の丸を振った教師が赤旗を振るようになったのはその例だが、戦前、非合理的、非人間的な差別や弾圧の犠牲者の代表とされた人々の人権、福祉、地位などの向上は、民主主義、人間尊重の理念からいっても至極当然の要請であり、戦後、政府も国民もこの要請を支持し、政党も学界もマスコミも、こぞってこの要請の実現に努力した。

その流れの中で、差別や弾圧のくびきを打ち破ろうと挺身してきた先覚者の後を継ごうとする人々は増えたし、差別と弾圧に苦しんできた人々は公然と声を上げて闘うようになった。強固な組織、激しい運動が生まれ、その支援の輪も広まった。その戦術や主張にいささかでも疑問、異議、忠告を唱えることは次第に難しくなり、警察といえども立ち入り、手入れを遠慮するようになる。

事実、朝鮮総連の建物は国交のない北朝鮮の在日公館の役割を果たし、治外法権的「外交特権」を認められてきた。拉致問題が大きな関心事となり、脱税その他の疑惑が明るみに出るに及んで、今回、やっと警察の立ち入りが行われた。国の同和対策として特別措置法のもと多くの補助事業が行われたが、その内容の決定や実施に当たって窓口となった解放同盟の役割、行政への影響力は大きくなった。「糾弾権」が認められ、いったん差別事件でも起きると、その監督の立場にある行政や学校の責任者は地域の「会館」で催される「学習会」に呼び出され、徹底的に自己批判、「総括」を迫られた。「転向」「洗脳」に似たメカニズムが起きる。こうした風潮の中に何億という利権を手に入れた解同の支部長（飛鳥会の理事長）を生んだ土壌がある。〝転向〟研究が示唆するメカニズムは学校や教育界にも無縁でないように思われる。

II　教育改革の再検討

1　改革の方向

15　管理主義反対論の再検討（1990年9月4日）

兵庫県立高塚高校で起きた女生徒圧死事件を契機に、学校の管理主義が改めて論議、攻撃の的となっている。この事件ではたしかに問題の教諭の側に完全な非がある。犠牲となった生徒はふつうの子どもであり、わずか数分の遅刻を死を以てあがなわされたのだから、学校はどんなに謝罪しても謝罪しきれない。

もちろん加害者となった教諭に、生徒を門扉で圧死させようとする意思がなかったこと、学校の側に遅刻者に対して死刑を加えようとする意思がなかったことは明白だ。注意義務を怠ったという重大な過失があったにしても、門扉を閉めれば、死に至るほどの事故が起きるかもしれないという予測もなかった。

しかし一旦、こうしたショッキングな事件が結果として起きると、学校の側は弁解の余地がないだけに謝罪と反省に徹する他なくなる。この事件は学校や教師の「管理主義」の表われだから、管理主義反対論者は恰好の援軍、反証を得たことになる。校則で生徒をしばり、きびしく生徒をしめつけるのが、いかに非教育的で非人間的かと、あれだけ日ごろ口をすっぱくして管理主義反対論を唱え、警告を発していたのに、それに耳を傾けようとしなかった報いが、こんな悲劇をもたらしたのだ、それ見たことか、いわないことではない。――彼らはこのように凱歌をあげ、居丈高となる。反原発論者がチェルノブイリ事故が起きて、勢いを得るのにも似ている。

管理主義が思いもかけぬ重大で明白な結果を引き起こしかねないことを知った学校――高塚高校だけでなく、すべての学校――も、守勢にまわり、「管理主義」という非難に敏感にならざるを得ない。そして取り越し苦労をするときりがなくなる。

例えば遅刻をなくそうと規則を作るとする（それ自体が「管理主義」だ）。規則を実効あらしめるには、何分遅れたら遅刻と認めるか（それはますます細かな「管理主義」だ）、遅刻者にどんな処置を下すか（いかなる処置にせよ、それはさらなる「管理主義」だ）などをはっきりさせなくてはならない。

しかしこうした「管理主義」を実行した結果、それに反抗して対教師暴力に走る生徒が出るかもしれないし、登校拒否やノイローゼに陥る生徒が出るかもしれない。こうした「かもしれない」事件や事故まで予測しなくてはならないとすれば、いっそ完全に生徒の自由に委ねて、学校は遅刻をなくす努力など放棄するに限るという気になるだろう。しかしその結果、遅刻者や出欠常ならぬ者が続出し、教室の秩序が崩壊するかもしれない。その場合、果たして学校は管理責任、あるいは教育責任の放棄という逆の非難を受けずにすむか。

管理主義反対論者は親や教育評論家など、学校の外にいるだけではない。最大の、かつ最も身近な反対論者は生徒や教員など、学校の中にいる。生徒が管理されることに反発するのは当然だが、教員にしても誰も好き好んで管理を強行したいとは思っていない。今回の事件でも、きびしい遅刻指導とその事故責任を、他の教員が問題の「熱中」教師に押しつけていたといわれる。

そこで今回のような事件が起きると、それを好機に反対論者は内外呼応して、いささかでも「管理主義」と解される規制を次から次に撤廃させようとする。ドミノ理論、将棋倒し現象といわれるように、「管理主義」というレッテルさえ貼りつければ、学校から一切の規則、規制、統制、拘束、指導を次々に追放することが可能となり、その結果、学校から秩序や信賞必罰体制が消滅する恐れが出てくる。管理主義反対論の基礎にあるのは、子ども性善説である。「わるい」子どもなど一人もいない。子どもはすべて「無限の可能性」をもち、美しい花を開き、立派な実をならせるだけの萌芽を秘めている。どんな子どもも心の奥底では学びたいという意欲をもち、それぞれにすばらしい学ぶ力をもっている。もっと子どもを全面的に信頼し、自由を与えることが必要だ。――この楽天的で手ばなしの性善説は、それを唱える人の良心を満足させるし、子どもから嫌われずにもすむ。子ども自身の耳にも快く響く。

高校全入運動を支えるのもこうした性善説だ。それは、これ以上、学校教育を受ける意思や能力のない子どもに対しても高校進学を強制するのだから、彼ら自身にとって一種の「有難迷惑」だといわねばならない。それは学校だけが学習機関だとする錯覚に基づいている。高校だけではない。学校なんか行きたくない、授業なんか受けたくないと考える子どもを数多くかかえる学校が、管理を完全に撤廃するとき、世の中を「甘く」見る人間が大量に生まれるであろう。すでに今日、何をやっても自由だ、自分の勝手だと考える若者が学校で育っていることは、暴走族を始めとする青少年非行の増加によって裏付けられる。

管理主義の再検討とともに、管理主義反対論の再検討が必要であろう。

16 「受け身」の教育の再評価（1999年11月2日）

「管理主義」「ツメコミ」「暗記」「知育偏重」「画一主義」「教師中心主義」などが、子どもの自主性、主体性、積極性、個性を抑圧し、子どもからゆとりや豊かな心を奪い去っているというので、受け身の教育（正確には受け身の学習）が総スカンをくっている。いじめや不登校、勉強ぎらいや「落ちこぼれ」などの病理現象を解消するためにも、受け身の教育の追放が必要、有効とされる。受け身の教育の追放は管理や強制、命令や規則、訓練やしつけなど、教師にとって気苦労の多い仕事からの解放をもたらし、子どもから嫌われずにすむし、子どもの味方だという良心の満足をもたらすから、教師からも歓迎される。

そもそも勉強という単語自体、勉め強いる、すなわち禁欲的努力の強制を意味するから、遊び盛りの子どもにとって苦役であり、勉強と聞いただけで拒否反応を起こすのも自然である。勉強ぎらいが学校ぎらいになるのも無理はない。

こうして「楽しい学校」実現のため、受け身の教育反対の大合唱が起きる。しかしどんなスローガンもそれだけを金科玉条とし、無条件に拡大解釈すると、大きな落とし穴が待ち構えており、その行き過ぎがかえって子どものためにならないことを忘れてはならない。冷静で理性的な検討や事前影響予測、総合的判断、バランス感覚が必要だ。

戦後デューイの「なすことによって学ぶ」というスローガンが一世を風靡した。知識は実践の手段であり、真理は行為によって確認されるというプラグマティズムの考え方に支えられているが、「なすこと」の主体は「学ぶ」

子ども個人なのだから、このスローガンは子ども中心主義の反映であり、受け身の教育批判の象徴的言説である。

このスローガンには子どもの実践能力、また実践を通しての学習能力に対する楽天的な買いかぶりがあるように思われる。実践能力や学習能力に富んだ幸運な人たちは「なすこと」によって学び、成功感や達成感を覚えるだろう。だが、どんな人間にも「なし得ざること」があるし、まして大部分の凡人は「なし得ざること」の方が多い。

そして知的にせよ、道徳的にせよ、芸術的にせよ、感動の多くはむしろ「なすこと」によってではなく、「なし得ざること」を通して得られる。今日、感性の教育が叫ばれているが、重要なのは感動の教育であろう。感動の何たるやを知らぬ子ども（いや大人も）が多い。今日の教育が失敗しているのは、子どもの心に訴えかけ、子どもの心をゆり動かすことであろう。その感動の教育では、受け身の教育が大きな役割を果たすのだ。

自分で下手な絵を描くより、巨匠の名画を見ることによってこそ、芸術的な感動は得られる。教室の中でちゃちな実験をするより、自然を観察して人知の及ばぬ神秘や未知がいくらでも隠されていることを実感する方が、よほど知的な感動に襲われる。子どもが勤労の尊さを知るのは、時たま思いついたようにお手伝いをするより、日夜働く親を見ることによってである。行きずりの人の親切に接することによって、人は人間に対する信頼を回復し、道徳的感動を得る。

試行錯誤も課題解決学習も実験も、「なすことによって学ぶ」というスローガンの応用だが、やってもやっても失敗ばかり、誤るばかりなら、むしろ自信喪失、自己嫌悪に陥ってしまうだろう。

こうして人は自ら「なすこと」によってではなく、他人がなすのを「見ること」によって、自らが「書くこと」によってではなく、他人が書いたものを「よむこと」によって、自らが「話すこと」によってではなく、他人の話を「きくこと」によって学ぶことが多い。特に感動は受け身の学習によって得られることが多い。大人にしても、お義理で半強制的に「動員」され、「駆り出されて」出席した講演会や音楽会が終わった後、「来てよかった」「心が洗われた」などと感動することが多い。

いやいやながらやらされたことが、やっている間に面白くなり、やがて進んでやるようになるという現象を、心理学者オルポートは「動機の機能的自律」と名付けた。受験のためいやいやながら勉強した数学、宿題として読まされた古典の魅力に取りつかれるようになるのもそれだし、朝起きたら必ず歯を磨くよう強制された子どもが、いつの間にか歯を磨かないと気持ちが悪くなって、やがて進んで歯を磨くようになるのもそれだ。

ましてその時はいやでいやでたまらなかったことが、はるか後になってみると、忘れられない思い出となり感謝の的になるといった経験は誰にもある。厳しく鍛えた先生が恩師として慕われ、文句一つ言わなかった先生は忘れられる。過去を美化する心理もあろうが、無理に受け身に教え込まれ、学ばされたことが、長い目で見ると最も役に立っていると実感される例はいくらでもある。

17 学校の適正規模（1997年9月30日）

少子化と高齢化はわが国がかかえる最大の問題であり、それが子どもや教育に与える影響は測り知れない。特に少子化は学校に対して深刻な課題を提出する。義務教育段階では学校の努力にかかわりなく児童生徒の数が減少し、それが限界を越えると統廃合という問題が起きる。厳密な通学区がなく、就学義務がない高校以上の学校では、減少する母集団の中からいかにして「客」を確保するかが大きな関心事となる。しかも進学率は上限に達しているし、海外に市場を求めるわけにはいかないので、限られたパイの奪い合いが起きる。この「客集め」競争に失敗すれば淘汰の運命にさらされる。

都合のわるいことに、わが国の少子化にはいくつかの特徴がある。その速度が極めて急激であること、急増急減といわれるように少子化が波状的に襲ったこと、過密過疎といわれるように地域差が大きいことなどがそれだ。急増時代や急増地域では学校の増設、拡張、マンモス校、プレハブ校舎、スシヅメ教室、「デモシカ教員」などの現象が起き、逆に急減時代や急減地域では学校の統廃合、複式授業、空き教室、遠距離通学などの問題が起きた。しかし今や少子化は全国至るところで起きている。過密といわれた地域、例えば都心部やニュータウンで子どもの数が急減し、統廃合が問題になっている。この問題は学校の適正規模の問題に他ならない。

それについてはいろいろ細かな吟味が必要だが、基本的に学校の適正規模と学級の適正規模とを区別する必要がある。学校の学級数あるいは児童生徒総数を基準に、大規模校、中規模校、小規模校などに分類するのは前者である。どれが適正かの判定は難しいが、一般的に学校段階が上になるほど、学校の適正規模は大きくなる。最も下の段階にある幼稚園や小学校では教育課程や組織は細分化しておらず、一人の教員が自分のクラスの教育すべてを引き受けるので、学級数と同数の教員が必要だ。これに対して中学校以上では教科担任制だから、提供される教科の数に応じた教員が必要となる。例えば三クラスの幼稚園では最少限三人の教員が必要だが、教科、コース、選択科目が増える高校では、学級数とは関係なく、それ以上の多くの教員が必要だし、多数の教員を有効に活用するには、一定以上の生徒数が必要だ。財政的にも有資格教員の確保のためにも、学校規模は大きくならざるを得ない。

専門分化、単位選択が徹底している大学ともなると、学級などあってなきに等しく、多数の教員をかかえなくてはならないので、それだけ学生数も多くなる。「一流」といわれる大学のほとんどが、大規模大学であるのもそのためであり、そこには一種のスケール・メリットが作用している。

逆に厳密な意味での学級規模の適正が問題になるのは、学級担任制、全教科担任制で一人の担任教員が日常不断に自分の学級の子どもを教える幼稚園と小学校、それにせいぜい選択科目が少ない中学校である。それ以上の段階の学校では、各教科毎の受講者数、いわば教室規模が問題となる。

何れの場合も、教育の対象と内容や目標によって、学級規模の適正度は大きく変わってくる。子どもの能力、関心、意欲などが十分でなかったり、また多様であったりすればするほど、学級の適正規模は小さくなる。極端な例で言えば養護学級や少年院では学級規模は小さく、教員一人当たりの子どもの数が少なくなければ、教育効果は上がらない。

また義務教育かつ学区制をとる小学校や中学校では、多様な子どもが一つの学級内にいるので、学級規模が大きすぎると教育が困難となる。その中でも中学校は教科担任制なので特に生徒指導の面で、学級規模を小さくする必要がある。高校となると先に述べた理由によって、学校規模は大きくなる一方、その「準義務化」や「不本意就学」の進行に対応して学級規模を小さくする必要がある。但し能力、関心、意欲などの点で同質編成を図るなら、学級規模が大きくても十分な効果を上げることができる。ここでも極端な例を挙げるなら、「超一流」教授や「タレント」教授の評判や名講義に魅せられた学生が立錐の余地のないほど多数集まってくる大学の大講義室の学級規模は大きいが、十分な効果が上がっている。また通信教育や放送教育では、添削やスクーリングを除けば、学級規模そのものがほとんど存在しない。

このように教室規模とでも称し得る学級規模、すなわち教員一人当たり生徒数の適正度は、教育の対象によって異なるだけでなく、教育の内容や目標によっても異なる。個人的な技能の教育などの場合は、音楽の個人レッスンやコンピュータ操作訓練や論文指導のように教室規模が小さく個別指導が行えるのが効果的だが、スポーツや合唱、「助け合い」や「話し合い」の指導のためには、一定以上の学級規模が必要だ。

18 少年院と学校（2003年1月28日）

次から次に衝撃的な事件が起きるので、一時、大きく報じられるがすぐに忘れ去られ、話題に登らなくなるニュースは多い。昨年、名古屋刑務所で起きた刑務官による受刑者への暴行致死事件もその例だ。看守が受刑者を革手錠のベルトで締め上げた結果、死亡させ、同僚や上司が口裏を合わせて虚偽の供述や報告を行っていたことが発覚し、特別公務員暴行凌虐致死容疑で起訴され、刑務所長らも監督責任を問われて更迭されたというのが事件の概要である。事件発覚後、他の刑務所からすでに出所している元受刑者からも似たような暴行を受けたというので、賠償と謝罪を求める訴えが続出したと報じられる。

この事件は教員にとって別世界の出来事、対岸の火災として注目もされず話題にもならなかった。教育関係の専門誌で、この事件を取り上げたものもなかった。

しかし、イリィチ（この20世紀最大の思想家の一人は昨年、惜しくも亡くなったが）など脱学校論者は、今日の学校は就学の制度的強制によって刑務所化していると論じたし、フーコー（彼もまた20世紀を代表する思想家である）は、現代の監獄は囚人の全行動を不断の投光のもとで常時監視する一望監視装置（パンオプティコン）だと論じた。こうした論からも、刑務所で起きた事件は学校にとっても決して無縁ではなく、今日の教師や生徒が直面する問題に多くの教訓や示唆を与えてくれるように思われる。

筆者の身近な経験から説明してみよう。私が勤める大学では九年前、社会人を対象とする夜間制の大学院、臨床教育学研究科を全国で初めて設立した。今日の教育が抱える各種の病理現象（教育病理と称する。学校で言えばいじめ、暴力、非行、引き込もり、不登校、学級崩壊などがその典型である）を研究し、その対応に当たる高度な専門家を養成することを目的としている。

そこで幼稚園から大学まで各段階の学校の教員を始め、医療や福祉の関係者たちが「働きつつ」学んでいるが、警察や法務などで補導や指導に当たる人たちも入学してくる。日頃、学校という世界しか知らない教師が、こうした多様な職業に携わる人たちと大学院で交流するだけでも多くの刺激と視野を与えられ、教師（しかも同じ段階の学校の教師）だけを相手にする研修では到底得られない成果がある。

詳しくは拙著『夜間大学院――社会人の自己再構築』(平成11年、東信堂）にゆずるが、筆者はこの大学院に入学してきた院生諸君にそれぞれの「自分史」を書いてもらい、それを材料に大学院の「自己評価」を行った。その中には、何人か少年院の教官の自分史が収めてある。少年院の教育がいかに困難かがリアルに描かれていて感銘を誘う。

少年院は、その収容する少年たちの数と教職員の数との比からいっても、投入される公費の額からいっても、ある意味で極めて「恵まれた」「ぜいたくな」施設である。制度上の目的やタテマエからいっても、教職員の良心や意識からいっても、生活を共にしながら少年たちの更生、立ち直りを目指して指導が行われる。

しかし、ちょっと油断し、目を離し甘い顔を見せると、たちまち「ツケ上がり」「ナメてかかる」者が現れ、教職員に暴力を振るう者が出てくる恐れがある。法務教官は、大袈裟でなく一刻も気を緩めることのできない、「体を張った」職業である。もちろん立派に立ち直る例もあるが、出所後、再犯を重ねる者も少なくない。少年犯罪や非行が激増しつつある現在、少年院など法務関係の施設の教職員の仕事は「良心的」「教育的」であろうとすればするほど、困難で過酷なものになるだろう。余程の体力、気力、それに使命感を持たない限り、長続きしないだろうし、あえてこの仕事を志す人も減ってくるだろう。そうなれば社会の治安、安全はますます脅かされるようになるに違いない。

しかも都合が悪いことに、万一、名古屋刑務所で起きたような不法で非人道的な事件が明るみに出ると、厳しい法的措置が加えられ、ごうごうたる世論の非難が起きる。まして未成年者を収容する少年院で、行き過ぎた「制圧」が行われるなら大変なことになる。世間の目が届かない「密室」であるだけに、それをいいことに不法が行われる可能性があるので、事件が起きれば、以後、少年院への監視の度が高まる。収容中、あるいは出所後の少年が、院内での「人権侵害」を内部告発するかも知れないし、「社会派」「人権派」の弁護士やオンブズマンがこれを応援する。

こうなると少年院の教官はいささかでも問題になる恐れのある行為を手控え、萎縮、遠慮するようになるので、院内の秩序や規律が乱れ教育や指導どころではなくなる。同じような傾向は学校の中にも進行、潜在している。

19　早教育と硬教育―オリンピックの教育学（２００４年10月５日）

国民の多くを二週間あまり深夜までテレビに釘付けにして寝不足を引き起こしたアテネオリンピックも終わったが、日本選手の活躍の記憶は今も醒めやらず、特に出身地や在籍する企業や大学によってメダリストたちは凱旋将軍並みの大歓迎を受け、テレビや週刊誌にもしばしば登場する。

若くして一躍国民的ヒーロー、アイドルになったこれら華やかなスポーツ選手を眺めてスポーツを志す若者、わが子を有名スポーツマンに育て上げたいと考える親、スポーツで名声と集客力を高めようとする高校や大学が出ても不思議ではない。オリンピック大会、メダリストの輩出はスポーツの普及振興に大きく貢献する。

オリンピックは「平和の祭典」とはいうものの、その参加単位は国であり、表彰式ではメダリストの国旗が掲げられ、国歌が演奏される。オリンピックが国威発揚、愛国心高揚のための道具とされる過去や現実は否定すべくもない。

その他、オリンピックの現実的な（したがって、しばしばダークな）実態については数多く語られているので、これ以上は触れない。ここでは教育の立場から、今回のオリンピックで脚光を浴びた日本のメダリストたちがどのような教育を受けたかを吟味することによって、一般的、原則的な教訓と示唆を得たい。端的に言うと、今日の日本で不人気、タブー視される教育がスポーツ界で実践され成功を収めたと思われるのである。

何よりもまず、早期教育と硬教育とでも称し得る教育が顕著な効果を上げたという事実がある。できるだけ早期に潜在的な素質や能力を見つけだし、早くから的を絞った強引、しごきともいえる徹底的な訓練が行われ、その結果、オリンピックに出場してメダルを獲得できるほどの名選手が生まれたという例が多い。メダルこそ逃したが、あの有名な15歳のアイドル選手、愛ちゃんこと卓球の福原愛はその代表だ。彼女は卓球のセミプロともいえる母親から小学校入学以前にその才能を見出され、鍛えられ、以後、広く国内外の大会に出場して入賞し有名になっていた。

愛ちゃんに限らず、今回のメダリストの中にはいわゆる二世が多い。政界や財界では二世エリートは「親の七光り」などと陰口をたたかれて評判が悪いが、スポーツ界には実力、人物ともに高い評価を受ける名選手が多い。例えば、惜しくも銅メダルに終わったが、女子レスリングの浜口京子。入場式では選手団の旗手を務めたほどの「期待の星」だったが、父はあの熱血漢、今回は型破りの応援で注目を浴びた元プロレスのアニマル浜口だ。京子はこの父親、さらには母親や弟など家族ぐるみで生まれながらのレスラーとして育てられた。

二世といえば、ハンマー投げで金メダルを獲得した室伏広治もそうだ。父・重信は元オリンピック選手、「アジアの鉄人」と呼ばれたし、妹は今回のアテネ大会に出場している。柔道60キロ級で三連覇の偉業を遂げた野村忠宏は祖父の代からの柔道家の家系の出だし、体操団体の金メダリスト、塚原直也の父は月面宙返りの元金メダリスト・塚原光男、母・千恵子も元五輪選手という体操一家、五輪一家だ。その他、おしどり夫婦としてアテネ大会に出場した谷亮子と谷佳知、競泳バタフライの銀メダリスト、山本貴司の妻は千葉すず、レスリングのメダリスト、吉田千春と沙保里姉妹などスポーツ一家は多い。

こうした家庭環境の中で早くから特定のスポーツを志すとともに、そのための厳しい訓練を受けてスポーツエリートが生まれる。「二世」の多くにとって父親が厳しい指導者の役を果たしたが、ほとんどすべてのメダリストは心服、信頼するに足る「師」のもとで育てられた。いささかのミス、油断も許されず、ルールや審判に絶対服従を誓わなくてはならないスポーツには禁欲的な鍛錬が必要だ。名伯楽たる監督やコーチは技量、経験、実績などあらゆる面で優れていると考えられるため、「師」と仰がれる。ほとんど一対一の密着した指導を通じて金メダリスト、マラソンの野口みずきを育てた監督（藤田信之）とコーチ（広瀬永和）は典型例だ。この二人の指導者は方針の食い違いから所属企業を退社。二人を信じて野口も後を追い、失業の苦しさに耐えながら練習に励んだ。

こうした心からの信頼に基づく師弟関係は、北島康介（競泳・金）とコーチ（平井伯昌）、谷本歩美（柔道・金）と師範（大石康）、監督（山口香）、森田智己（背泳・銅）とコーチ（富樫裕）、柴田亜衣（競泳・金）と監督（田中孝夫）など枚挙に暇がない。師弟相互の信頼に基づく早教育と硬教育の有効性が示唆されているが、この「エリート教育」はスポーツだけでなく、技術や学問の世界にも当てはまるように思われる。そこに潜む問題点にも留意しつつ、教育政策や文化政策にもそれを生かす可能性が考えられてよい。

２　改革の哲学

20　心の教育（1997年9月2日）

中教審は８月、「幼児期からの心の教育の在り方について」諮問を受けた。本来は地方分権の流れに添った地方教育行政の在り方について、諮問を受ける予定だったが、特に神戸市における児童殺害事件をきっかけに、心の教育に急遽、審議を切りかえることになった。

「心の教育」は、「子どもに〝生きる力〟と〝ゆとり〟を」と題する前回の中教審答申でも取り上げられているので、どれだけ新味のある具体的な方向や方策が提唱されるかが勝負だ。「生きる力」にせよ、「心の教育」にせよ、あまりに漠然とした文学的、情緒的なコトバなので、その必要性や重要性は誰一人否定し得ないけれども、よほど厳密、理論的、体系的に分析しない限り、単なるスローガンに終わってしまう恐れがある。次のような点を踏まえた審議をしてほしい。

第一にその定義。およそ教育とは本来、心の教育に他ならない。心と体《からだ》を二分した場合、体の教育（体育）でさえ、それを通して心の教育、例えばたくましい心、競争心、協調性、スポーツ精神などの心を養おうとしている。心をさらに知情意と三分し、それぞれに対応する教育を考える場合、特に知の教育、すなわち知育はふつう心の教育の中に含めないようだが、知育も知的好奇心、探求心、研究心、「科学する心」などの心を育てようとしている。このように考えれば、心の教育でない教育は一つとして存在しない。心の教育とは何を意味するかをまず考えてみる必要がある。

第二に心の種類。心の教育を英語に訳すとどうなるのだろう。心を表わす英語にはマインド、メンタリティ、センチメント、サイコロジー、ソウル、スピリットなど、いろいろある。日本語でも同様。精神、心理、心情、信念、感念、感情、情緒、気性、気質、性質、気もち、気概、意識、関心、意欲、態度、霊、魂、根性、人情、勇気、愛情、悲喜、苦悩など、いろいろな単語があるが、これらはすべて心の一部、あるいは心の状態を示している。一体、心の教育という場合、どんな心を問題にしているのか、どんな心を養おうとしているのか、どうもはっきりしない。

第三に、これも心の種類と考えられるが、望ましい心と望ましからざる心とがある。同じように心がつく単語でも、例えば利己心、嫉妬心、猜疑心、怠け心、貧しい心、暗い心など、望ましからざる心もあれば、逆に愛他心、向上心、公共心、自省心、豊かな心、明るい心など、望ましい心もある。

それ故、心の教育には、望ましからざる心の出現や成長を抑止、矯正するという、いわば消極的な教育と、望ましい心の発達を支援、促進するという積極的な教育とが区別される。望ましい心と望ましからぬ心を区別するのは、価値判断である。

教育する側の判断を子どもがそのまま素直に受け入れてくれるなら、心の教育もやりやすいが、子どもが素直さを欠いているところ、いや素直さを否定する教育を受けて育ったところにこそ問題がある。

第四に一面的解釈の危険性。望ましいとされる心が、他の望ましいとされる心と矛盾する場合があるし、望ましい心の一つだけを極度に強調したり拡大解釈して、心の教育の目標とすると、かえって片寄った心を育て上げる危険がある。

例えば協調心と自立心はどちらも望ましいが、その一つだけを強調すると他方の心がおろそかにされる。愛国心は望ましい心だが、それを極端に強調すると偏狭な国粋主義になりかねない。逆にそれを恐れて愛国心の教育を否定し排斥すると、無国籍のコスモポリタンを作ったり、自分中心主義を育てたりする恐れがある。それ故、心の教育では、望ましいとされる心相互の間でバランスをとること、また行きすぎを警戒することが必要だ。

第五に、優先順位の必要。見てきたように、望ましい心は誠に多種多様である。欲張れば際限がない。やさしい心もたくましい心も大事だし、素直な心も批判的な心も大事だ。公徳心も大事だし、自己主張する心も大事だ。美を愛する心も科学する心も大事だ。

このように心の教育、いや教育自体、貪欲であり、このことがかえって虻蜂《あぶはち》とらずに陥る危険がある。そこで今日、どんな心が最も必要か、どんな心が最も欠けているかといった吟味が、教育全体についても、個々の子どもの教育についても是非必要だ。

第六に心と力との関係。心はそれを実行し実践する力がなければ、心の教育も画に描いた餅になってしまう。例えば自立心、独立心は望ましい心にちがいないが、いくら自立心や独立心を養い、自立や独立への意欲を育てたところで、肝心の自立力や独立力がなければ、心の中で自立や独立を叫ぶだけに終わってしまう。自立心や独立心がなければ自立力や独立力も育たないが、自立力や独立力を養うにはそれにふさわしい教育が必要だ。心の教育はそれに対応する力の教育を要求する。

21 志の教育（1997年10月28日）

神戸市における中学3年生による小学生殺害事件を機に、それまでも広く重要性が指摘されていた「心の教育」が改めて論議の的となった。中教審でも、幼児期からの心の教育を中心的テーマとして審議しつつある。

しかし「心の教育」といっても、その「心」とは何かがはっきりしていないところに大きな問題があり、審議が一般論、タテマエ論に終わる恐れがあることは、以前指摘した通りである。今回は別の角度から「心の教育」というより、「志の教育」とでも名付け得る教育が有効かつ重要であることを主張したい。

もちろん志は心の一部と考えられるが、今日「心の教育」で忘れられているのは、「志の教育」、志を育てる教育ではないかと思う。心と志とはどうちがうか。志はその漢字が示す通り、心の一部ではあるが、心と志それぞれのもつ語感はかなり異なり、語感からいうとむしろ相互に対立する。

今日、教育研究、特に教育社会学では解釈学、メタ理論、エスノメソドロジーなどの影響のもとで、教育言説を取り上げる試みが行われつつあるが、心と志を対比させて論究した研究はほとんど見当たらない。

実際、「心の教育」を特に中教審や文部省が集中的に取り上げたためもあり、心という単語は広く教育界でも認知されたし、教育学者や心理学者は早くから心の問題を取り扱ってきた。これに対して志という、いかにも日本的あるいは東洋的な語は、教育の実践においても理論においても、全くといってよいほど使用されておらず、特に戦後はほとんど死語に等しい。

恐らく志という語は、立身出世主義を背景とした「立志伝」や、尊皇の「志士」などを連想させ、また志が「士」（さむらい）と「心」の合成語であるため、時代錯誤の封建主義、復古主義と解されかねないからであろう。志に殉じる、志を守り通す、大志を抱くなどというい方は、自分中心主義が支配する現代、愚かな教えだとされる。

そこで人びとは、このような語感をもつ志という語を使うこと、また復活させることをためらうようになる。志という語の使用に対するこうした拒否反応、遠慮の底には、この語のもつ語感や伝統が働いているし、人びとの保身や時代への迎合が潜んでいる。つまり人びとは耳ざわりがよく、反発や誤解を招かない語を好んで用いようとするのだ。コトバのもつこうした語感の研究は教育言説の研究にとって重要であろう。

このように心と志とは対立する語感をもっている。その対立をあえて図式化してみると、心はやわらかさ、やさしさ、あたたかさなどを特徴とし、感情や心情に近いのに対し、志はかたさ、たくましさ、つめたさなどを特徴とし、意志や知性に近い。心理学的にいえば心は母性原理、志は父性原理を表し、倫理学的にいえば心は私に、志は公に関係し、ニーチェ流にいえば心は隣人愛に、志は遠人愛に近い。

事実、今日強調される心とは、思いやりの心、やさしい心、あたたかい心であり、特に身近かな弱者や敗者へのいたわり、支援、なぐさめであり、悩める人の心のいやし、ケアである。さらに拡大して人にやさしい政治、自然や環境にやさしい文明などを目指す心が求められる。こうした心が現代、特に必要であることはいうまでもないし、人びとはすべて、こうした心が広まることを念願している。

「志の教育」を主張するとき、このような「心の教育」を否定しているわけでは決してない。しかしこのような心は、いやしやケアを強調するように治癒や回復を求めているのだから、その教育が成功したところで、もともとである。支援やいたわりの対象になる人は、周囲の人びとの思いやりの心に依存するようになるので、かえって自立心を失いかねない。

つまりこうしたやさしい心だけでは、かえって自ら苦難に耐え、積極的に自らの運命を切り拓くという未来志向的、前進的、自立的な心を養うことができない。周囲のやさしい心に受け身で甘えるばかりでは、たくましい心は育たない。

実際、一見、勝者や強者と考えられる者も含めて、すべての人はたえざる挫折、失敗、危機に遭遇するし、悩みや不満を経験する。それに打ちひしがれて絶望、自信喪失、自暴自棄に陥らず、自らそれを乗り越え、立ち直る勇気や希望をもつことが必要だ。そうした勇気や希望をもたらすのが志であろう。

高邁な理想や遠い目標が見つけられず、自分は社会のお荷物、厄介者にすぎないと思う人間ほど不幸でみじめな者はいないが、彼らも志を抱くことによって、その不幸やみじめさから解放される。維新や敗戦にさいして日本人、特に若者はそれぞれ使命感や責任感を抱いて、国家の再建に挺身したが、そのさい彼らを支えたのがまさに志であった。

22 思いやり（1997年6月3日）

世界、特に直接の当事国であった日本とペルーの耳目を聳動《しょうどう》させた大使公邸人質事件が起きて4ヵ月、ようやくにして決着の運びとなった。日本人人質全員救出の報をきいて誰よりもホッとしたのは、われわれ日本人であり、中でも総理や日本政府であろう。もし日本人人質の中で一人でも犠牲者が出たとするなら、日本の世論ははるかに騒然とし、総理や政府への批判攻撃は防ぎようもないほど高まったにちがいない。

フジモリ大統領が事前に人質救出作戦決行を総理に通告し、その承認を求めていたとすれば、総理は困惑の極に陥っていたにちがいない。日本の法制度のもとで総理が独断で即刻承認することは不可能だし、緊急事態との理由で超法規的に承認したにしても、もし作戦が失敗に終わるなら、総理はその全責任を問われたであろう。

フジモリ大統領が事前に通告しなかったのは、総理を窮地に追い込まず、大統領が自ら全責任を引き受けるという並々ならぬ決意の表れであった。その意味で大統領が事前に通告しなかったのは、総理、もっといえば日本政府や日本に対する「武士の情け」だったという解釈もある。また自らの強い意志と責任感のもとで作戦を決行した彼の行動には、今や失われた日本の「武士」の面影もかいま見られる。

しかしこうした解釈そのものが、いかにも日本的だ。日本の「経済援助」や日系人大統領への「肩入れ」などに対する「義理」や、日本人人質や総理に対する「人情」で、大統領があの決断を行ったとは考えられない。彼は日本人（あるいは日系人）である以上に、ペルー人（あるいは欧米的思考の持ち主）なのである。彼は決してカミカゼ特攻隊員ではない。その行動の背後には綿密緻密、冷静で合理的な作戦計画があったし、身内だけに通用する「義理人情」ではなく、普遍的な「法と正義」の原則はいかなる暴力やテロに脅やかされてもこれを守りつづけなくてはならないという強い意志があった。

「人命は地球より重い」といった情緒的、人情的なスローガンを掲げて、航空機乗っ取り犯に身代金を払って人質を解放させた上、彼らの逃亡を許したといった超法規的措置はフジモリ大統領、さらには多くの欧米人にとって容認し難いものであろう。

そうした見方からすれば、法や正義は冷酷な原理である。ギリシャ神話では法や正義の神・テミスは盲目の像として描かれた。法を破った罪人も不正を犯した悪人も一個の人間として目の前で見れば、それぞれ同情すべき点があるし、処罰、いわんや死刑を宣告するなど人情としては忍び難い。直接、罪人や悪人を目で見ると、どうしても人情が働いて一貫した裁きができない。こうしてテミスは盲目の神とされたのである。

今回の事件でも不幸にして三人のペルー人が命を失ったし、武装集団は全員射殺された。テロリストの中には20歳前後のあどけない若者（中には女子）も多く、単にアルバイト気分で、あるいは「徴兵」されて参加した者もいたし、発砲せずに降伏の意を表わした者もいたという。彼らにはそれぞれ家族もあるだろう。人情からいえば、この犠牲は忍び難い。犯人の要求を全面的に受け入れ、人質も犯人も全員無事解放するなら、こうした犠牲は出なかったはずだ。

しかしそれでは「法と正義」が暴力やテロという不正に屈したことになるし、味を占めた暴力やテロが今後、横行して何万という犠牲者が出るかも知れない。その意味では10数名の犠牲者は、将来何万という犠牲者の出現を防いだことになる。

「人情」という母性原理と、「法と正義」という父性原理との対立が、この事件における日本的考え方と欧米的考え方との対立に反映されている。感情と理性、パティキュラリズムとユニバーサリズムの対立といいかえてもよかろう。

ペルー人質事件におけるこうした考え方の対立は、今日、日本の教育界で広くもてはやされている「思いやり」についても反省の材料となるであろう。というのも、「思いやり」は「人情」論、母性原理の系譜に属するように思われるからだ。たしかに自分さえよければそれでよいと考える大人、オヤジ狩りに興じる若者、いじめられっ子がいても自分には関係ないと「見て見ぬふり」をする子どもを見れば、「思いやり」の教育が必要なことは明らかだ。

しかし、ともすれば目の前にいる犠牲者に対する「思いやり」だけが求められて、将来、生まれるかもしれない、より広範多数な犠牲者への「思いやり」が軽視される傾向がある。「子どもを守る運動」は盛んだが、「自らを守る子どもを作る運動」は盛んではない。ニーチェ流にいえば「隣人愛」だけでなく、「遠人愛」を再評価する必要があろう。

24 「生き方」指導のカリキュラム（1996年3月26日）

ある民間の調査機関によると、今日の教師が理論的にも実践的にも最も求めているのは、「生き方」指導のあり方である。そこには大きく二つの原因がある。

一つにはいじめや不登校、非行や自閉など、各種の教育病理が多発しており、それは子どもたち自身が「生き方」を探しあぐねていることを物語ると同時に、教師には適切な「生き方」の指導ができていないという悩みをもたらすし、世間からは学校での「生き方」指導の不在や失敗の攻撃を招く。

「生き方」指導が大きくクローズアップされたもう一つの原因は、新しい学習指導要領が「人間としての在り方生き方」の教育を中核的なキーワードとしたことである。直接的には道徳教育、生徒指導、特別活動などが「生き方」指導を担うけれども、それ以外の教科指導も重要な役割を果たすべきだとされる。そこで教師にとっては「生き方」指導をその全教育活動の中にいかに位置付け具体化するかが、大きな関心の的となるのである。

だが「生き方」が問われているのは子どもだけではない。「生き方」指導が問われているのは初等中等教育だけではない。オウム真理教の幹部たちのように、最高の教育を受けたはずの大人がいとも簡単に荒唐無稽の教義にマインドコントロールされ大量殺人を犯して平然としているし、最近の住専や薬害の事件に明らかなように、大蔵省や厚生省の「エリート」、金融や薬学の「権威」が国の経済や国民の健康をそこなって平然としている。

青少年の「生き方」だけでなく、大人の「生き方」が、小中高の「生き方」指導だけでなく、大学の「生き方」指導が大きく問われているといってよい。目先の就職や進学、「偏差値」や「学力」、自分の利益や瞬間の快楽だけにしか関心をもたない「生き方」をする人間を大量に作ってきた教育の「在り方」、さらには日本社会の「在り方」が問われている。

こうして「生き方」指導が改めて今日の教師にとって緊急かつ中心的な課題となるが、「生き方」という語は漠然とした日常語であるだけに、「生き方」をどう考え、どう指導するかにとまどっているのが実情であろう。

この難問に答えるための手がかりとしては、「生き方」、つまりいかに生きるかという語を構成する動詞「生きる」の名詞形であるライフを分析することが便利である。「生き方」指導とは、いろいろな意味でのライフに意味や関連（レリバンス）をもち、ライフの充実向上に貢献するような教育の在り方を指すといってよい。人生いかに生きるべきかは、自己をいかに生かすかと密接で表裏一体の関係をもっている。

ライフという英語には、およそ三つの意味がある。一つは日本語で生命あるいは生と訳されるライフである。人間は誰しもかけがえのない、一回限りの生命をもち一回限りの人生を送る。この生命を尊重することが、「生き方」指導の中心的な原理となる。そこから当然の系として、自らの生命だけでなく、他者の生命への畏敬が要求される。

そしてこの生命にも、いろいろな段階がある。一方には身体的な生命があるし、他方には精神的な生命がある。身体的な生命の保全は健康や長寿によって具体化され、誰もがそれを本能的に求める。しかしたとえ病弱や短命であっても、精神的な生命の充実した人は多い。生きがいを自ら感じ、また精一杯、生きたモデルを人びとに示す人がそれだ。彼らは肉体的に死んだ後にも、人びとの心の中に生きつづける。

身体的な生命と精神的な生命との中間には、社会的な生命とでもいえる生命がある。汚職を摘発された政治家は、政治生命を失って社会から葬り去られる。

生命哲学、実存哲学の系統を引くホリスティック教育の主張がこうした「生き方」指導に大きなヒントを与えてくれる。

ライフのもう一つの意味は生涯、一生と訳される。生涯教育やキャリア教育の考えが参考になる。人間誰もが幼児、少年、青年、成人などのライフサイクルを辿り、それぞれの時期に固有の特徴と課題があるから、それに対応する「生き方」が必要だし、長い一生を見つめた「生き方」の選択が求められる。

そしてライフの第三は生活と訳される。子どもでいえば家庭生活、近隣生活、学校生活、集団生活、休日生活など各種の生活があり、それぞれにいろいろ解決すべき、問題（生活課題）がある。また人類の一員としての生活、国民の一人としての生活もあり、子どもなりに世界や日本がかかえる問題についての知識や関心をもつことも、社会生活の「生き方」の指導が取り組まなくてはならない課題である。広い意味での「問題解決学習」はこの面での「生き方」指導の原理となるだろう。

以上のようにライフを三つの局面から分析することによって、「生き方」指導のカリキュラムが体系的に構築できるだろう。

25 「頭を下げる」人と「頭が下がる」人（2005年7月19日）

リアルな情景を伝えるテレビの力が大きいと思われるが、特にここ数年、日本を代表する組織のトップが首を揃えて記者会見の席上、「世間をお騒がせし多大な迷惑をおかけしたことを、心からお詫び申し上げます」と、深々と頭を下げる光景が続出している。最近の例でいえば、ＪＲ西日本。スピードアップや増便によって私鉄との競争で「勝ち組」となったが、予想もしなかった大事故を起こした。１００名を超す死者はもとより、多数の負傷者、電車が突っ込んだマンションの住民など、被害者やその家族が受けた心身両面の打撃は計り知れない。

この大事故を起こしたＪＲの責任は明らかだ。調査が進むにつれて、事故の背景には利益や効率を優先するあまり乗客の安全を忘れ、乗務員に過度の緊張を強いるＪＲの風土や体質があることが明らかとなった。それ故、この大企業のトップが平身低頭、ひたすらに陳謝し続けるのも当然だ。被害者や家族にしてみれば、いくら謝ってもらっても失われた命や健康は元に戻るわけではない。

組織自体、ないし組織の構成員が犯した過失や事故、犯罪やスキャンダルなどが明らかになったとき、その最高責任者たちが深々と頭を下げて陳謝する光景は、ＪＲ西日本の他にも日本航空、三菱自動車、ＮＨＫ、原発、全農、雪印乳業など、安全と信用を誇ってきた一流企業や半官半民組織によって次々に繰り広げられてきた。

いったん大事件が起きると、それまで問題にされなかったり、隠されたりしてきた欠陥や弱点が次々に暴かれるため、頭を下げ続けなくてはならなくなる。どんなに謝っても誠意が見られないと反駁され、どんな償いを提示しても十分ではないと非難される。直接の被害者でない人まで便乗して罵声を浴びせかける。

それまで一流企業のトップとしてお高くとまり、頭を下げられ続けていただけに、一転して頭を下げるように追い込まれるという光景は、ある人々にとっては「ざまを見ろ」と日頃の鬱憤を晴らし溜飲が下がる思いを引き起こすかもしれないし、ある人々にとっては〝おごれる平氏久しからず〟、〝人生は運〟といった無常観から、頭を下げるエリートに一種の同情を覚えさせるかもしれない。しかし、こうした深層心理を指摘したり自認したりすること自体、タブーとされる。

今まで「上」にあって頭を下げ続けられてきた組織（「一流」企業や「中央」政府）のトップ（「エリート」や「キャリア組」）が一転して孤立無援、四面楚歌の状態に陥り、いつ果てるともしれぬ「人民裁判」的糾弾の嵐を頭を下げて耐え続けざるを得なくなると、この風潮に「悪のり」して「下剋上」がエスカレートする結果、却って口先だけの謝罪、萎縮や迎合などを招きかねない。

こうした風潮は広く社会全体に観察できる。特に官尊民卑の伝統のもとで、長い間、「お上」として「下々」の上に君臨してきた役所やお役人、政府や官僚、中でも中央政府や高級官僚は、その地位や特権を利用して顰蹙を買うような行動を重ねてきたが、それが今や広く報道されるようになった。納税者や有権者の権利意識が高まり、市民オンブズマン、見張り役、評論家、運動家、マスコミなどが厳しい監視の目と抗議の組織を張りめぐらせるようになった。官の不能率、無駄遣い、不正などが次々に暴き出され、役所のトップが公開の席上、頭を下げ続ける光景がしばしば繰り広げられている。

こうした光景は「土下座外交」といわれるように国家間にも見られる一方、家庭や学校など教育の場にも見られる。今まで子どもの上位にあった親や教師が子どもから突き上げられ、子どもに頭が上がらなくなった。「王さま」「主人公」「お客さま」となった子どもに大人が頭を下げる。子どもに何か起きれば、その責任は大人にあると子どもを弁護し、子どもに謝罪する。子どもの自由、権利、要求を最大限尊重しなくてはならないとされ、子どもへの迎合が蔓延する。教育ポピュリズムがこれである。

教育、中でも「公教育」を担う学校、その学校の中でも公立の学校は、世間からの要求、監視、批判、抗議に絶えずさらされなくてはならない。ひとたび世の注目を集めるような大事件でも起きれば、弁明、謝罪、裁判、賠償などに学校の最高責任者たる校長や、学校の監督官庁たる教委や文科省は全力を傾けなくてはならない。生徒や保護者、マスコミや関係団体への公開説明会では、ひたすら頭を下げ続けなくてはならない。

こうした緊急事態に備え、それを円満に解決するためにも、「頭を下げる」より「頭が下がる」ような行動を日頃示しておくことが必要だ。自ずから尊敬と信頼を呼び起こすような行動を示す「頭が下がる」人や組織であることが望ましい。

26「もったいない」ということ（2006年9月5日）

この七月に行われた滋賀県知事選では大方の予想に反し、絶対有利と思われていた現知事を抑えて無党派の新人、嘉田由紀子氏が初当選した。新知事は長らく琵琶湖の水質浄化に携わってきた研究者であり、立候補したときには京都市内の私大教授として環境科学を担当していた。彼女は政党や組織の応援を一切受けず、「勝手連」的なボランティアに支えられて選挙戦を戦った。

その彼女が掲げたスローガンはただ一つ、〝もったいない〟であった。具体的には、滋賀県が悲願として推進してきた新幹線新駅建設計画を〝もったいない〟として、中止させることを最大の「公約」「目玉」に掲げたのである。実際、同県栗東市に新設されるＪＲ「南びわ湖駅」は、地元自治体（滋賀県と栗東市）が関連建設費のほとんど（今回の場合は２５０億円のうち２４０億円）を負担するという契約のもとで建設される。これだけの巨費を自ら負担して建設される新駅は、それにペイするだけの価値があるのか。米原駅と京都駅との間に挟まれて『こだま』しか停車しない新駅を、将来、県民がどの程度利用するか、新駅ができた時、地元はどの程度潤うか、など多くの疑問がそれまでにも広くくすぶっていたし、新駅に限らず、多くの豪華な公共施設が巨大な無駄として赤字をタレ流し続けていることは今や周知の事実である。そうした中で、この計画が採択、実施され始めたことに「税金の無駄遣いではないか」という県民世論が広く潜在していたことは容易に想像できる。新知事はこの県民世論をいち早く嗅ぎ取って、新駅請願事業を〝もったいない〟というスローガンに集約して、その中止を訴え当選したのである。

もっとも、〝もったいない〟という日常語は広く日本人の間で使われてきた。ところが新知事がこれをスローガンとして採用するより前、ここ数年間、この日本語をそのまま使って、その考え方を高く評価しようとする動きが世界的に起きていた。アフリカやアジアなどの「低開発国」「最貧国」から「豊か」な日本にやってきた留学生たちは、まだまだ使えるのに大量に捨てられる廃棄物、食べ残しの料理、そしてそれらの処理に頭を抱える自治体、事業所、家庭。水、食料、エネルギー、土地など有限な資源を浪費する経済活動。その結果としての資源の争奪戦、環境破壊。「豊かな社会」の「成長の限界」はますます明らかになりつつあり、エコロジー、リサイクル、省エネなどが全世界的、全人類的な課題となりつつあることは、今や「貧しい国」だけでなく「豊かな国」にも意識され始めた。貧しかった時代の日本人の誰もが持っていた〝もったいない〟という日本語と、その現代的意味とが改めて世界的に再認識され始め、国連、ユネスコ、ＮＧＯ団体などの間でも、この日本語がそのまま一種のスローガン、キャッチフレーズとして用いられるようになっていた。

単に〝もったいない〟だけではない。その他にも外国語にはなかなか訳しにくいが、それだけに日本文化や日本人の考え方を理解したり、広く現代的、国際的にも通用する原理を示唆したりするのに格好と思われる日本語が数多く存在し、その多くが内外の、特に日本研究者によって取り上げられてきた。例えば「わび」「さび」「もののあわれ」「義理」「和」「道」「恥」など。愛国心や国を愛する心などが問題になっているが、〝日本的〟なる文化やことばに含まれる奥深い〝よさ〟に気付くとき、自ずからそうした心が湧いてくるように思うが、ここで言う「もったいない」という通俗語、日常語もその一つだ。「もったいない」という語に含まれる〝よさ〟に気付かず、その気持ちを忘れバカにするなら、それこそ〝もったいない〟。

〝もったいない〟という気持ちの底にあるのは、すべてのもの、いや、すべての人をありがたい恵み、宝と考え、最後の最後まで大事にし、「生かす」という感謝と尊重、節約と活用の精神だ。この気持ちを忘れるなら「バチが当たる」ことになる。今や水も空気もタダで無限に存在するということが全くの虚構になってしまったことは、その汚染や枯渇が着々と進行しつつある現実によって明らかだ。〝もったいない〟という気持ちは、さらに突き進んで自己自身についても適用されなくてはならない。生命は有限であり、過去は取り返しがきかない。一回限りの一生、かけがえのない自己、取り戻すことのできない時間をムダに浪費することは、自分にとっては後悔の種子、社会にとってはマイナスだ。自分にとっても周囲にとっても、これほど〝もったいない〟ことはあるまい。共生、共存、生命の連鎖などの理念も、〝もったいない〟という気持ちと無縁ではない。〝もったいない〟は子どもにも分かりやすい語であり、これをスローガンにした教育や指導、学級運営などが考えられてよい。「資源小国・日本」において特に然りであろう。

27 品格概念の再生（2007年2月20日）

藤原正彦氏の『国家の品格』が毎月、ベストセラーのリストの上位を占めている。この書物の中核は、現代日本（いや戦後日本）の教育批判だといって過言ではない。教基法改正に当たって愛国心論議が盛んに行われたが、本書は、「日本という国家が失われた品格を回復するなら、自ずから愛国心が育つであろう」と主張し、〝国家の品格〟の回復に貢献するような教育を求めている。

著者は、教育学者でもなければ教育行政官でもない。大学教授として教育に携わったとはいえ、その専門は現実とは縁遠いと思われている数学だ。教育の専門家でない数学者の方が、かえって鋭く的を得た教育論を展開し広くアピールしているところに、教育の専門家、すなわち教育学者、教育評論家、教育行政官、教師などは自らの非力を反省すべきであろう。

実際、「専門バカ」と言われるように、狭いタコツボの中に閉じこもって「重箱の隅をほじくり」「木を見て森を見ざる」専門家ではなく、非専門家の方がよほど事柄の本質や真実に迫り得ることが多い。インサイダーよりアウトサイダーの方が、冷静、客観的に観察、理解、解釈できることが多い。教育についていえば、広い影響を与えた教育学の古典は、ほとんどすべて教育学以外の学問分野（例えば、哲学、心理学、社会学など）の専門家によって書かれた。教育が一つの学問分野として成立したのが遅れたことも原因ではあるが。

教育、またその主体、並びに客体である人間がそもそも複雑で全体的な存在であるから、関係諸学が総合的に協同しない限り、教育を十分に明らかにすることはできず、学際的アプローチが不可欠となる。数学者の著書からヒントを得て、教育論に品格という概念を導入、再生する必要があろう。特に学校や教師が、その内的・外的な権威を失い、内外から激しく非難、攻撃を受けつつある現代、また子ども自身が自信や目標を失いつつある現代、然りである。

私自身、20年あまり前、「人格より品格を」と題して次のように主張したことがある。(『サバイバルのための教育』広池学園出版部、1988年)——その人の前に出ると、おのずから頭が下がり、畏敬の念に駆られる、そんな人がいる。その人がいるだけで心が豊かになり、周囲の人々が和やかになる、そんな人がいる。こうした人は別に相手を支配しようとか、立身出世しようとか意識しているわけではない。溢れ出る風格、滲み出る人徳が自然のうちに人々の心を豊かにするのである。ニーチェはこれを「贈る徳」と名付け、史記には「桃李物言わざれども、下おのずから蹊を成す」という句がある。巧まざる威厳、悠揚迫らざる風格、付け焼き刃でない教養、押し付けでない権威などが「贈る徳」の内容であろう。

日本語には、いささかバタ臭く直訳調の〝人格〟や〝性格〟という単語の他に、〝品格〟〝品位〟〝品性〟〝風格〟などという味わい深い言葉がある。人格の尊重や完成は教育の目的とされるが、人格より品格を重視し、優れた品格を養うことこそが大事であろう。あらゆる人の人格を尊重しなくてはならないことはもちろんだが、どんな人間をつくるかとなると、人格より品格の方がよほど適切な言葉であろう。事実、人格の尊重を原理とする教育のもとで、到底、尊敬に値しない人格の持ち主が大量に生まれている。

日本人や日本という国家に欠けているのは、まさにこうした品格だ。なりふり構わぬ浅ましさ、ヒステリックな怒号と罵声、成金趣味や自己中心主義など、数え上げれば際限がない。静かさ、奥ゆかしさ、慎み深さ、礼節などといった上品さは消え失せてしまった。日本人や日本は品格を取り戻さなくてはならないのに、教育はそれとは逆の方向に動いてきた。教師自身、子どもや世間から自ずから尊敬されるだけの品格を失っている。いや、教師だけではない。政治家にせよ官僚にせよタレントにせよ、世にもてはやされ、大きな影響力を持つ人々からも品格、ノブレス・オブリージュが失われている。

品格が優れていることを「上品」というが、「上品」と「お上品」とは違う。「上品」ぶって妙に気取るのは「お上品」である。それは「上品」であるが如く見えながら、また当人自身、大いに得意でありながら、その実、品格下劣、「下品」であり、周囲の心服を得ることができない。

「できる人」に対して「できた人」と呼ばれる人がいる。「仕事ができる人」が「できる人」だが、「人物ができた人」、「品格が優れた人」が「できた人」だ。「できる人」は「できた人」とは限らない。子どもでいえば、「勉強ができる子」が目標とされた結果、品格、人物などが優れた「できた子」をつくることが忘れられ、そのため日本という国家からも品格が失われてしまった。

Ⅲ　学校の宿命

1　学校の限界

28 「学校力」と「教師力」（2006年3月7日）

去る平成17年10月、中教審は「新しい時代の義務教育を創造する」と題して「義務教育の構造改革」に関する答申をまとめた。今後、この答申に基づいて改革が進められることになるから、極めて重要な文書であり、広い関心と論議が求められるが、そこでは冒頭で新しい義務教育の姿として、「学校力」と「教師力」との強化を通して子どもたちの「人間力」を豊かに育てることが改革の目標であると謳われている。

この目標は別に義務教育に限らず、すべての学校教育にも当てはまる上、「学校力」「教師力」「人間力」などという語自体、漠然としているところに、この答申が今一つ迫力を欠き、あまり注目されなかったゆえんがあるように思う。以前、第一五期中教審が謳い、現行の学習指導要領のキーワードとして採用された「生きる力」や「確かな学力」などにもいえることだが、力という語が厳密に定義されずに用いられるため、それらの力を目指した制度やカリキュラムの具体的、体系的改革が行われにくいきらいがある。

常識的に言って、「学校力」を学校の力、「教師力」を教師の力と解するのが無難だが、力の定義次第で学校や教師の力は極めて強大だ。特に今回の答申が扱う義務教育では、義務という語が示す通り、その強制力、拘束力は絶対的、不可抗的だと言ってよい。学齢に達した子どもは全員小学校に入学しなくてはならず、その後、最小限、中学校卒業まで教育を受けなくてはならない。義務教育の圧倒的多数は公立であり、公立の小、中学校は原則、通学区制を採用しているから、子どももその親には学校を選択する自由、権利はない。たった一つしかない小学校や中学校に行くよう通知される。少数ではあるが私立や国立（大学附属）の小、中学校も存在するが、そこでも全国一律に適用される学校教育法に基づき、全国共通の学習指導要領に即した教育を受けなくてはならない。在学年数、授業時間数、学級規模、学習内容などは法規によって決められている。教員資格は全国どこでも通用する免許状による。子どもは自ら時間割や通知表を選ぶことはできない。受け持ちの教師や同級生を選ぶこともできない。一言にしていえば、義務教育では学校や教師は子どもや親に対して誠に強大な力を制度的、法的に与えられている。この権力は義務教育以後の学校（いわゆる一条校、すなわち学校教育法第一条で認定される高校や大学など）でも「準義務化」が進むにつれて（程度は低まるにせよ）持続する。子どもは最小限9年間、さらに「準義務化」された幼稚園や高校、大学などを加えれば15年内外という長期間を学校という場で送ることになる。

このように強大な強制力をもつ学校、中でも義務教育には子どもが学校や教師を選択する自由、権利が与えられていないから、もしその提供する教育の内容や水準がまちまちであるなら、子どもにとっては誠に不幸であり不平等である。教育、中でも義務教育は、すべての国民に共通の基礎基本を獲得させることによって国家や社会の凝集や発展を図ろうとしている。そのため、全国共通一律の基準を設けて教育の内容や水準を統一する。それは教育の機会均等、平等の原理からの要請であり、地域や階層から生じる格差を解消し、子どもの権利を平等に保障する道でもある。法や世論がこの動きを支える。

しかしそれは、一方では共通一律の基準の強制を意味するから、教育の画一化、規格化、さらには悪平等をもたらす。全国どこに行っても、どの子どもにも同じような教育が行われるので、子どもの個性、個人差は無視され、それだけ教育への不満や不適応が増大する。学習への意欲、能力を欠いた子どもを抱え続けなければならない学校や教師の苦労は大きくなる。教育が普及するにつれ人々の批判力や権利意識は高まるため、親や世間は学校や教師に対して不満や非難を遠慮なく加えるようになる。少子化が進行すると子どもの「希少価値」が高まるので、「客集め」のためにも学校や教師が子どもや親に頭を下げるようになる。大学はおろか、あらゆる段階の学校で学生生徒や親や世間からの評価が次第に制度化されつつある。学校や教師の力は弱まらざるを得ない。財政的にも、学校や教師は税金や納付金に依存しているので、経済的な自立力、独立力が弱い。

子どもの側に学校や教師を選ぶ力が与えられていないのと同様、学校や教師の側にも義務化、準義務化が進み、少子化が進むにつれて子どもを選ぶ力が弱まる。どんな子どもでも入学、進級、卒業させなくてはならなくなる。子どもに不本意就学が広まるのと同様、学校には不本意受け入れ、教師には不本意勤務が広まる。このように教育、中でも義務教育の学校や教師の力は強大化と弱体化という矛盾や対立に直面せざるを得ない。この現実を見つめて、その「教育力」を考える必要があろう。

29 学校の教育力の限界（1996年2月27日）

いささか古めかしいいい方だが、学者は真実の探究者であり、ジャーナリストは社会の木鐸である。世の風潮や一時の感情に流されず、広い視野と冷静な理性を以って、真実を明らかにし、遠い未来を展望して警告を発するという大事な仕事を、彼らは担っている。

社会が彼らに批判、研究、言論の自由を与えるのも、彼らのこうした役割が結局は社会にとって大きなプラスになることが認識されているからである。

ところがこのいい方が時代おくれのものと考えられるようになったし、事実、そうした役割を進んで放棄する学者やジャーナリストが多数派を占めるようになった。そこにはいろいろな理由が働いている。

彼らに一種のエリート、指導者たるの地位を認めることは、大衆や民衆の知的水準や平等意識が高まるにつれて拒否されるようになる。また彼ら自身、エリート意識をもち指導者づらをすることを気恥ずかしく思うようになる。彼らもまた時代の子であり社会に依存するから、かえって時代をあらぬ方向に引っ張り、社会の誤った動きを弁護、正当化するという過失を犯してきたので、自信も信頼も失ってしまう。学者もジャーナリストも大学、新聞社、出版社、放送局などという組織の一員、被雇用者となり、自由な研究や言論を金科玉条とするわけにはいかない。専門分化が進むにつれて「木を見て森を見ず」という状況に陥る。

言論や批判の自由は一般社会でも尊重されるので、人びとの反発を買うような発言を行うと、たちまち広範で激烈な袋だたきに遭う恐れがある。立場、価値、イデオロギー、利害などが多様化し、それぞれに強力な支持組織や支援団体があるので、その非難や攻撃を避けようとすれば、八方美人的なタテマエを唱えるか、「黙して語らず」か、せざるを得ない。特に国際関係がギスギスしてくると、他国の怒りを買うような発言は厳に慎まなくてはならない。

こうした状況は教育についても、そのまま当てはまる。いや教育、中でも学校教育にはタテマエ支配の傾向が強いので、いっそう然りである。教育はすべての人に最も身近な活動である。すべての大人は10年内外の長きにわたる学校生活を経験してきた。多くの親にとって子どもの学校は最大の関心事である。子どもの成績や受験のことが気にかかるのはもちろんだが、いじめや不登校などのニュースが氾濫するにつれて、学校への不安や不満が高まる。

教育に関しては「一億総評論家」といわれる通り、誰もが一家言をもっている。学校はこうした広い関心と批判にさらされなくてはならないし、学校に何か事件や事故が起これば、保護者、住民、マスコミ、教委などから総攻撃を受けなくてはならない。中でも公立の学校は自由裁量権が少ないのに、責任だけは追及される。

そのため学校はますます自己防衛、保身に走り、誰からも非難、告発されないタテマエを掲げるようになる。学校への過剰な期待、要求、批判、問責が学校を萎縮させ、学校に事なかれ主義や閉鎖主義を奉じさせるというのが、恐らく真実である。しかし学校自体、この真実を明らかにし、世に訴えようとはしない。当事者である学校だけでなく、教育を扱う学者やジャーナリストも、中々この真実を直視し指摘しようとはしない。

タテマエ支配の底には保身やエゴが働いていることが多いという事実、つまりホントのことが、意識的あるいは無意識的に蔽いかくされるのだ。例はいくらでもある。

例えば学校の教育力の限界。中学校や高校ともなると、学校がどんなに努力してもお手上げの子どもが出てくる。そのような子どもがいかに手に余るかは、親自身、身に沁みて知っているはずだ。まして大勢の生徒を相手に一日数時間しか接触できない教師にとって（いや、こうした子どもはそもそも学校に出てこないことも多いし、中学校や高校は教科担任制だから週数時間しか接触できない）、その教育力は極く限られている。もし学校の生徒という身分をもたず、各種法令で未成年者として扱われる年齢を越えているなら、法的な処罰を受ける行為を犯す子どももいる。

現行の学校の枠内では救済できないことが明白な子どもたちがいるというのが、真実だが、学校はこの子どもたちを「手に余る」と心の中、ホンネでは思っていても、それを口に出すことはできない。まして彼らを「切り捨てる」なら、学校の自殺行為、責任放棄として、ごうごうたる非難を受けなくてはならない。

こうしたタテマエ支配がつづいた結果、当の子どもたちにとっても、学校にとっても、いっそう不幸な事態が生まれることが明らかとなったため、学校だけが教育の場ではないという主張が今や次第に広く行われるようになった。真実の反逆だといってよい。

30 「民業圧迫」（1999年10月5日）

大学を出るまでずっと公立と国立の学校で教育を受け、大学を出てからは国立の大学で禄をはんできた。つまり人生の大半、国民の税金によって支えられてきた。特に就職後の生活費のほとんどは納税者に負っている。もちろん私自身も税を払い、また税負担の大きさや俸給の少なさを嘆いてきたものの、税金によってまかなわれる収入と、払った税金とを比べるなら、前者の方がはるかに大きい。

それだけ「教育を通じて国民全体に奉仕する教育公務員」（教特法一条）たるの職務専念義務があるわけだが、果たしてそれにふさわしいだけの仕事をしてきたかと反省してみると、内心怩じたるものがある。それにもかかわらず、国民は「税金泥棒」呼ばわりもせず、国家は何かと援助してくれた。その寛容、人の好さに驚くとともに、感謝、反省せざるを得ない。

ところが国立大学を定年退職し、私立大学に勤めてみると、国立と私立、官と民の差が改めて身近に感じられるようになった。もちろん今も国から恩給を受け、職場では私学助成、科研などの恩恵を受けているものの、国立時代と私立時代とを比べてみると、私学、すなわち民間の立場から、その差の大きさを実感させられるのだ。

この感情は恐らく私立学校にわが子を通わせる親に通じるものがあるだろう。彼らはその税金を通して公立学校を支えている上、わが子をカネのかかる私立に通わせているのだから、いわば二重の負担を負わされている。これに反して公立にわが子を通わせている親には、それだけ税が還元されている上、授業料などの負担が少ない。もし公立の学校が期待通りの教育をしてくれているなら、何もこうした二重負担をしてまで、私立に子どもをやろうとはしないだろう。

私立の学校からいえば、公立が親たちの期待通りの教育を提供していないからこそ、生徒（しかも「いい」生徒）が集まってくるのだから、いわば公立の「敵失」に助けられていることになる。納税者や政府という「親方」の気前のよさや寛容、保護や特権、「親方日の丸」に甘えて努力を怠ってきた結果起きた失敗のため、「私高公低」「公立ばなれ」「私学人気」などの現象が出現したのだ。私学にはこうした甘えは許されず、公立の「敵失」だけではなく、自らの個性、特色、魅力、評判などを高めようとする必死の自助努力が「私高公低」現象を補強した。

いじめ自殺事件やナイフ殺傷事件、「学級崩壊」や学力低下などが公立の学校に蔓延して広い注目や非難を引き起こしている。もちろん私立にもそうした病理は発生するが、公立の場合は公立なるが故に、いっそう公的な問題として、議会やマスコミなどで取り上げられる。公立のスポンサーである政府や教委もそうした批判を受けて、何とか公立の立て直しを図らなくてはならず、教育改革に乗り出さざるを得ない。しかも少子化の波を受けて定員が充足できない公立（特に高校）が出てきた。

改革の青写真を提案するのは中央政府、文部省、中教審、教課審などだが、そこでは学校の個性化・特色化、学校選択や教育課程編成の規制緩和などが謳われる。しかしそうした提案より前に、私立はそれらを実践してきた。例えば中高一貫校、「学力」「進学」「スポーツ」「芸能」などに力点を置き、売りものにする個性や特色のある教育は、長らく私立の「専売特許」だったし、私立にはもともと通学区はなく、その選択は自由に委されている。

私立が独力で長期の努力によって実現してきたこうしたモデルを借用して、公立の中高一貫校や「特色」ある学校が創設されたり、それへの改組が図られる。しかも一旦、多額の公費を投入して創設、改組した学校がうまく行かなければ、それを推進してきた行政はいっそう大きな批判を受けるから、何くれとなく手厚く「わが子」、つまり公立校を育てなくてはならない。

私立の側からいうと、自分たちからモデルやヒントを盗みながら、客を奪い、しかも私立に対しては公立並みに学校週五日制を徹底するよう要請する行政のこうした動きは、いかにも身勝手、身びいきのように見える。明治時代、政府は国費を投入して育て上げた官営の工場が軌道に乗ると、これを民間に払い下げるという「官業払い下げ」政策を採って、近代産業の育成を図ったが、それとは全くウラハラに今日の教育では「民業圧迫」が進行しつつあるといえるかもしれない。

こうしたぼやき、ひがみ、やっかみの声が私立学校の関係者の間につぶやかれ始めている。しかもそれを公に言うと、私学助成や許認可などで行政から「シッペ返し」をくらい、「江戸の敵を長崎でとられる」かもしれないと恐れて、だまっている。「民業圧迫」からくるこの被害者意識は、中学校や高校よりはるかに費用もかかる大学の場合、いっそう大きいように思われる。

31 親学、親業、そして祖父母業（2007年3月20日）

去る2月22日、政府の教育再生会議（野依良治座長）は5月下旬にまとめる予定の第二次報告に向けた検討項目を決定した。その〝目玉〟には、ゆとり教育の見直し、バウチャー制度、大学の9月入学制などと並んで、「親学」の充実が挙げられた。「親学」とはあまり耳慣れない語だが、この再生会議は第一次報告（本年1月24日）ですでにこの語を用いている。そこでは、「家庭は教育の原点であり、教委、自治体及び関係機関は、これから親になるすべての人たちや、乳幼児期の子どもを持つ保護者に、親として必要な『親学』を学ぶ機会を提供すべきである」と述べられた。

「親学」という語を公式に認知したのは、恐らくこの再生会議であろう。言うまでもないが、昨年10月、教育改革を最重点目標の一つに掲げた安倍新総理がまず立ち上げたのがこの会議であり、それは学力や教員など学校の問題を扱う第一分科会、規範意識や学校・地域社会の教育力の問題を扱う第二分科会、より大きな教育改革の問題を扱う第三分科会の三分科会に分かれるが、その中、「親学」を取り上げたのは、もちろん第二分科会（主査＝池田守男・資生堂相談役、副主査＝浅利慶太・劇団四季代表）である。もっとも、家庭や親が果たす教育的役割の重要性はこれまでも絶えず指摘されており、昨年12月に改正された教育基本法でも家庭教育と幼児期の教育とが第一〇条と第一一条で独立して取り上げられた。

また「親学」という名称も、すでに数年前から民間の有識者によって提唱されてきた。オックスフォード大学のジェフェリー・トーマス教授の問題提起を受けて、我が国でも平成13年3月、親学会（SEP、会長＝福田一郎・

東京女子大学名誉教授）が発足した。その成立と発展を支援したのはPHP総合研究所の政策研究会だが、平成17年には親学アドバイザーの育成を提唱、PHPから『親学の教科書』及び『親学アドバイザーの手引き』を出版した。こうした動きを受けて、平成19年2月には親学推進協会（会長＝木村治美・共立女子大学名誉教授、理事長＝高橋史朗・明星大学教授）が設立され、「家庭からの教育再興」のために、親や将来の親に、親として学ぶべきことを伝える「親学」の普及を目的に掲げた。

それにしても「親学」という語が出現したのは比較的最近だが、これに似た語に「親業」がある。「親業」は「親学」より遥か以前に唱えられ、またかなり広く親しまれているが、両者の差は必ずしも明確ではない。「親業」は1962年、T・ゴードンが開発提唱した親教育プログラムの日本語訳で、親子のコミュニケーションの訓練を中核にしている。ゴードンは問題児の研究の結果、「『問題親』こそを注目しなくてはならぬ」という考えに達し、非指示的カウンセリングやロールプレイなどの小集団活動を利用した親子間の双方向的、能動的なコミュニケーションの訓練法を開発した。我が国では昭和55（1980）年、親業訓練協会が設立され、近藤千恵氏などの努力によってかなり普及するようになった。

これに対して「親学」は、親学アドバイザーの養成などを重視することからも知られるように、より体系的、制度的な親への教育を取り上げている。例えば、胎児期、乳児期、幼児期、児童期、思春期など、子どもの発達段階による家庭教育の在り方、父と母の役割の明確化など、親教育のカリキュラムづくりに努力する。教育再生会議という公的組織が「親業」ではなく「親学」という語を採用した背景には、こうしたニュアンスの差があるかもしれない。

ついでながら、私自身、この「親業」とのアナロジーから「祖父母業」というコトバをつくったことがある。１９９４年、兵庫県教委の「三世代ふれあい家庭教育調査研究会」の会長を務めた私が、その報告書の中で提唱したのが、この「祖父母業」である。現代、核家族化に加えて両親共働きの家庭が増え、しかも少子化のためきょうだいの数や同年配の仲間が減少する上、地域の解体、通塾過熱、テレビゲームやケータイの普及などのため、家庭教育の空洞化が進んでいる。親子が直接、接触、理解しあう機会が減り、一方では過保護・過干渉、他方では虐待、暴力など、憂うべき状況が蔓延しつつある。〝教育の基本は家庭にある〟と言われながら、その家庭が大きく変貌しつつある。

そこで、家庭を留守にしがちな両親だけでなく、退職後の長い期間を家庭の中で生活する祖父母が親に代わって、あるいは親とともに子ども（祖父母からいえば孫）の教育に当たることが望ましい。地域においても、常時の住人である祖父母世代（高齢者）が孫世代たる子どもに対する教育、世話、保護などの役を引き受ける体制をつくるべきであろうと主張したのである。

32 カウンセリングの限界（1995年2月7日）

いじめ自殺事件を契機に、その対策の一つとしてカウンセリングの役割が強調されている。心の悩みやメンタル・ストレスをもつ子どもが増えているから、それを受けとめ相談に乗り、専門的な立場から助言するカウンセラーの必要は改めて言うまでもない。

しかしカウンセリングが強調されるあまり、それを万能と考えるような錯覚を人びと、いやカウンセラー自身に与えることを警戒しなくてはならない。各都道府県に小中高各一校を選んで学校カウンセラーを配置するという来年度予算が、国のいじめ対策の目玉とされているが、ないよりましくらいの意味しかもつまい。せめて悪質ないじめが発生しやすい中学校（中でも一定規模以上の中学校）、次には高校すべて、あるいは地域の数校に一名ずつ学校カウンセラーを配置するくらいの目標を立て、それに向けての年次計画を策定してほしい。

小学校にも学校カウンセラーの配置は望ましいが、むしろ全教科担任、学級担任制で子どもへの指導が比較的やりやすい小学校では、生活指導や道徳教育を徹底し、善悪の判断力の育成、社会的マナーの遵守などを優先すべきであろう。

それにしてもいじめ対策としてのカウンセリングには限界がある。この限界を冷静に認識し、それを解消するよう努力することが必要だ。ほとんどすべての教育病理は全校教員、さらには家庭や地域が一致協力して取り組まない限り、効果を上げることはできないが、なまじ学校カウンセラーという専門家が制度的におかれると、人びとは困難な問題（しかもそれはいじめに限らない）すべてを、たった一人のカウンセラーに押しつける恐れがある。

この傾向はすでに問題をすべてクラス担任や生徒指導主事（係）や校長教頭に押しつけ、他の教師は知らん顔をするような学校に認められる。

したがって、学校カウンセラーはクライアントたる子どもだけでなく、同僚の教師全員に対して積極的に働きかけ、全員がカウンセリング・マインドをもち、カウンセリングの技法に通じるよう、校内の全教員、さらには子どもたちの親にとってのカウンセラー、指導者にならなくてはならない。さもないと学校カウンセラーは孤立無援、負担過重に陥ってしまうだろう。

第二に、グループ・カウンセリングもあるが、一般的にはカウンセリングは一人のクライアントを相手に一対一の形で行われる。そうでないと特に一人ぼっちで仲間を信用できないクライアントは、中々本心を打ち明けようとしない。それは懺悔における牧師と信者との関係にも似ている。いじめられっ子がカウンセラーに悩みや本心を打ち明け、カウンセラーがその相談に乗るが、そのことをいじめっ子たちが知ったり、さらにカウンセラーが彼らの名前や行動を知り、いじめをなくそうとして自分自身あるいは他の教師や親がいじめっ子たちを指導すると、彼らはいじめられっ子がカウンセリングを受けたこと自体をチクリ（密告、裏切り）としてさらに陰湿ないじめの仕返しをする。

いじめ一一〇番や相談所の場合も同じだが、特に校内のカウンセリングはバレる可能性が大きい。それを恐れてカウンセリングを最も必要とする子どもは、かえってカウンセラーを訪れようとしない。よほどプライバシーや機密保持に注意しないと、逆効果をもたらす。

第三に、さればといっていじめっ子たちの名前や実態をきき出せないなら、またきき出してもそれを言えないなら、いじめられっ子への心理療法に終わるだけで、原因となるいじめ自体をなくすことができない。しかも最近のいじめは集団によって行われるし、いじめっ子は進んでカウンセラーを訪れようとはしない。彼らの名前が分かったところで、一般的、抽象的な説教に終わりやすい。グループ・カウンセリングの手法はそれほど発達していないし、効果もあまり期待できない。

第四に、いじめと不登校と暴力とには相互に密接な関係があり、それらはいわば同根であり、教育病理症候群とでも称し得る。いじめがエスカレートすると暴力となる。逆に暴力が追放されると、陰険、隠微、巧妙ないじめが増える。いじめや暴力に耐え切れない子どもは不登校に陥る。不登校の子どもが再登校すると、それがまたいじめの標的となる。

このように三つは互いに関係しているから、カウンセリングもそうした広い視野に立って行われる必要がある。いじめだけに注目し、いじめ対策として打ち出されるカウンセリングの限界に留意しなくてはならない。

カウンセリングはクライアント個人、例えば相談にやってきたいじめられっ子個人を直接の相手とし関心の的にするので、その他の「ふつう」の子どもは置き去りにされかねない。いやもっと広い地域や社会のことまでに中々目が及ばない恐れがある。

33「専門家」の犯罪（1998年6月2日）

わが子の暴力的支配に耐えかねた父親が思いあまって子どもを殺すという悲劇が起き、その裁判の判決があった。父親は最高の学歴と高い社会的地位をもち、子どもが幼少の頃から暇を見つけてはキャッチボールやハイキングを一緒にする。世にも羨ましい理想的な家庭だったという。そうした家庭で育った子どもがいつの間にか「引きこもり」に陥り、家の中で親に暴力を振るうようになり、耐えきれなくなった母親は家を出てしまう。残された父に対する子どもの暴力はますますエスカレートし、暴君となったわが子に父親は奴隷の如くひたすらに服従する。こうした地獄のような生活の結末が、父による子殺しの悲劇だった。情状酌量で執行猶予になるかと私は思っていたが、判決は同情すべき点は多いにしても尊い命を奪った罪は大きいとして、実刑。父親も深く反省後悔して罪に服した。

悲劇という他ないこの事件は、今日の教育についてもいろいろ考えさせる。一つだけ誰も指摘していない問題を挙げたい。それはこの父親が（別れる前には母親も）思い悩んで、度々子どもを連れて、カウンセリングセンターやメンタルクリニックなどの相談機関を訪れていたという事実だ。ところがそうした相談機関の「専門家」は「長い目で子どもを見守ることが必要だ」とか、「暴力の影には子どもの心の悩みが隠されているのだから、親は子どもを抑えつけず、その悩みを共感しなくてはならない」とか、という答えを繰り返したり、「もっと別の専門家を紹介するから、そこに行ってみてはどうか」と「タライ回し」をしたりするだけだった。こうしたアドバイスに忠実に従ううちに、事態はますます悪化し、あの悲劇を生んでしまった。

新聞などは以上のように報道している。もとよりこうした報道だけでは詳細な事情は分からないが、私が注目するのは「専門家」の責任の重さである。

父親がワラにもすがる思いで訪れた相談機関の「専門家」の診断がどこまで正しかったかは、子どもが死んでしまった今となっては分からない。しかし「専門家」が与えた処方箋やアドバイスが、悲劇を招いた少なくとも一因であったとすれば（また「専門家」がどこまで親身になったかが疑問だとすれば）、法律的にはともかく、道徳的な責任が、当の「専門家」に問われるのではないかと思われる。

事実、「専門職」(プロフェッション）には専門性に由来する独占的、自律的権限と並んで、その乱用や私利を防ぐための対社会的な倫理が要求されることは、一致して認められている。道義的な意味で、あの父親が訪れた「専門家」たちは、事件の「共犯」(言葉はきつすぎるが）とされても仕方がないかもしれない。少なくとも道徳的な責任を感じるべきであろう。

何もこの事件だけではない。神戸で起きたA少年による児童殺傷事件でも、異状を察した親は少年を連れて児童相談所を訪れているが、その「専門家」もやはり「大したことはない、長い目で温かく見守り、親子の対話に努めなさい」とアドバイスしただけという。「専門家」は少年の心も親の悩みもほとんど見抜けなかった。

他にも重大な事件を起こした子どもや親が「専門家」を訪れた例は多い。それにもかかわらず、「専門家」は事件を予想、防止することができず、子どもや親を事前に救うことができなかった。そうした事例を調べてみれば、「専門家」の「罪」と「無力」が分かるだろう。もちろん、それだけでは公平を欠くから、「専門家」によって救われた例、事件を未然に防いだ例も調べなくてはならない（もっとも、その調査は、事件が起きなかっただけに困難ではある）。

ワラをもつかむ思いで「専門家」を訪れる人が多くなったのは、「専門家」でない親や教師の手に余る子どもが増えたからである。学校ではもともと生徒指導、道徳教育、相談活動などで、それぞれの係や学級担任が「心の教育」に当たってきた。しかし素人である教師が理解も対応もできない子どもが増えるにつれて、「心の専門家」が頼みの綱として求められるようになる。そして「心の専門家」として脚光を浴び出したのが、カウンセラーだ。

カウンセラーは「心の専門家」として、各種のテストや療法や技法を活用する。子どもに限らず大人もこのストレス社会にあって、ますます心の悩みを持つようになるから、「心の専門家」への需要は広まる一方だ。しかし、それだけに「心の専門家」が職業として成立するようになるが、その場合、「専門家」は「専門職」(プロフェッション）というより、商売として「専門屋」(プロフェッショナル）になりかねない。その上、「心の専門家」は「心の教育の専門家」になり得るとは限らない。「心の専門家」の過信や僭称を警戒することによって、その「犯罪」を防止する必要がある。

34　資格社会の落とし穴（2003年3月25日）

戦後の教育制度改革（特に六・三・三制と新制大学の発足）、長い学歴主義に支えられた進学熱、その後の経済成長など多くの条件のもとで、わが国の大学は増設に次ぐ増設、拡張に次ぐ拡張によって目ざましい量的発展を遂げた。しかし、それと平行して質的水準の低下が問題になることは不可避だと言ってよい。

特に最近、一方ではバブル崩壊後の財政経済的危機、他方では該当年齢層、18歳人口の急減によって多くの産業や企業に見られるのと同様な過当競争が大学に起き、限られたパイをめぐっての「客集め」、顧客の争奪戦が熾烈を極めるようになった。「人気度」「魅力度」を高めるため、大学間、学部間に必死の「生き残り」競争が始まっている。

考えられ得る限りの対策が打ち出されているが、ある方策が成功すると、たちまち他大学や他学部も真似し始めるため、共倒れに陥って長続きしない。企業とは違って海外に拠点を移すわけにはいかないし、海外から「客」を集めるのも難しい。それだけに国内での競争は激化せざるを得ない。

この「客集め」「生き残り」対策の一つが、卒業後の就職に有利な（と思われている）資格の取得を「売りもの」にする大学や学部の新設や、それへの転換だ。それは「客集め」に有利であるとともに、学生が入学後、資格取得のためマジメに授業を受け、勉強するようになるという効果がある。

こうして大学（大学院さえ）が次第に資格に直結する教育を重視し、極論すれば資格取得のための「予備校」になり始めている。大学への資格主義（クレデンシャリズム）の侵入は極めて大きな影響を与える。長い間、大学が発給する卒業証書（ディプロマ）、学位（ディグリー）は、そのまま自動的に一定の専門職遂行のための免状（ライセンス）、特許状（チャーター）になっていた。現在でも、ある職業に加入するための試験（例えば公務員試験、司法試験、教員採用試験など）を受験するための基礎資格として一定の学歴が要求されるし、民間企業にも指定校制度を採用するところが多い。

しかし、次第に多くの職業が高度で専門的な知識や技術を必要とするようになり、それに応じて多くの職業団体（同業者組合）が専門職としての社会的地位や威信を高めるためにも、自らの職業加入のための基礎資格として大学（さらには大学院）修了を求めるようになった。かつては職業高校、専門学校、専修学校程度の学歴で十分だった職業も、大学での準備教育を求めるようになった。その結果、各専門職団体の力自体が強まり、大学に対する発言力や要求が大きくなった。大学も就職に敏感な学生と、採用する専門職団体との要求を無視するわけにいかず、次第に（いや急速に）資格取得に有利なカリキュラムを編成せざるを得なくなった。大学は資格社会の中に組み込まれ、資格試験のための準備教育を重視せざるを得なくなった。

図式的に言えば、かつて大学が自らの判断と基準で発給した資格が、そのまま専門職加入資格として認められていたのに対し、今や次第に外部の専門職団体が資格を認定するようになった。アカデミズムに対するプロフェッショナリズムの優位が起きつつある。

クレデンシャリズムへの大学の屈伏、追従は抗し難い時代の流れであるとはいえ、それが行き過ぎると、いくつかの大きな落とし穴が待ち構えていることを忘れてはならない。その一つは、今も述べた通り、大学が「学問の府」、知の創造の拠点であり、アカデミズムの場たるの性格を失うという危険である。資格や就職、実利実益に直結しないが、社会や学問にとって致命的に重要な「純粋科学」「基礎科学」「虚学」「知のための知」の追求は大学や学問の本質的精神だと言えるし、大学は知的な「人間国宝」の生活と活動の場だと言えるが、その大学がプロフェッショナル・スクール化するのは大きな損失だと言えよう。

第二は、大学の自由や自治の侵害の恐れである。資格認定試験を行う権限が外部の団体の手に移り、その団体が大学のカリキュラムや大学教授資格まで細かく規制し、それが認可した学部や学科の修了生にしか資格認定試験の受験資格を認めないといった例もある。そのため大学のカリキュラムや人事までが、外部の団体によって左右される。民間の一法人でありながら、大学設置審や大学基準協会など公的な機関以上に大きな実質的権限を持つ資格認定団体も存在し、認定試験の受験料収入などでビジネスとして発展している例もあるらしい。

第三は、特に直接、人間を相手にする職業について言えることだが、細かな技術や知識が資格認定に要求されるため、かえって広い視野、一般教養、基礎理論、人間性、倫理などが軽視され、「専門家気取り」に陥った「マニュアル人間」「受験秀才」が資格試験や採用試験に合格する恐れがある。

35 科学の発達と教育の限界（２００４年２月10日）

物質的な文明と精神的な文化とは平行しない、モノの豊かさと心の豊かさとは平行しない、社会の進歩は人間の退歩を招く、科学技術の発達は自然や人間性を破壊するなどといった議論は遥か以前から存在し、特に最近、それが身近に実感されるようになった。文明批判、ポストモダン、「成長の限界」などがもてはやされ、人間疎外、ＱＯＬなどの問題が好んで取り上げられている。

こうした状況は少し異なる文脈においてではあるが、教育の世界にも当てはまるのではないかと思う。かつて、教育は社会にとっても個人にとっても最も重要とされ、教育の専門機関たる学校の普及、進学率の上昇は最優先事項とされた。

ところが、その悲願が一応達成されると、かえって多くの悲劇がもたらされた。教育、最大の受益者であるはずの子ども自身が学校を有り難いと思わなくなり、教師を恩師として尊敬しなくなった。学校に適応できず教室から逃亡したり、教師に暴力を振るう者が増えた。「学校栄えて教育亡ぶ」といった状況が出現した。教育に関する学問、技術も同様である。「教育学栄えて教育亡ぶ」「教育技術栄えて教育屋増える」といった状況が出現し、教育不在、教育者不在、教育危機、学校荒廃、学級崩壊などの語が広く実感され、学校改革が強く要請されるようになった。

狭い意味での教育学だけではない。教育に関係する科学や技術も急速に発達し、教育に大きな影響を与えつつあるが、かえって教育自体を大きな困難に陥れている。その困難を具体的に示す問題現象の代表的、典型的な症状は先にも少しく触れたが、「落ちこぼれ」「不登校」「引きこもり」「勉強嫌い」「いじめ」「暴力」「非行」「学級崩壊」などであり、これらを普通、社会病理とのアナロジーから教育病理と称する。

こうした教育病理が蔓延し、悪質化、深刻化の一途を辿っているので、それについての関心・論議が高まり、多くの解説、調査、研究が行われるようになった。単に教育学だけでなく、青少年問題を扱う関連諸科学も好んで、その実態の調査や原因の究明に乗り出した。文科省や教委、中央・地方の教育研究所、教育研究団体などはもとより、社会学、心理学、精神医学、犯罪学などの学問がその調査や研究を行うようになった。教育学の下位分野である生徒指導は、かねてからガイダンスや学級経営、集団づくりなどの技法を開発してきたし、心理学の下位分野である臨床心理学となると数え切れないほどの心理療法、カウンセリング技法を編み出してきた。

こうした教育学や関連諸科学の広範で懸命の努力にもかかわらず教育病理は一向に収まらず、教育はむしろお手上げ状態にある。いや、むしろ教育の科学的研究や教育の技術や技法の開発が進めば進むほど、教育の困難と限界が明らかになるという傾向さえある。その理由はいろいろある。

第一に、どの教育病理もその原因を遡っていけば、それなりの、いわば必然的な条件が働いていることが判明する。例えば、いじめの「加害者」「犯人」にもそれぞれ家庭環境、生育歴、持って生まれた素質能力など、当人のいかんともしがたい条件があって学校の規律や勉強についていけないため、その欲求不満をより弱い仲間へのいじめによって解消しようとしている。彼は「加害者」であると同時に、自らの意思によって左右できない、つまり、自らの責任ではない素質や環境の「被害者」だ。こうした「被害者」を責めるわけにはいかない。いいめられっ子という「被害者」はもとより、いじめっ子という「加害者」も、保護、救済、支援の対象であって、教授や訓練、管理や評価など伝統的な教育の守備範囲にはない。

その上、第二に研究や調査が進めば進むほど、顕著で明白な教育病理の背後に膨大な予備軍が控えており、表に出た事件や事故は「氷山の一角」にすぎぬという事実が明らかになる。「まさか、あの子が」「全く気付かなかった」というのが、重大な事件が起きたとき周囲の人たちがほとんど必ず口にする言葉である。目立たぬ「ふつう」の子がいつ事件に巻き込まれ、事故に遭うか分からないということになれば、子どもに対し絶えず警戒、疑心暗鬼の目を注がねばならず、すべての子をハレモノ扱いすることになりかねない。思い切った教育を大人は注意深く差し控える。

第三に、最近精神医学が発達し、新しい名称を持つ病気が次々に発見され周知されるようになった。代表はPTSD、LD、ADHDなどだ。今までなら落ち着きがない、努力不足だと叱られ、ガンバレと叱咤激励されていたが、実は精神医学上の病気だとされるようになった。病人を健常者と一緒に教育することは困難だ。最近の脳科学は、回復困難・治療困難な「心の病」の存在を示唆しているが、それも教育の限界を教えてくれる。

2　研究課題

36 震災と研究（1995年4月4日）

阪神大震災はおよそ人知、予想、経験を超えて起きた現象だ。耐震性を誇ったビルや高速道路の崩壊、家族・近隣・職場を一瞬のうちに失って避難所で生活する人びと、一面の焼野原となった町。それはいかなる実験室やシミュレーションも及ぶところではない。人工的にはとうてい作り出せず、思いもかけぬ事実が次々に出てくるこの「自然の実験」は改めて人間の無力さ、知られざることの多さ、文明のもろさを大規模に実感させた。

しかしガレキの中にいろいろな「宝」がかくされている。今までほとんど付き合いもなかった隣人同士が下敷になった人を救出し、避難所で自治組織を作る。遠くから若者たちがボランティアにやってくる。自ら被災しながら医療や看護活動に献身する。略奪行為やパニックにも陥らず平静に行動する。——その他、数え上げればきりがないほど、被災地には心温まる光景や美談がくり広げられた。平時には表に出てこない人情や人間味が、こうした非常時にかえって表われるのだ。

しかしガレキの中にはさらに別の「宝」がかくれている。こうしたいい方は不穏当、不謹慎のそしりを免れないかもしれないが、この震災を機に俄かに脚光を浴び、引っ張りダコ、売れっ子になって活躍する人たちがいる。彼らにとっては、この震災という「自然の実験」はまさに「千載一遇」、願ってもないチャンスである。

最も現実的、実利的にいえば、産業や企業で震災のため壊滅的な打撃を蒙った例は枚挙に暇がないが、逆に生産が追いつかず、いくらでも需要があるものもある。ペットボトル、ビニールシート、防災用品、仮設住宅、解体業、廃棄物処理業など。朝鮮戦争やベトナム戦争という他国の「不幸」が日本経済復興の大きな契機となったが、震災という被災地の「不幸」が、「カネもうけ」「メシのたね」になるのは、需給や競争という経済原則からいって自然である。

その社会的使命感や人間的感情を疑うことはできないにしても、カメラマン、ルポライター、新聞記者などにとっては職業的なプロ意識からいっても、大災害の現場、悲歎にくれる避難者は格好の被写体であり、美談や悲話の提供者である。史上最大最初の大都市直下型地震がもたらしたこれほどの光景に遭遇するチャンスはまたとない。コトバはわるいが、彼らにとってもガレキの山は「宝」の山なのだ。

俄に引っ張りダコ、売れっ子になったもう一つのタイプが学者や研究者である。地味の代表とされ、コツコツと地道に研究や調査を重ねてきた地震学、地球物理学、防災科学、土木工学、建築学などの専門家が一躍、テレビに引っ張り出され、審議会の委員に任命され、新聞や雑誌に寄稿を依頼される。

また彼らにとっては予想を超えた大地震という「自然の実験」は全く新しく重要な研究資料と研究分野を提供してくれる。理工系だけではない。医学、精神医学、心理学、教育学、社会学、法律学、経済学、保険学、政治学、福祉学など、人間や社会を扱う学問にとってはいっそう然りである。

実際、この震災は予想外、未経験、突発的な出来事であり、心の準備も危機管理体制もできていないところを不意打ちした激変である上、広範な人口稠密地域全体を破壊し、その住民すべての生活基盤、いわゆるライフラインやインフラを根本から崩壊させて、その生活を一瞬のうちに変え、生活のリズム、将来設計、行動、関心を一変させたなどの点で独特である。

この大規模なトラウマ（外傷）は震災前と震災後との間に大きな断絶、非連続を与えた。それまで自明当然で意識もしなかった日常性が震災によって崩れ去ったが、やがてその後は非日常性が長期化、常態化して日常性となる。そのため被災地と非被災地との間に大きな断絶、非連続が生まれる。

非被災地の人たちがたとえ善意からとはいえ、ガレキの中で「宝」を探し出そうとするその行動に、被災者たちが一種の違和感や反発を覚えるのはそのためだろう。被災しなかった別天地からやってき、やがて別天地にもどっていく人たちには、自分たちのホントのところは理解できないと考えるのだ。いや被災地の内部でさえ、震災直後には被災という共通体験による連帯意識が生まれるが、時が経つにつれて、被害や救援の程度によって各種の差が生まれ意識されるようになり、相互の間に嫉妬や不平等感が育ってくる。こうした心理自体、一つの研究対象になり得るが、これも別天地からやってきた「ヨソ者」によって調査されることには抵抗がある。

自らずっと被災地に生活してきた研究者は、相対的にそうした抵抗を受けにくいだろう。この人たちこそ「自然の実験」の分析に最も適しているといってよい。地の利、天の時を生かした研究に乗り出すべきだろう。

37 教育問題の社会学（1996年6月4日）

何も教育に限らない。個人にせよ社会にせよすべて完全無欠から程遠いから、各種各様の不満や非難をもたらすことは避け難い。もし完全に理想的な個人や社会が存在するとすれば、改革も変革も必要ではないから、現状維持で十分だが、それ自体が欠点となる。まして個人も社会も独立自存できず、相互に密接な関係をもっているから、すべてを満足させることなど不可能だ。

したがってあらゆる個人や社会、あらゆる現象や活動はそれぞれ、何らかの点で何らかの程度、解決し改善すべき問題をかかえている。この意味で、問題の存在や発生は不可避であり、普遍的、必然的である。

しかし事実としての問題（問題的事実）は必ずしも問題として意識される（問題視）とは限らない。現実には、また長い目、広い目で見れば、深刻で重大な問題であるにもかかわらず、それに気付かなかったり、故意に目をつむったりして、問題とされない場合がある。問題の指摘、告発、自覚など「問題視」によって、問題的事実は問題となる。こうして事実としての問題と、問題として意識された問題（「問題」というレッテルを貼られ、「問題」として取り上げられる問題）とは一致しない。

重要なのは意識されざる、忘れ去られ気付かれざる問題である。問題とされない問題がそれであり、ここでは問題とされないこと自体が問題なのだ。深刻、重大な問題が放置されたまま、温存、内攻することが、いっそう大きな問題を引き起こすからだ。問題は問題であるが故にではなく、問題とされるが故に問題となる。問題を問題とするだけの識見や勇気がない場合もあるし、問題として取り上げても解決のメドが立たないので、あきらめてしまう場合もある。「問題視」されることによって、問題は社会的に認知され「社会問題」となるが、どのようにして「問題視」が起きたり起きなかったりするかを、「問題」の社会学は取り上げなくてはならない。

「問題視」されやすい問題の一つは、広範な人びと（世間や大衆など）の耳目を集めやすい、ショッキングでセンセーショナルな事件や事故に触発されて「問題視」されるような問題である。例えば「いじめ問題」。いじめ自殺事件などという痛ましい事件が起きると、それまでは単なるいたずら、けんか、ふざけなど、子どもの世界にありがちな些細な現象とされ見逃されていたいじめが、にわかに大きく報道され、教育関係者はもとより、マスコミ、政府、議会などでの論議や施策の対象となる。

人目に付きやすい「日の当たる」問題が生まれると、その他の重大な問題は注目されず、「問題視」されなくなる。総力を挙げて問題に取り組むと、別の問題が起きる。

「問題視」されやすいもう一つの問題は、広範な人びとの利害（インタレスト）に直接関係するため、その関心（インタレスト）を呼び起こす現象である。その点でそもそも教育、中でも学校は「問題視」されやすいという特性をもっている。誰もが学校教育を受けてきたし、わが子の教育は最大の関心事であり、教育に投入される公私の費用は膨大だ。学校の中でも公立は税によってまかなわれているから、納税者によるアカウンタビリティへの問いかけがきびしい。教育については誰もが一家言をもっている。

この多数で多様な人びとすべてを満足させる教育などあり得ないから、教育は広範できびしい「問題視」が最も起きやすい分野だ。皮肉なことに教育の普及発達によって、国民の要求水準、権利意識、批判力が高まったため、教育はますます「問題視」されるようになった。いじめ自殺事件のように、いわば突発的な大事件だけでなく、塾通いや受験勉強のように広く長期にわたって「正常」な教育や子どもの発達を阻害した現象も、その弊害が誰の目にもはっきりしてくると、広く「問題」として意識され注目されるようになる。

しかし「問題」は声の大きい、社会的影響力の強い組織や個人が「問題視」することによって、大きな「問題」となり、「問題視」にとどまらず、「問題化」が起きる。マスコミ、政党、教組、ＰＴＡ、日弁連などが「問題」として取り上げ、追及、告発する場合がそれだし、国際的にいえば外国が日本の教科書を「問題」にする場合がそれだ。

対立する陣営に対して「問題にするぞ」「問題になるぞ」と脅しをかけることもある。したがって問題の取り上げ方自体が「問題」となる。「問題」にされないよう、「問題」にならないよう、「問題」かくしや、「問題」のもみ消し、先送り、事なかれ主義が起きやすい。こうしたプロセスやメカニズムの解明も「問題」の社会学的研究の対象である。「問題化」のさいには、「問題」としての判定基準が教育観、子ども観、イデオロギーなどによって対立することが多い。教育のどこに「問題」を認めるかが立場によって異なってくる。

38 「小1プロブレム」の解決（2001年11月13日）

始業のチャイムとともに、子どもたち全員が教室に入り、それぞれの席に座る。先生が教壇に立つと、級長の「起立」「礼」という号令に従った後、静かに先生の話を聞く。一糸乱れず、「水を打った」ように静粛な教室風景は、今やほとんど見られない。管理や統制、権威や秩序を重んじる教室こそ「異常」で「時代おくれ」だとされる。

こうした風潮の中で起きたのが学級崩壊だ。授業が始まっても教室に入ろうとしない。教室に入っても自分の席に座ろうとせず、立ち歩き、いたずら、ふざけ、おしゃべり、内職、けんか、紙飛行機飛ばし、消しゴムの投げ合い、携帯電話、無断退室などが日常茶飯事となる。いじめや暴力などと違って「加害者」や「被害者」個人を特定できない。この学級崩壊が出現すると、教師には「打つ手」がなく、「お手上げ」状態となる。いくら「静かに」と声を張り上げ、懇願しても「聞く耳」をもたない子どもたちには届かない。泣くにも泣けぬ立場に追い込まれた教師は右往左往、自らの指導力の不足を痛感し、自信を失い、自責の念に駆られるが、当の子どもは同情、反省のそぶりも見せない。

この学級崩壊の特徴の一つは、特定個人の病理ではなく、学級という集団の病理であり、それ故に個人への対応、例えば個人指導やカウンセリングなどでは対処できないことにある。それはいわば風土病だから、教室風土の改革、つまり学級経営、集団づくりこそが重要となる。

学級崩壊のもう一つの特徴は、当事者たる子どもたちの罪意識の不在だ。いじめにせよ、暴力にせよ、非行にせよ、その「犯人」には大なり小なり、加害者たるの自覚があり、これらの行為はよからぬ行為だという認識がある。それらが集団で行われると罪意識が拡散して希薄になる傾向はあるが、学級崩壊に加担する子どもには罪意識は全くない。特定の首謀者がいて、先生を困らせてやろうとか、仲間の勉強の邪魔をしてやろうとかといった「邪気」があるわけではない。教師から見ても、最初は罪のない「無邪気」で元気一杯の普通の子どもたちの憎めない、微笑ましい行為と受け取られ、見逃される。

こう見てくると、学級崩壊への対応の難しさと同時に、初期消火、初動対応の重要性が理解できる。学級崩壊の火の手が手に負えないほど広まり強まる前に、手を打って消火する方がよほど容易だし効果も上がる。初期の「無邪気」な段階を、この程度ならと黙認、放任しておくと、やがて取り返しがつかなくなる。秩序が崩壊した学級で学力崩壊が起き、いじめ、非行、暴力などが横行するようになるのは当然だ。

学級崩壊というコトバが生まれ、それへの関心が広まってきたが、最近、「小1プロブレム」が注目され始めた。学級崩壊という語の登場以前、教室での私語の横行が大学で問題となり、筆者もその実態や原因を探って『私語研究序説——現代教育への警鐘』（1992、玉川大学出版部）を公刊した。そこで扱ったのは大学における学級崩壊だが、「小1プロブレム」とは学校の最も初期の段階たる小学校一年の学級崩壊である。私は上記の著書の中で大学での私語は「大学以前の教育」にその根があると主張したが、あらゆる段階の学校の学級崩壊も「小1プロブレム」から始まっているといえる。「小1プロブレム」を解決すれば、その後の学級崩壊の連鎖、深刻化をかなり防げるに違いない。学級を崩壊させる子どもを送り込まない小一担任教師は、それ以後の学年や学校の教師、いや親や子どもたちからも、大いに感謝されることになろう。

実際、子どもが学校入学前、生活してきたのは家庭や近隣であり、何れも小規模、情意的、非形式的、私的な集団だ。別に時間割や教科書も、テストや通知表もない。学校は違う。学校は子どもが初めて経験する大規模、制度的、機能的、強制的、公的な組織だ。定時に登校し、毎日一定時間、勉強や学習という職務に専念することを要求する公的機関である。学校はそれを前提にすればこそ、系統的、一貫的で積み上げを必要とする教育に適している。

家庭や近隣とは全く性格を異にする学校という新しい社会に初めて入ってくる小学校一年生は、カルチャーショックを受け不適応に陥る可能性が大きい半面、フレッシュな感覚、「心機一転」の心境、別世界発見の喜びも大きいだろう。その学校に入った後も、ダラダラとそれまでの生活の惰性を引きずっているとき、「小1プロブレム」が起きるのだ。

学校はそれまでとは別の、自分勝手が通用せず、一定のルールや職務専念義務に従って公的な社会生活を送らなくてはならない場だということを、「無邪気」で素直な小1の段階で徹底的に理解させることが、「小1プロブレム」、やがてはその後の学級崩壊の解決にとって有効であろう。

39 成人式崩壊と学級崩壊（1999年3月9日）

仙台市の成人式の模様が広く報道されて話題になった。今まではお祭り的でイベント色の強いものだったが、今年は市長、市議会、市役所などの意向によって、若者にこびずに、政令市10周年の節目を飾る厳粛な式典にしたいという方針のもと、「心に残る体験談」の講演をメインにする成人式を企画した。また従来、各区毎に行っていたのを今回は、市体育館で市の全新成人を一堂に集めた。参加者は約９５００人。

ところが肝心の講演が始まっても、係員の懸命の呼び込みにもかかわらず、入場して着席する者は極く僅か、しかもほとんどは私語や携帯電話に夢中で、講演どころではなかった。講師はエジプト考古学者として高名で、テレビなどにもしばしば出演してその話術や人柄で人気の高い早稲田大学の吉村作治教授だったが、さすがの吉村先生もこのありさまに激怒、一時間の講演を終えるとさっさと退席、市長は平謝りに謝ったという。

以上が仙台市「成人式崩壊」の顛末《てんまつ》だが、このニュースに接して身につまされる思いをした行政職員が全国各地、特に相当規模の大きい市町にずい分と多いのではないかと推測される。実際、成人式で、参加した若者が折角の講演を静かに聴こうとせず、私語に興じるといった光景はかなり以前から天下周知のことだった。いや講演だけではない。市長や市会議長や教育長など、「長」と名のつく「偉い人」の式辞にしても、少し長く続けば、たちまち会場は騒々しくなる。

講演となると最低、一時間だが、学者、評論家、芸術家、作家など地味な「文化人」はもとより、スポーツ選手、俳優、芸能人などの「タレント」も何百人という若者に静聴を強いることは難しい。こうした事実は講師として招かれた多くの人が知るところとなり、それを知って成人式の講演だけは引き受けるものではないという人がますます増えた。吉村先生もそれは知っていたものの、まさかこれほどとは思わなかったのだろう。

成人式を企画運営する行政関係者にとって、「人集め」、つまりできるだけ多くの新成人に来てもらうこと、そのための「客寄せ」パンダを探し出すことが最初の苦労だが、式の当日となると、いかに静粛に話を聴かせるか、せめて式場の秩序をいかに維持するかが頭痛の種子となる。講演をメインの行事、目玉とするのは所詮無理だと断念し、ロックバンドやマジックショーなどに切り換えるところも出てくる。しかしそんなことにわざわざ税金を使う値打ちがあるのか、そんな成人式なら各自が自腹を切って参加する成人祭にでもすればよい、という声が出てくる。

成人式は新成人にとって久し振りの同窓会だったり、ファッションショーだったりするにすぎないということも、以前から指摘されてきた。実際、成人式はかつての元服、さらに下だっては徴兵検査のような、成人への節目を具体的に実感させる通過儀礼ではない。成人になれば選挙権を与えられるということ以外、未成年者と成人との境界線は全く存在しない。酒や煙草も一応は法律で未成年者に禁じられてはいるが、ほとんど野放しだ。つまり今の若者はなしくずし的に成人になっていくのだ。成人式だといって改めて「身の引きしまる思い」を求めても無理だ。すでに成人である人が「上から」押しつけること、式と称する堅苦しい行事に拒否反応を起こす。

仙台市の成人式崩壊をきいて身につまされるのは、何も各地の行政職員だけではあるまい。小中高などの学校でも、卒業式などの式で生徒をどうやって静かにさせるか、外部から講師を招いた講演会をどう切り抜けるかは、教師にとって頭の痛い問題だ。

私は以前、『私語研究序説』（１９９２年、玉川大学出版部）という著書を出したが、その中で私語退治に取り組んだ早稲田大学の堀江忠男教授の報告を引用した。早稲田だけではない。全国ほとんどの大学で私語が蔓延していることは今や公然と知られている事実だ。それに加えて、あの成人式同様、携帯電話が大学の教室の中に入り込み、私語は単に物理的に近くにいる友だち同士だけでなく、遠くにいる仲間とも交わされるようになった。

式場や教室という公的な場に、私語や携帯電話という私的な言語行動が大手を振って入り込んでいるのだが、もう一つ注意すべきことがある。

仙台市の成人式では、市側にとってメインである講演会場に入場した者が極く少なかった。静かに講演を聴いた者は、その中でもさらに少なかった。これは学校でいえば不登校、あるいは教室離脱にも当たる。そう考えると成人式崩壊は学級崩壊と軌を一にしている。未成人の学級崩壊が放置されているため、成人になっても成人式崩壊が防げないのだろう。私は前掲の著書のサブタイトルを「現代教育への警鐘」としたが、仙台市の成人式も改めて大きな警鐘となるにちがいない。警鐘を鳴らしてくれた仙台市に感謝すべきだろう。

Ⅳ　教師と子ども

1　教師と教員養成

40　初任者研修の意義（1987年5月5日）

高齢化の進行、産業構造の転換など、多くの事情によって、日本的といわれた終身雇用、年功序列などの慣行と制度は崩壊しつつあり、「余剰人員」の整理、転職、出向などが日常的に見られるようになったが（いや、それだけ企業の「生き残り」競争が激しくなったため）、「企業は人なり」のコトバ通り、各企業は人材の確保と教育に必死となっている。

会社が社員一人を採用するのは一億ないし二億円の買い物だといわれる。つまり社員にその後、定年まで支払う給料を合計すれば、それだけの額になるというのだ。そこで会社は念には念を入れて有能な人材を採用しようとするし、採用後は徹底的な社員教育、企業内教育を通して社員の資質を向上させようとする。それが会社の存続や発展につながることが認識されているからだ。

サラリーマンが「気楽な商売」といわれたのは昔の話で、今の会社員は、新入社員研修を見ても、トップセミナーを見ても、たえず資質を向上させる努力をきびしく迫られている。実際、それなくしては彼ら自身、この急変する時代、激化する競争を生き抜くわけにはいかない。真剣なＱＣ活動、専門書の勉強、新しい機器の訓練、各種講習会への出席など、日常見られる光景によっても、今日のサラリーマンは自ら進んで資質の向上に努力している。

「企業は人なり」といわれるのと同様に「教育は人なり」といわれる。学校の運命、いや、むしろ学校があずかる子どもの運命は、教師という「人」にかかっているといってよい。企業では人員整理が行われるし、考課によって給与に差がつけられる。これに対して、いったん採用された教員は生涯、クビを切られる心配はない。勤務評定が極度に困難な教員は、勤務年数に応じて一律に昇給していく。終身雇用、年功序列、そして「気楽な商売」というコトバが通用するのは、今や教員の世界にすぎなくなったといってよい。

このように考えると、教員に「人」を得ること、教員になった者の資質を向上させることは、一般のサラリーマンにもまして致命的に重要だといえる。

学校教員の生涯所得は、現在の貨幣価値で約1億5千万円。つまり教員一人採用することは、コトバはわるいが1億5千万円の買い物だということになる。

そのうち大部分の公立の小中学校に限っていえば、本務教員数は約75万名、彼らの給与の半分は国庫が、残りは地方自治体が負担している。その他にも国公立の幼稚園、高校、大学などの学校の本務教員数は約32万名。つまり国民がその「血税」で養っている教員数は１１０万名という計算になる。国民は最も大事な教育を彼らにまかせているのだから、よほど有能な教員を養成、採用してもらわなくては割が合わないし、また教員自身もその資質を向上するよう努力する義務と責任がある。しかしこれに水をさすいろいろな事情がある。

公立学校の教員を採用するのは都道府県（および政令指定都市）の教委だが、教員は採用された後、その教委に勤めるわけではない。彼らはそれぞれ各地の学校に勤務を命じられるのだ。会社の場合とはちがう。会社では社員はこの会社を志願したのであり、採用後の職場もこの会社だ。採用試験を行うのは、この会社の人事担当者や管理者である。採用された社員は、試験官であった上司や先輩のもとで働き、その勤務ぶりを採用後も彼らから観察され評価される。それは同時に、試験をし採用を決定した上司に「人を見る目」があったかどうかを評定する材料でもある。

ところが教員の場合は、何もこの学校を志願し、この学校に生涯を託そうとしているわけではない。採用試験を行う教委にしてみれば、志願者に直接接するのはごく短時間にすぎない。採用後もいっしょに働くわけではないから、採用が適切であったかどうかは、新採を引き受けた学校の校長や世のうわさを通して、後から耳にするだけだ。

教委の採用が会社に比べて慎重、真剣でないなどとはいわないが、採用や勤務校決定における校長の発言権を強化するとともに、勤務校決定において教員の意思を尊重するような制度的工夫を考える必要がある。いったん、採用した「不適格教員」の排除は至難である。「不適格」の基準、その判定方法、排除の手続きなどを吟味すると、ほとんど実行不可能なことが分かる。彼らに教員免許状を与え、採用したのは教委なのだから、採用した教員に「不適格教員」がいるということは、教委自体の「不適格」性を証明することになる。そこで臨教審もその代わりに初任者研修を打ち出した。臨教審が提案した多くの施策のうち、最初に具体化されようとしているのは、この初任者研修である。その場合、初任者を進んで引き受けた学校、初任者が校長にほれ込んで赴任してきた学校での研修は大いなる効果を上げるにちがいない。戦前にはそうした気風があった。

41 「帝王学」のすすめ（1990年5月1日）

「学級王国」というコトバがある。教員は新しく採用された未経験者といえども就職したその日から（初任者研修の導入によっても一年後には）、教室という「学級王国」の「国王」として、上司や子どもの親から直接監視されず、先輩や同僚からも直接観察されず、たった一人で何十人かの子どもの教育を引き受ける。

公立が圧倒的大部分を占める義務教育の段階では、通学区制のため子どもは学校を選ぶことができない。それ以上の段階でも、高校における学区制や、高校・大学における「偏差値」的「輪切り」によって、学校選択の幅は限られている。しかも義務化、準義務化の進行によって、学校は子どもに出席を強制する。そしてその学校では、子どもは教師を選ぶわけにはいかない。たまたま担任となった教師から最少限一年間、長きは三年ないし六年間、教育や指導を受け、その命令と評価に服さなくてはならない。

そこでもし子どもがその教師とウマが合わないなら、目も当てられない。教師はもちろん教育観、子ども観、実力、人格などすべてにわたって千差万別だし、子どもも関心、能力、性格など十人十色だから、教師と子どもとの間にミスマッチが起きるのも当然だ。どんなに子どもの自由や個性化を尊重するといっても、授業中、マンガ好きな子どもにマンガばかりよんでいることを許すわけにいかないし、「勉強ぎらい」の子どもに登校しないでも結構というわけにはいかない。つまり教師はミスマッチを起こした子どもをも、自分の統制下におかなくてはならない。

いろいろな手を加えてもなお自分の思い通りにならない子どもを力づくで（その力は何も「暴力」を意味しない。

評価や内申などといった制度的なものから、「にらむ」といった陰湿なものまで広範だ）抑え込もうとする教師が出ても不思議ではない。

こうしたわけで「学級王国」の秩序、水準、体面を保ち、自らの統治能力を内外に示そうとする「国王」は権威主義に陥りやすい。権威主義を学術用語として定着させたのは、ナチスドイツを逃れて米国に亡命したフロムやアドルノなど、いわゆる新フロイド学派の人たちである。彼らは第二次大戦の契機となったナチズムにドイツ民族が引きこまれた理由を、没落しつつあったドイツの中産階級に見い出される社会的性格にあるとして、これを権威主義的パーソナリティと名付けた。彼ら中産階級は満たし得ざる不安や攻撃性を、ユダヤ人というスケープゴートに向けて解消する反面、失われつつある権威の回復をヒトラーやナチスの権威との同一視によって求めようとしたというのだ。

この新フロイド学派の人たちによれば、権威主義的パーソナリティには強者への礼讃、服従、卑屈、献身と、弱者への傲慢、支配、残酷、攻撃という両面がある。精神分析的にいえばマゾヒズム（自虐性）とサディズム（他虐性）との並存であり、前者は強者への服従によってその権威を分有しようとし、後者は弱者の支配によって自らの権威を確認しようとするのであって、何れもが力の信仰の表れである。その点で権威主義はいわゆる権力主義であり、「虎の威を借りて」弱い者をおどしたりいじめたりすることに快感を覚える「下士官根性」に連なる。

「学級王国」の「国王」として制度的にも伝統的にも君臨してきた教師は、今日、社会一般における「民主主義」や「弱者保護」の風潮、教育界における「児童中心主義」や「子どもを守る」運動、「国民」たる生徒の各種の反乱などによって、激しく「強者」たるの地位を脅かされつつある。そのため権威の失墜を恐れる教師はますます権威主義的になるという傾向がある。しかし権威主義によって内外からの攻撃にいつまで耐えつづけられるか、いや権威主義が真の教育と両立し得るかどうかは、疑問といわねばならない。

権威主義は権力の乱用を生み、恐怖政治を引き起こす。スケープゴートと親衛隊を作り、密告と秘密警察を横行させる。そのため権威主義的な教師の統治下では生徒自身、権威主義的になるか、それとも「面従腹背」の偽善者になるという危険がある。しかも都合のわるいことに、権威主義的な教師は生徒を表面上、うまく統制しているだけに、また、自分に都合のよい声しか聞こえてこない（ないし聞こうとしない）だけに、自分をすぐれた教師だと錯覚してしまう。

教師集団の間でも、権威主義的な教師がヘゲモニーをとる職員室がある。立身出世主義を奉じたり、保身術に長じたりする教師は、権威主義に走りやすい。校長派、組合派と権力の所在を巧みにかぎとって派閥を作る。

権威主義への誘惑にさらされる教師はすべて、「国王」としての地位にふさわしい「帝王学」、すなわち公平無私、先憂後楽、開かれた心など、noblesse oblige を身に着けることが必要だ。

42 教員養成と介護体験（1998年10月6日）

昨今の金融危機への対応一つみても、足元に火がつくまで、人びとは中々、事の重大さに気がつかない。気がついても何とかなるだろう、何とかしてくれるだろうと、先送り、あなた委せの態度をとる。この傾向はわが国に特に強いが、教育にも見られる。一例として小中学校教員志願者に対する介護体験の義務化を取り上げてみたい。

平成9年6月、「小学校及び中学校の教諭の普通免許状授与に係る教育職員免許法の特例等に関する法」(いわゆる「介護等体験特例法」）が公布された。これらの学校の教員志願者は障害者、高齢者に対する介護、介助、交流等の体験を、盲学校、ろう学校、養護学校、社会福祉施設等で一週間行うよう義務付けられる。この制度は平成10年度の大学新入生から適用されるので、大学はそれに備えなくてはならない。しかしこの種の「実習」はふつう第三学年以後に行われるので、教職担当教授以外はほとんど無関心だ。

超高齢化の中で、いろいろな「社会的弱者」が増え、彼らへの思いやりが必要となり、個人の尊厳や社会連帯に関する認識を深めることが義務教育を担当する教員に重要だというこの法律の主旨に反対する者は誰一人いないが、そのために介護体験を志願者に義務づけるという制度には、その実施可能性や効果の点でいくつかの疑問がある。法律である以上、これを守らなくてはならないが、準備期間は長いようでも、あっという間に過ぎてしまう。いざ実施となってあわてふためいたり、法本来のねらいが裏目に出たりしないよう、慎重綿密な検討と準備を行わなくてはならない。

本質的あるいは理論的にいえば、上に挙げたねらいは、何も小中学校教員志願者だけに当てはまるものではあるまい。すべての人に高齢者や障害者への「思いやり」、人間尊重の精神は必要なはずだ。特に公務員や医師や建築士などにそれが求められるが、このねらいを達成するため一週間の介護体験が不可欠だというなら、こうした職業志願者にもそれを義務づけなくてはならないだろう。教員にしてもなぜ小中学校の教員に限るのか、「準義務化」した高校の教員志願者になぜこの特例法が適用されないのか、疑問が残る。

小中学校教員志願者に限っても、いろいろな現実的な制約や問題がある。小中学校教員志願者の数は膨大だ。必ずしも教員を第一志望としないでも、教員免許状を取得したいと思う者（ペーパーティーチャー）となるとさらに多い。そして実際に教職に就く者、採用試験合格者が少子化の波を受けて急減していることは周知の通りだ。

このように必ずしも（いや、ほとんど）教員にならない者（いや、なれない者）の数は誠に膨大だが、彼らも教員免許状取得のためには、一週間、介護等の体験をしなくてはならなくなる。この膨大な教員免許状取得希望者を受け入れる施設を見つけ出すことは極めて難しい。大部分が教職に就かないと予想される学生を受け入れることをためらう施設が出ても不思議ではない。しかもボランティア活動が盛んになるにつれて、特に社会福祉施設では「ボランティア公害」とささやかれる現象さえ起きている。

無理して受け入れたところで、十分な世話や指導をして双方が満足し成果を上げるだけの人的、経済的、設備的な余裕はない。一度に多勢押しかけてきても、逆になしくずし的に少数の者がたえずやってきても、その対応が難しい。肝心の入所者の迷惑にさえなりかねない。しかも福祉施設の場合、介護福祉士、看護婦、ヘルパーなどの志願者に施設実習が義務づけられている。これら福祉系の学生なら、後継者として親近感や期待感もあり、指導もしやすい。

特殊学校や養護学校などの場合、受け入れ側と学生側との関係は密接だが、ここも本来の教育実習ですでに手一杯だ。まして他府県の大学の学生まで引き受けることには消極的になるだろう。それでも国立の大学なら付属の養護学校などをもっているし、文部省や府県教委が国公立の施設を世話するだろうが、私学となると、個々の大学あるいは個々の教職志願者が独力で受け入れ先を開拓しなくてはならない。社会福祉協議会などが頼みの綱だが、福祉施設、特に特養老人ホームには民間立が多いので、無償で受け入れることに難色を示しやすい。教育実習校の開拓は大学、特に私学にとって苦労の種だが、特殊学校や福祉施設となると、「母校実習」も通用しないので、今後、介護体験の受け入れ先探しは大問題となるにちがいない。

今回の法改正の仕掛け人は、あの田中真紀子代議士であり、晩年の父、角栄の介護体験がきっかけだという。死せる角栄、生ける教職志願者を走らすといった趣がある。ただ思いつきやセンチメンタリズムで法改正が安易に行われては困る。介護体験はすでに教職にある者の研修内容とする方がよほど適切だといえるだろう。

43 養護教諭の地位向上を（２００３年６月24日）

去る４月、文科省の不登校問題に関する調査研究協力者会議は、「今後の不登校への対応の在り方について」報告を発表した。不登校の実態と対応策を全国調査し、貴重な基礎資料を提供している。実証的、客観的に現状と課題を分析し、広く関係者からヒアリングを行い、特に不登校経験者に対して追跡調査を実施したことは大きな特徴だ。多大の国費を投入したこの大規模な調査の成果を活用することは、報告書の「はじめに」も述べている通り、教育関係者にとって当然の責務だろう。

平成13年度、国公私立の小・中学校で不登校を理由に30日以上欠席した者は、小学校で２７５人に１人（０・３６％）、中学校で36人に１人（２・８１％）、一校当たりの平均は、平成３年度の４・８人から13年度は約７・０人に増えた。もちろん、不登校はそれだけではない。この数字には30日以下の不登校や早退は含まれていない。「保健室出席」も含まれていないし、教室には出てはいるものの、「心ここにあらざる」実質上の不登校はもちろん含まれていない。そう考えると、不登校、あるいはその予備軍ははるかに多いと言わなくてはならない。

不登校への対応として報告書は広範で網羅的な提案を行っている。いちいち尤もだが、特に注目したいのは養護教諭の役割だ。報告書は学校全体の指導体制の充実のため、校長のリーダーシップの下、教頭、学級担任、生徒指導主事、教務主任、学年主任、養護教諭、スクールカウンセラー、相談員等の連携協力を求め、そのコーディネーター的な役割を果たす教員として養護教諭を挙げている。

また「養護教諭の役割と保健室・相談室等、教室以外の『居場所』の環境・条件整備」なる一項目を設け、養護教諭の長所として、心の健康問題や基本的な生活習慣の問題等に関わる子どものサインにいち早く気付く立場にあり、保健室がこの子どもたちにとって「居場所」たるの役割を果たすことを挙げている。

もちろん養護教諭の役割の重視は、これ以前にも、いじめ、不登校（当時は登校拒否と言っていた）が大きな問題になり始めた平成7年に発足した中教審や、さらにそれ以前に設けられた二つの専門家会議でも行われていた。しかし、こうした度重なる指摘にもかかわらず、養護教諭の養成、研修、処遇などについての本格的な研究は決して多くはない。

そこには各種の理由がある。歴史的に見て養護教諭の前身は明治後期にできた学校看護婦である。その後、太平洋戦争開戦直前、国民学校令において養護訓導として、さらに戦後の学校教育法において養護教諭として職制化された。養護教諭は、小中学校では原則必置（高校は任意）とされ、一校に一人しかいないのが普通である。小中学校でさえ養護教諭が置かれているのは95％強だ。したがって、校内では一般の教員より数的にはるかに劣勢だし、歴史的な背景もあって保健室がその職場であり、身体的な意味での保健に関する仕事が主だと考えられやすい。校内外におけるこうした養護教諭観の研究と是正が必要だ。

一般の教員が一定の学級、特定の子どもを受け持ち、出席を強制し評価の権限を持つのとは違って、養護教諭の相手（クライアント）は不特定で保健室来室も随意随時、時間表も出席簿も通知表も教科書もない。養護教諭の勤務形態、職務権限のこうした特徴は、彼女たち（養護教諭はほとんど全員女性である、それも特徴の一つだ）の校内における立場を決定的に条件付ける。

子どもから（あるいは親から）見て、養護の先生は同じ「先生」といっても、授業も受け持たず（保健の授業をする人もいるが）、テストもしない、いつでも何でも相談できる「優しさ」と「気安さ」とを合わせ持っている。保健室は子どもの「居場所」、あるいは「避難所」「駆け込み寺」「たまり場」「休息室」など各種の役割を果たす。

養護教諭自身から言えば、一般の教員のように担任の子ども、担当の授業もなく、いわば全校の子どもを相手にし、身体上のみならず、今や心理的なヘルスのケアを引き受け、常時、保健室に待機していなくてはならない。千手観音、ホームドクター、よろず相談所、何でも屋の如き役割を引き受けるのが彼女たちだ。

スクールカウンセラー、学校医なども養護教諭の役割の一部を引き受ける「専門家」ではあるが常勤ではない。養護教諭は頼りにされればされるほど、成功すればするほど、多忙、負担過重になるし、「甘やかしすぎ」といった陰口さえ聞こえてくる。超人的とも言える仕事を「養護をつかさどる」と学校教育法は簡単に定義している。

子ども全員に目を配り、校内外の指導体制の要になるという養護教諭の仕事は、校長に似ている。そこで養護教諭は校長にとって最も頼りになる教員だと言えるし、養護教諭は校長候補として適任だと言えるだろう。

44 教師にとっての研究者マインド（2003年5月27日）

いじめ、暴力、非行、不登校、引きこもりなどの教育病理が蔓延、深刻化し、しかもそれらは何も一握りの「特別」な子どもだけでなく、「ふつう」の子どもにいつ起きても不思議ではない（「氷山の一角」説）とされるので、その診断や治療をカウンセラーだけに委せるわけにはいかない。すべての教師がすべての子どもに対して「カウンセリング・マインド」を持って接しなくてはならない。そうしてこそ、教育病理を未然に予防することもできる。

ずっと以前から、「一人ひとりを見つめ」「すべての子どもを大事にし」「誰一人見放さない」という教育愛は、教師にとって基本的な倫理、心情であることは絶えず説かれてきた。そしてこの教育愛を実践し、「教育の醍醐味」を味わい、「教師冥利」につき、「教師になってよかった」と述懐する教師は多かった。彼らは教え子やわが子に、教職に就くよう勧める自信を持った。

かつて教師は、教師であるというだけで自動的に尊敬と信頼を受け、「恩師」として卒業後も感謝され記憶された。教師に対して口答えや暴力によって反抗するとか、「教え子」から逆恨みされて卒業式で「お礼参り」されるとか、考えられもしなかった。親や住民にしても学校はあり難く近寄りがたいところであり、教師は偉い人であって、学校に抗議を申し込んだり、子どもに向かって教師の悪口を言ったりすることはなかった。

ところが、今やカウンセリング・マインドの必要を説かれ、カウンセリングの訓練を受けて努力してみてもなかなか成功しない。教授法や教材研究や生徒指導などの研修を受け勉強しても、なかなかうまくいかない。「教え子」から「恩師」と慕われ、「謝恩会」に招かれる教師は稀《まれ》になった。世間や親からの監視、不信、非難、攻撃、時には告発さえ珍しくなくなった。

こうした状況の中で、教師は「良心的」であればあるほど、「感受性」に富めば富むほど自らの努力や能力の限界を痛感する。ほとんどすべての教師が、大なり小なりストレスに苛まれる。子どもの間に登校拒否、勉強嫌いが続出するように、教師の間に出校拒否、授業嫌いが起きる。教師のストレス、バーンアウト、引きこもりが問題となり、教師へのカウンセリングも行われるようになった。

実際、教師にはカウンセリング・マインドを子どもに対してだけでなく、自分自身に対して適用し、自らの心を理解、観察、分析、診断、治療、支援すること、いわば教師のセルフ・カウンセリングが必要だ。こうした考え方に立って教師が自らを見つめ直してみると、教師のストレス、悩み、苦悩の源は必ずしも子どもに対する指導力や教育力、カウンセリング・マインドの不足にあるだけではないことが理解できるだろう。

子どもに対しては、教室や学校の中でまがりなりにも接触し働きかけることができる。不登校や「引きこもり」の子どもにしても、自らの責任において校外で話し合うことができる。しかし教師のストレスの多くは、教師にとってほとんど、いかんともし難い大人（特に同僚教師や子どもの保護者）との人間関係や、学校の雰囲気や社会の風潮から生まれている。例えば、自分の利益や保身しか考えないエゴイスト、自分の信条を絶対的に正しいと考える独善家、学校や校長への不満ばかり口にする不平家などが校内を牛耳っている学校、どうしてもハダやウマが合わず相性が悪い「イヤな奴」と嫌でも毎日、顔を合わせ協力しなくてはならない職場がストレスに満ちたものになるのは当然だ。

特に、子どもと直接接触する機会が乏しく、相手にするのは主として教員や校外の大人である校長にとって、彼らとの人間関係による職員室や校長室の居心地が悪ければ、ストレスは決定的に増幅するに違いない。一旦、相手を「イヤな奴」と思うと、相手も自分を「イヤな奴」と思うようになり、相互に「イヤなところ」ばかりが目につくので、人間関係はますます悪化する。

こうして「イヤな奴」と付き合い、「居心地の悪い職場」に勤める教師のストレス解消にとって有効なのは、子どもに対するカウンセリング・マインドだけではなく、むしろセルフ・カウンセリングであり、さらにそれを発展させた研究者マインドである。教師も「人の子」、「好き嫌い」の感情に駆られ、ストレスに襲われるのも無理はないが、その感情を抑制して自他や職場環境を冷静、客観的に観察、分析して「研究」するなら、研究の「醍醐味」を味わうことができる。研究の意欲と方法を身に付けるなら、恰好の研究材料を身近なところに発見することができる。これを論文にまとめ公表すれば、現代の教師や学校が抱える問題の解明にも貢献するだろう。教師の現職教育にとって、研究者マインドを養うという視点を忘れてはなるまい。

45「団塊の世代」の教師たち（2004年9月7日）

少子高齢化が急速確実に進行する現在、年金論議一つとっても明らかなように、高齢者の処遇は当の高齢者（並びにその予備軍）にとっても最大の関心事である。平均寿命は延長し、人生80年が当たり前のこととなったにもかかわらず、定年は今なお60歳というのが一般的だ。しかも60を越えても、体力、意欲、能力、経済力ともにカクシャク（矍鑠）たる元気いっぱいの「新老人」が増えている。

他方、若い世代、すなわち生産人口、労働人口は、少子化のもとで絶対的にも相対的にも減少する。「希少価値」を高めた彼らは甘やかされて自己中心主義を奉じ、労働や負担を拒否する傾向が強い。

こうした大きな時代の流れの中で、いかにして社会の活力を維持し、個人の幸福を確保するかが問われるが、その一つが退職後の高齢者をいかに「活用」し、「生きがい」をもたらすか、という問題である。この問題は、福祉、労働、雇用など広範多岐にわたる施策や制度に関係するが、教育にも無縁ではない。いや企業内教育、リカレント教育、リフレッシュ教育、高齢者教育などがこの問題に取り組んでいるだけでなく、学校でも若いうちから生涯を見通した生活設計、人生計画に焦点を当てるキャリア教育、更には死の準備教育たるデス・エデュケーションさえ提唱されている。

だが、この問題を複雑、困難にし、また当事者に大きな不安を与える特別な条件がある。いわゆる「団塊の世代」に定年退職の日が着々と近づきつつあるという確実な事実がそれだ。戦後、軍隊、徴用先、外地から大量の若者が復員し、郷里の家庭に戻ったり結婚したりした結果、数年後、子どもが大量に産まれ、いわゆるベビーブームが起きた。この子どもたちが「団塊の世代」だが、彼らはやがて「ひしめく40代」に成長し、さらに今や定年退職の日を間近に迎えるようになった。バブルが崩壊し、空洞化が起き、リストラが進む労働市場に大量の彼らを受け入れる余裕はないし、年金の見通しも暗い。

終身雇用、年功序列という「日本的雇用」はすでに終わりを告げ、在職中さえ厳しい業績主義的考課が行われているが、これといった特技や資格をもたない中高年の再就職は困難だ。こうした状況の中で、確実に定年退職の日が近づく「団塊の世代」がわが身の将来、第二の人生について思い悩むあまり、安んじて今の仕事に打ち込めなくなるのも無理はない。

教員集団、教職市場にも当然「団塊の世代」が存在し、同じような問題が起きる。しかし教員の場合、さらに独自の特徴があって問題を複雑にする。まず第一に、特に義務教育段階に当てはまるが、教員のほとんどは地方公務員だ。公務員は身分保障制度が徹底しており、教員の場合も最近、若干の変化は見られるものの、まず定年まで身分は安泰だ。しかし教員の場合、定年退職後の再就職について「世話」してくれることはほとんどない。「世話」しようにも「天下り先」がないのだ。

同じ公務員でも国家公務員、中でも「エリート官僚」には役所の息のかかった外郭団体、特殊法人、研究所、企業など、〝優雅な〟「天下り先」が用意されている。しかし地方公務員、中でも教育公務員には（教育界の「エリート」ともいえる校長にも）、ウマミのある受け皿はほとんどない。

教師は子ども相手に教えるばかりの生活を送ってきたので、「気位」ばかり高く、「ツブシ」が利かないし、再就職のための「コネ」も作りにくい。公立の学校は会社や官庁のように人口の多い都会に集中しておらず、辺境の地域にも散在し、教師は各地の学校を転々と渡り歩くので再就職先を見つけにくい。女性が多いのも小中学校教員の特徴だ。

さらに「団塊の世代」との関係で言えば、教職市場の年齢構成は子どもの数と密接にリンクするという人口学的特徴がある。ベビーブーム期に生まれた子どもが六歳になって小学校に就学するようになると、大量の小学校教員が必要となる。この波が順次、中学校、高校へと及んでいくが、その後は教員需要は減ってくる。つまり、「団塊の世代」に属する子どもの在学期に採用される教員の「団塊」には時間差がある。特に就学率が100％近い学校段階では、教員需要は該当年齢児童生徒数によって自動的に決定されている。ベビーブーム期に生まれた子どもが25歳前後になると、結婚して子どもを生むので第二次ベビーブームが起きたが、今度は子どもを生まなくなるので（少子化）、第三次ベビーブームは起きず今日に至っている。

最近、教育病理の多発に応じて定数増の政策が打ち出され、教員の新規採用が特に大都市圏で拡大し始めたが、定年退職を間近に迎える「団塊の世代」の教員に対する第二の人生の開拓は大きな政策課題であると同時に、彼ら自身のキャリア教育が必要だろう。

46 手品と腹話術――新しい教職教養（2001年9月18日）

どうすればたくさんの子どもたちを引きつけ、自分の話を静かに聞かせるか、どうすれば彼らの目を輝かせ、楽しい授業を展開するかは、教室における教師、最大の関心事だ。特に学級崩壊と言われるような事態のもとで、子どもたちがテンデンバラバラ、好き勝手な行動に走る場合、教師の悩みは深刻だ。

そこで授業研究、机間巡視、話し方、教え方、板書の仕方、視聴覚機器の利用など、数多くの教授法が開発されてきたし、それらは教員養成課程や教育実習でも教職教養として最も重んじられてきた。しかし、なかなか目に見える効果が上がらないというのが実情だ。中でも理科や算数、道徳やホームルームなど、「面白くない」時間の悩みは大きい。

この困難かつ深刻な事態を打開する一つの方法や技術として、いささか唐突と思われるかもしれないが、手品と腹話術の利用を提唱したい。

懇親会もやや盛り上がって順番に余興やスピーチをやらされるとき、場にふさわしい特技もかくし芸もなく、下手なカラオケや長談議でかえって座を白けさせ、自らも情けない気持ちになる宴会ぎらいはいくらでもいる。ハタ迷惑の大人はいくらでもいる。彼らももし、器用な手品を持ち合わせていれば、同席の人たちの目を引きつけ、拍手喝采を呼ぶに違いない。話し下手や無芸大食を大いに羨ましがらせるに違いない。

「神聖」なる教室を、こうした宴会になぞらえるのは不謹慎というものだが、手品の名人が衆目を集め、感嘆の的になる点では同じである。一方、学校が警察に依頼することもあれば、警察が啓発活動のため学校に出向くこともあるが、腹話術を得意とする警察官が学校で子どもたちに交通安全教育を行うことがある。この場合も、子どもたちは珍しい腹話術による人形劇を一心不乱に見入って楽しみながら、交通安全について学ぶ。警察官の体のどこから、あの別の声が出るのだろうと不思議がり面白がる。一人二役の演技の巧みさに感心する。

教室では先生の話を聞こうとしない子どもも、腹話術を演じる警察官には尊敬、親しみなどの念の入り混じった目を注ぐ。警察官を中心に、すべての子どもが集団としてまとまり、楽しい学習が自然のうちに実現する。警察官は声を使い分け、手で操る人形と対話を交わし、時には観客である子どもたちにも語りかける。

こう考えると手品と腹話術とは、子どもたちの目と心を引きつけ、楽しい授業を成立させるための手がかりになるに違いない。それらはともに手先の器用さだけでなく、話術や相手との交流、役割交換の仕方など、パフォーマンス、コミュニケーションの技術を必要とする。子どもたちはその器用さと巧みな技術に感心する。

そのかくし芸の習得には長期の努力が隠されており、不思議な手品には種が隠されている。そうした隠されたものに対して、子どもは大きな好奇心を抱く。手品も腹話術も単に話し方だけでなく、手を使い腹を使うという身体の使い方の上手さの表現だから、それだけ身近に感じられる。

そこで単なる比喩としてではなく、実体として手品や腹話術を教師は活用してはどうかと思うのである。それを意識的、計画的に取り入れるなら、教室での授業や指導に大きく貢献するだろう。いや手品とは言わないが、すでに理科の実験や算数の計算などで、教師は今までもいろいろな道具や図表を使って、子どもたちにまず「不思議」だという感情を抱かせ、そこから「解」(なぞ解き)に至る道を辿らせようとしてきた。ただ、それがあまりに抽象的、あるいは「押しつけ」的であるため、すべての子どもの目を集中させることができない。

もし、こうした実験や計算に「手品」の手法を利用するなら、理科や算数もずっと身近で面白く楽しい教科になるだろう。心理学では深層心理や無意識、錯覚や錯視を明らかにするいろいろなテストが開発されているが、これも一種の科学的な手品、読心術だと言ってよいし、かくし絵もまたなぞ解きを楽しませる一種の手品だ。

いろいろな手品、マジックのやり方や道具を系統的に整理してみれば、その中から理科や算数の授業の導入に利用できるものが少なからず発見できるだろうし、教師自ら授業に利用できる新しい手品を発明できるだろう。そうした手品の技法を訓練し演出すれば、子どもから感嘆の声が上がるだろう。手品には、！(すばらしい)から、？(不思議だ）へ、さらに、！（分かった）へという〝！〟と〝？〟との連続性が秘められている。

腹話術は先の警察官の例からも分かるように、道徳や生活指導に有効だろう。手品と腹話術は特に幼稚園や小学校などの教職教養の内容として取り入れる価値がある。

2　子どもの世界

47　理解・無理解・不可解（1998年3月24日）

教育に関して、学校や家庭も含めて社会一般、また教師や親も含めて大人一般が、今日ほど分がわるく割の合わない立場におかれている時代はない。かつての子どもは権威主義的な「頭ごなし」のやり方で教育されしつけられた。子どもも大人もそれを当然のことと考え、子どもはそれに内心反発を感じても、反発をコトバや行動による反抗にまで発展させることはなかった。反抗すれば直ちに物理的、社会的な制裁が加えられたからである。

子どもにとっては重苦しく不自由な時代だったといえるが、その中でがまんし努力すれば誉められ報いられた。今から考えれば子どもに対する「理解」がはなはだ欠けていたといってよいが、当時の子どもは結構、明るくのびのびとふるまっていた。陽気なケンカやいたずらはあったにしても、陰湿ないじめや授業妨害などはなかった。教師の権威、教室の秩序は自明当然のものとして受け入れられていた。家庭ではいっそう然りであり、親、中でも父親（ガンコおやじ）の命令は絶対的であり、口答えするとか、自室に閉じこもるとか（そもそも子どもに自室などなかった）する子どもはいなかった。教師や親、目上の人への尊敬と服従、まわりの人に迷惑をかけないことが、くり返し教え込まれていた。

戦後、こうした「封建的」な教育は理念的にも実態的にも消滅した。子どもに対して「理解」ある大人が増え、「理解」ある教育が目指されるようになった。子どもの気もち、悩み、不満を汲み取り、理解しようとする努力がいかに広範真剣に行われているかは、家庭での親子話し合い、子どもサービス、学校でのカウンセリング、アンケート調査などを見れば直ちに明らかだ。子どもの心理や生活については微に入り細をうがった大規模な「科学的」調査が行われ、数多くの書物や論説が発表されている。

ところが子どもを「理解」しようとする、この涙ぐましい大人の努力をせせら笑うかのように、今日の子どもは、大人は自分たち子どもの気もちが全然分かっていない、大人はわれわれ子どもに対して「無理解」だと歎き大人に反抗する。その歎きが子どもへの面接調査や質問紙調査でも明らかなことは、皮肉な事実である。子どもは大人が子どもを「理解」しようとし、「理解ある」大人になろうとする、その努力や善意を一向に「理解」してくれない。大人の愛情や努力や心配を「理解」し、それに感謝するなどという気もちが育っていない。

つまり「理解」が一方的に大人から子どもへと向けられていて、子どもから大人へとは向けられていないのだ。それだけに今日の子どもは自分中心主義に陥っているといえるだろう。「心の教育」で「思いやりの心」が盛んに強調されるが、「思いやり」とは相手を理解し相手と共感することだ。ところが大人に対する「思いやり」はほとんど取り上げられていない。

いじめっ子やいじめられっ子の気もちを「理解」し、「思いやる」こともなるほど重要であり必要だが、いじめが親や教師にどんな苦労を与えるかと、親や教師を「理解」し「思いやる」こともそれに劣らず重要であり必要である。しかし親や教師にしてみれば、自分に対する「理解」や「思いやり」を説くのは、恩着せがましくて、できないのだろう。こうした光景は学校の管理職と一般教員との間にも観察できるかもしれない。

大人が子どもを「理解」しようとして、子どもの行動、持ちもの、心の中まで知ろうとすると、それは子どもにとって有難迷惑、お節介であり、プライバシーや人権や自由の侵害だとされ、大人へのさらなる不信や反感を生む。実際、何から何まで監視し探り出されたのでは、子どもは息苦しくなり、「理解」ある大人への反発を強めるにちがいない。「理解」ある大人は、子どもからかえって「無理解」だとされてしまう。

こうして大人が子どもを「理解」しようとする努力はかえって、子どもから大人は「無理解」だという反発を引き起こす。「理解」ある大人が、心の理解をあきらめて、モノやカネによって「理解」を示そうとすることが、さらに悪循環を生む。子どもの欲しがるものは何でも買ってやる、子どもに苦痛や束縛を与えることは一切しないというのが、「理解」ある大人だと自他ともに認めるようになるので、大人と子どもはますます表面的、外面的なつき合いしかできなくなってしまう。

そのため大人にとって子どもはますます「理解」を越えた存在、「不可解」な存在となる。事件を起こした子どもだけではない。「ふつう」の子どもの気もちが分からない、何を考えているのか分からないというのが、今の大人の歎きである。大人の一方的な「理解」努力が、子どもの側には「無理解」という大人への非難をもたらし、大人の側には子ども「不可解」という歎声をもたらしている。

48 子どもの「息苦しさ」（1991年8月6日）

今日の高校や子どもの状況を「息苦しさ」と形容したのは、昨年12月に発表された中教審の「学校制度に関する小委員会審議経過報告」である。その「はじめに」では、現在の高校には学校間の格差や序列、偏差値偏重、進学競争の圧力という壁があって、これが子どもの心に「息苦しさ」をもたらしているとし、その解消を最大の課題として審議を行ったと説明した。

これに対して本年4月の最終答申では、「息苦しさ」という言葉は消えて「心の抑圧」に変えられており、「息苦しさ」は「息苦しい進学競争」という表現に残っているにすぎない。その辺の経緯は明らかではないが、「息苦しさ」は、今日の子どもの生活を表すには、いい得て妙とでもいえる適切さをもつように思う。

ただし、この「息苦しさ」は中教審がいうように進学競争だけに由来するものではないし、また高校生だけに限られるものでもない。あらゆる子どもの、あらゆる生活が「息苦しさ」にいろどられているといってよい。

「息苦しさ」はタテとヨコ、二つの次元に表れる。タテ、時間的、縦断面的な次元の「息苦しさ」とは「息つく暇もなく」、たえず追い立てられるため、「息切れ」してしまう状況を指す。立ち止まって一息入れ、新たな英気を養ったり、自分や過去を見直したりする余裕は生まれない。自転車操業よろしく気忙しく、実力や努力を欠いた者はたちまち挫折してしまう。

このタテの「息苦しさ」は今日の子どもの特徴だ。大人の世界では週休二日制、長期休暇、労働時間短縮などの制度が着実に進行し、フレックスタイムや在宅勤務なども試みられつつある。職場を離れれば全く自由だし、仕事自体にも「あそび心」が重視される。

これに対して子どもは逆だ。大人にとっての労働時間にも当たる子どもの勉強時間はますます延長し、子どもは放課後、夜遅くまで、また日曜や夏休みまで、勉強部屋や塾に追い立てられる。労働基準法は年少労働を禁じているが、子どもは勉強という名の労働を強いられ、ゆっくり休む暇もない。勉強だけではない。学校にいる間も授業が終われば、クラブ活動や部活と忙しい。

中教審答申は、高校生活が大学入試準備のための受験勉強に押しつぶされていると指摘するが、この受験勉強は周知の通り、高校だけでなく次第に下へ下へと下がってきており、今や幼稚園時代、さらにはそれ以前から、有名大学合格を目指した準備教育が始まっている。しかも合否判定基準が「学力」「偏差値」一本では不合理だというので、在学中の生徒会活動、クラブ活動、ボランティア活動など、ますます多様な分野の記録が考慮されるようになっているため、子どもは早くから息つく暇をなくしてしまう。

これがタテの「息苦しさ」だが、さらにヨコの「息苦しさ」がある。今も最後に触れたように、子どもは単に勉強だけでなく、あらゆる分野でいい「成績」を取るよう、期待され要求される。子どもに対して大人は誠に貪欲だ。学力も人物も、勉強もスポーツも、心も体も、やさしさもたくましさも、自主性も協調性も、国語も理科も、といった風にあらゆる点で理想を求める。70点を取れば80点を、80点を取れば１００点を、１００点を取ればさらにもっと高度な学力を、といった風に際限がない。

それは子どもに対する愛情の発露ではあるが、同時に大人の野心の代償だったり、大人自身の名誉のためだったりすることが多い。しかも大人は、有限で無力な子どもにとって、それがどんなに重荷であり、「有難迷惑」であるかに気付いていない。何から何まで期待され要求され、したがって、自分の行動や成績を注目され評価される子どもには、「息抜きの場」がなくなる。

タテの「息苦しさ」は「息つく暇」を奪われることから、ヨコの「息苦しさ」は「息抜きの場」を奪われることから起きる。たえず尻をたたかれ追い立てられるとともに、何から何まで監視され評価される子どもの生活や心が「息苦しく」なるのは当然だ。

このように貪欲な大人、理想の子どもを期待する大人を完全に満足させ得る子どもなど、いるはずがない。どんな子どもも何らかの程度、何らかの分野で「問題」の子だ。そこでこれまた大人の愛情からとはいえ、大人は「問題」を解決するため、子どものすべてを知らねばならないと考える。子どもを教育し指導するには、子どもを理解しなくてはならない。話し合いから始まって、パーソナリティーテスト、アンケート、カウンセリング、ガイダンス、家庭訪問などなど、子どもは微に入り細をうがって調べ上げられる。特に明白な「問題」を起こした子どもに対する「教育的」「科学的」な調査や観察は徹底している。こうして子どもは何から何まで見通され身をかくす場を失ってしまうのだ。

49「人恋しさ」に悩む子どもたち（1994年7月5日）

革命や敗戦など社会の基本体制が一変するときは別だが、社会の風潮や傾向の変化は徐々に起きるものであり、その時代区分の特定は難しい。しかしそれでも、後からふり返ってみると、いくつかの時代を区分することができる。人々がどんな時代に生まれ、育ったかは、そのものの考え方、行動の様式を大きく規定する。したがって教育についても時代という視点が必要かつ有効だ。時代の変化が激しければ、旧い世代と新しい世代との間に大きな断絶、対立、誤解が生じる。

時代を区分する基準は数多いし、時代といってもその期間は長短さまざまだ。慣例的に採用され、かつ便利なのは、機械的ではあるが、10年（デケード）を単位とする区分である。１９８０年代、９０年代など、10年毎に時代を区分し、それぞれの特色を冠して何々の時代と名付けるのである。このやり方は明快、簡明であるだけでなく、案外、的を射ていることが多い。

今日の教育や子どもに大きな影響を与えているメディアを基準にして、このような観点から10年単位の時代区分を試みてみると、次のようにいえるのではないか。すなわち１９６０年代、70年代、80年代、90年代と分けてみる。そうすると60年代をテレビ時代、70年代をパーソナル・テレビ時代、80年代をテレビ・ゲーム時代、90年代をパソコン通信時代と大雑把にとらえられるように思われる。ついでながら予測してみると、来るべき21世紀最初の10年間はマルチ・メディアの時代となろう。

皇太子（現天皇）の御成婚は１９５９年。これを機にテレビが爆発的に普及し、その後10年間に、テレビはほとんどの家庭の茶の間にすえつけられるようになった。その結果がテレビ世代、テレビっ子の誕生だ。子どもの心身、家庭の生活様式、情報化時代の到来など、テレビが与えた（また今も与えつつある）影響は測り知れず、数多くの調査、研究、主張が行われた。プラスの影響の一つといってよいが、テレビは一家に一台、チャンネル数も少なかったので、家族や仲間集団に共通の話題や関心を与えることによって、彼らの間に一種の連帯意識を育てた。

70年代となると、カラーテレビがそれまでの白黒テレビにとってかわり、民放の発達によってチャンネル数が急増し、視聴率競争が起き、テレビの低俗化、娯楽化の傾向が強まった。子どももますます面白さ、おかしさを基準にテレビに引き付けられるようになる。

それとともにテレビは一家に一台ではなく、一人に一台という、パーソナル・テレビ時代が到来した。テレビは茶の間から（いや茶の間と並んで）、個室へと侵入してくる。個室をまっさきに与えられるのは子どもだから、茶の間でテレビを見る親と、自分の室でテレビを見る子どもとの間に、チャンネル争いもなくなる代わりに、共通の話題、共通の時間が減ってくる。ビデオの普及は個人の好みによる番組の選択や保存を可能にし、テレビと個人との結びつきをますます強めた。

80年代、特に子どもの世界を大きく変えたのはテレビ・ゲームだ。パーソナル・テレビの時代、子どもは番組を自分の好みによって選ぶことができるようになったものの、番組の内容はあくまで放送局によって作られ、出演者によって演じられるのだから、視聴者は受身の立場にある。

ところがテレビ・ゲームとなると、自分の腕前によって勝負が決まってくる。テレビのように寝転んで、あるいは他のことをやりながら見るという、片手間の行動ではなくなる。注意を集中し、真剣、積極的に取り組まなくてはならない。勝敗、得点がはっきり出てくるので、それだけスリルもある。子どもがテレビよりテレビ・ゲームに夢中になるのも無理はない。

こうしてテレビ・ゲームの時代、子どもはますます一人で機械を相手にするようになり、人との付き合いが少なくなり、また付き合い方が分からなくなる。孤独になり人恋しさを覚えるようになったこの子どもたちに、新しく付き合う人を提供するメディアが出現した。90年代のパソコン通信がそれだ。それによって、現実に会ったこともなく、遠くにおり、しばしば名も知らぬ相手と交信する。

最近ではポケベルも同じような手段に使われる。テレビ・ゲームで相手にするのは画面に出てくる人形だが、パソコン通信やポケベルでは、相手が生きている人間だということは分かっている。その人間が自分に機械を通してではあるが語りかけ答えてくれるので、自分の存在感が確かめられるのだ。だがそれも所詮、直接的、全人的なふれ合いではないから、孤独は癒やされない。具体的な生きた人間との付き合い方は依然として分からないが、同時に生きた人間との付き合いを求める気持ちが大きくなる。恐らく家庭や学校のもつ最大の役割は、人と人とのふれ合いの提供であろう。

50「異界」の子どもたち（2004年8月3日）

長崎県佐世保市で小学校6年生の女児が同級生をカッターナイフで殺害するという衝撃的な事件が起きて2カ月。事件発生後、直ちに文部科学大臣は児童生徒の問題行動に関するプロジェクトチームを発足させたし、長崎県も対策本部を設けた。その他、事件に関するマスコミや教育界での論議は誠に盛んである。

事件後の推移を振り返ってみると、いくつかの教訓が得られる。その一つは、今や大人は子どもに振り回されるようになったという事実だ。かつて臨教審は日本の教育を、先進国に追い付くことを悲願とする「追い付き型」と称した。学校の内部でも教師や教科書が教えることに生徒は「追い付く」よう迫られるし、大学など学校の間では「一流」校に少しでも近づくよう競争が行われる。こうして子どもや学校は画一的な尺度で評価され、個性や創造性を軽視する。この「追い付き」型教育からの脱却を臨教審は主張し、広い共感を得た。

モデルや基準に追い付くことに熱心な「追い付き型」の教育は、追い付いた（と自ら考えるようになった）途端、目標を見失ってしまうという欠点や矛盾を内包していると同時に、「追い付き型」の否定が金科玉条視され拡大解釈されると、追い付く前にさえ、いささかでも受け身で画一的と解釈される教育はすべて「反教育的」とされ、追い付くべきハードル、モデル、ルールなどを一切撤廃するようになるという危険が潜んでいる。そのため最少限、共通に必要な基礎学力の低下、学校の秩序の崩壊が起きる。教育の不在、荒廃、病理などと呼ばれるこのような状況が顕著になると、それに対する事後処理、応急処置、「後始末」的な危機管理に振り回され、「追い付き型」教育は「後追い型」教育となる。

この「後追い型」教育は「追い付き型」否定の当然の帰結であるとともに、子どもの欲求を満足させることが教育の秘訣だとする児童中心主義、「子どもが主人公」とする子ども第一主義の系でもある。子どもの後を追いかけることに大人は努力するようになるし、子どもは大人や社会、教師や学校の示す目標や基準に「追い付く」ことから解放され、予想もされない行動に出るようになる。予想を超えた突然死や突発的な事件が続発し、大人や社会はその後始末に振り回されるようになる。子どもの自由、欲求充足が何よりも大事だという「追い付き型」教育否定論の行き過ぎのため、かえって大人は子どもが理解できなくなってしまった。佐世保市の事件はそれを典型的に示している。

事件の詳細な背景については、今もなお各分野の「専門家」による調査が継続中なのではっきりしたことは言えない。そのこと自体、今時の子どもの理解は、今までの専門知の限界を超えていることを示唆している。「専門家」でさえそうなのだから、一般の大人、親はもとより、教育の「専門家」たる教師にとっても、今の子どもたちは想像や理解を絶する異界、別世界の住人だといえる。

実際、今回の事件の加害者や被害者、またその仲間（例えば同級生）の生活の実体、人間関係、心理などは、その周囲にあって日頃彼らを観察しているはずの大人たち（例えば親や教師や住民）の想像や理解を絶していると言ってよい。今の子どもたちは、今の大人が子どもであった頃とは全く別の世界で暮らしている。早い話、今回の事件の発端となったのは、インターネット上のチャットだと言われる。チャットの中で被害少女から加害少女に「体重が重い」とか「いい子ぶってる」と書き込まれたことが、殺意を抱く引き金になったというのだ。

また、加害少女は自分のホームページに、中学生同士が殺し合うという内容の人気小説『バトル・ロワイヤル』を模した自作の小説を掲載していた。両方とも登場人物は36名、事件の起きた小学校の学級と同数である。小学校6年生がこんな小説を書いているのだ。

彼女たちの親も教師も、我が子の交わすチャット、『バトル・ロワイヤル』、それを模した作品の存在さえ知らなかった。ネット、ケータイ、メール、ホームページなど間接接触、双方向的かつ複数相手への発信可能なメディアを人知れぬところで随時駆使するという生活、またそこで取り交わされる情報を知り尽くすことなど、親や教師には不可能だ。事件の2週間後、日本ＰＴＡ全国協議会による「インターネット等に関する調査」の結果が発表されたが、異界に住む子どもたちの具体像はこの大規模な統計数量からは理解できない。

小規模学級では子どもの理解や指導も容易なはずだが、小規模だとかえってクラスの入れ替えがないため、仲間関係が一旦こじれると「生き地獄」になってしまう。事件が起きると被害者の親や一般の児童たちの心のケアが取り上げられるが、加害者の親や兄弟が負ったトラウマは当然の報いとして見逃される。あの事件が突き付けた課題は多い。

51 子どもの教育力（2001年5月22日）

教育改革国民会議の報告を待つまでもなく、家庭の教育力、地域の教育力の回復が盛んに叫ばれる。もっともな主張だ。しかし子どもについては、自己教育力がいわれるだけで、子ども自身の教育力に着目し、これを活用すべきだという論はあまり見られない。「子どもが主人公」という子ども中心主義が自明当然の原理とされる現代、不思議な現象だといわねばなるまい。

実際、現代のように社会の変化が激しく、文化の陳腐化が著しい時代、世代の断絶が起き、世代間の距離が大きくなることは、ほとんど不可避である。変化が緩慢な時代には、それまでの知識や技術、価値や道徳がそのまま通用するから、前の世代、大人は、次の世代、子どもに対して自信を持って、そうした文化を伝達し、「強制」的に教えることができた。子どもは子どもで、やがて今の大人と同じような生活を送ることになるので、大人を経験ある先輩として尊敬、信頼し、大人からの「強制」的な教育を素直に受け入れた。大人から子どもへという方向をとった教育が自然に成立していたのである。

ところが、すべてにわたって、目まぐるしい変化が広範に起きつつある現代、こうした伝統的な教育はその成立基盤をゆるがされるようになった。変化を柔軟、自然にまず受け入れるのはむしろ若い世代であって、頭が固く不器用な古い世代は、時代から取り残されてはならぬと思いつつも、急激な変化に中々ついて行けない。子どもの学力低下が問題になっており、これはたしかに重大深刻な問題ではあるが、今日、その子どもたち自身、大人を「時代おくれ」「何も知らない」と、かげ口をたたいている。

実際、今日の子どもは大人の知らないことを、大人より先に、大人よりたくさん知っている。テレビゲーム、携帯電話、メールを使いこなしたのはまず子どもたちだ。「勉強」がきらいで「学力」面での「落ちこぼれ」の子どもさえ、別に苦労もせずに自由自在にその使い方をマスターしている。マンガやアニメを理解し、それに興じる力をつけたのも、まず若い世代だ。その他にも古い世代、大人のもっていない知識や技術を彼らはいくらでも身に着けている。

もちろん、その中にはほとんど取るに足りない価値しかないものもあるし、またすぐに忘れ去られ効果を失うものもある。反面、あまりに「流行」に追いまわされて、「不易」な価値を持つ文化を学ぼうとしない若者も大量に育ちつつある。大局的、長期的な見地からそうした批判を加えることが、今日の大人に求められる。

その大人がこれからの時代に必要不可欠と認める知識や技術のうち、子どもの方が先に身に付けたものを、当の子どもから学び、教えてもらうという方法を工夫することが、必要かつ有効だろう。子どもが大人から教えられるばかりという伝統的な教育に対し、子どもの方が大人に教える立場に立つなら、子どもは自信や主体性を取りもどすようになろう。例えば、デジタル・デバイドが問題になっているが、年配者や上司はＩＴ革命について行くだけの時間的余裕がないし、同輩や部下の助けを借りるのもプライドが中々許さない。しかし彼らも家庭で若いわが子から、インターネットの使い方を教えてもらうことには、気がねしないだろう。子どもは得意になって親切に「教育力」を親に対して発揮するだろう。

学校でも教師が知っていないこと、知らねばならないことを、子どもはたくさん知っているはずだ。「先生は知らないことだらけだ。一つ君たち教えてくれないか」と、「無知の知」を装うシレノス的ソクラテスの問答法は、子どもの教育力を利用した古典的なモデルだといえるだろう。

子どもの教育力活用のもう一つの例は、スポーツにおけるジュニア・リーダーの利用である。親や教師のいうことは中々聞こうとしない子どもも、同年配のスポーツの花形選手に対してはあこがれ、尊敬の目を注ぐ。校内でも勉強のできる仲間は敵意やいじめの標的とされることがあるが、全県、全国の大会に出場し、優勝でもした選手は全校の名誉、代表として応援、賞賛のまととなる。実際、勉強には「落ちこぼれ」がいるが、スポーツはそのレパートリーの広さのためもあって、すべての子どもは、何らかのスポーツ、少なくとも「見るスポーツ」に熱中する。スポーツは子どもたちの間に一体感、連帯意識をもたらすに格好の活動である。

スポーツチーム、スポーツクラブのリーダーは、当該スポーツの技能はもとより、仲間をまとめ引っ張っていくリーダーシップに優れているはずだし、子どもたちからも一目おかれているはずだ。そのリーダーシップをクラス全体、さらに学校全体に発揮するよう、その「教育力」を「間接統治」にも似たやり方で活用する方法を開発する必要がある。

52 保護色と警戒色（2004年11月2日）

国際的にも国内的にも激烈な競争が起き、生き残りのため競争力の強化が至るところで求められるようになった。少しでも油断するとたちまちはじき飛ばされるので、個人も組織も自らの身を守り、一歩でも先に出ることに必死となり、情け容赦のない競争が繰り広げられる。競争があればこそ、それぞれの能力や個性の発揮、ひいては社会の進歩も期待できるが、その反面、競争は敗者を生み、不平等を拡大し、連帯を失わせ、人間性のゆがみを引き起こすなど多くの弊害を伴う。その是正のため、機会の均等、公正なルールや評価システム、敗者への配慮などさまざまな対策も実施される。

閉塞感の強い日本では、最近、競争原理や自己責任などの名のもとに、規制緩和、業績主義、能力評価などが強調されるようになった。年功序列、終身雇用、護送船団、談合など身内の和を重んじる家族主義、平等主義的な慣行は急速に消滅しつつある。

自らの生き残りを優先せざるを得ない、この生存競争は今や教育の世界にも浸透し始めた。特に、制度的には全国一律の法や基準に従わなくてはならず、また、「戦後民主主義」の平等原理に支えられた学校、中でも「親方日の丸」に守られた公立の学校は画一化、平準化の一途を辿ってきたが、その結果、悪平等、水準低下、秩序崩壊などの教育病理が蔓延したため、これを競争原理によって再生しようとする政策が採られるようになった。

生存競争の中で外敵から身を守り、自らの縄張りを拡張するため、生物界では各種各様の手段が長い時間をかけて編み出されてきたが、その一つに、保護色と警戒色がある。周囲と同じような色で擬装して敵に気付かれないようにするのが保護色だ。ある昆虫は羽の色だけでなく、姿形も周囲の木の葉と見分けがつかないよう自らをカモフラージュする。雷鳥は冬になると全身真っ白になって周囲の雪の中に溶け込む。カメレオンは周囲に合わせ、皮膚の色を巧みに変える。

神（自然）が生き物に授けたと思われる、この手品のように巧みな護身術の不思議さには感嘆するばかりだ。保護色ではないが、もどき、だまし、まがい、にせ等の名を冠し、互いに似た外観を持つ動植物（梅もどき、にせアカシア等）も稀ではない。

目立たないよう、他との違いを際立たせないことによって自らの身を守ろうとする保護色とは逆に、見るからに恐ろしい毒々しい色や姿で外敵を遠ざけたり、相手を屈服させたりするのが警戒色だ。〝自分に触れたり、自分を襲ったりすると必ず逆襲されてひどい目に遭うぞ〟と、自らの異様さを周囲に誇示して恐怖心を駆り立てるのだ。保護色が人目に立たぬよう、ひっそりと周囲に紛れ込んで身を守るのに対し、この警戒色は逆に周囲の目を引き、自らを際立たせることによって周囲を威圧しようとする。正反対だがどちらも生存競争裡にあって、自己の安全や優位を獲得するための知恵、戦術だと言えよう。

人間も動物の一種だから、こうした戦術を採用する。保護色的自己防衛は日本人にとって長い間の社会的慣行であり、一種の美学、倫理学でもあった。周囲と同じような服装や行動を示しておけば変わり者、はみ出し者、注意人物扱いもされず安心、安全だ。「人並み」「ふつうの人」という評判を得られるし、「奥ゆかしい」と誉められる。時には「赤信号、皆で渡れば恐くない」と、保護色の影に隠れて悪事を行っても発覚せずに済む。

全く正反対に警戒色的自己防衛（さらには他者支配）は、型破り、常識はずれの外観や行動によって周囲の目を引き、警戒心や恐怖心をあおり立てる。ヤクザや暴力団独特の服装、入れ墨などはその典型だが、異装、異髪で車中や街頭にのさばる暴走族の若者、わざとノーネクタイ、ジーパンで式典に列席する教員なども、その警戒色的外観だけで周囲の注目と恐怖を招く。

過激で奇矯な警戒色的行動には各種の潜在意識が働いている。保護色が当人に「人並み」意識、安心感をもたらすのに対し、警戒色は自分は平凡な人間ではない、世間のレールやルールを気にせず、それに異議申し立てを行う勇気や自主性のある人間だという、一種の自己陶酔的自信に支えられている。

かつてヴェブレンは、誇示的消費という概念で、こうした潜在意識を説明した。正常、健全な生産活動、勤労生活で自らの力を発揮し、社会から承認、尊敬されることが難しい人々にとって、自己を主張し社会から注目されるのは消費生活においてである。職業、生産の場ではなかなか個性を発揮できない人々は、自分の自由になる余暇、消費生活で表面的で些細な差を強調することによって、他人とは異なる自己を、主張しようとするというのだ。警戒色的自己主張には、こうした自己顕示欲が働いている。競争社会の中で自己主張、個性発揮がもてはやされるにつれて、生物学的な警戒色が利用されるようになる。

53「いじめ」と体罰（１９８６年３月11日）

文部省は全国約４万の公立小、中、高校すべてと全教育委員会を対象にして、昨年４月から10月までに発生した「いじめ」と体罰に関する調査を行い、その結果を２月21日に発表した。「いじめ」や体罰による自殺者まで出るという事件が相次ぎ、世の関心と憂慮を集めている折から、翌日の新聞はこの調査結果を大きく報道している。単なる事例報告や部分的な調査はこれまでも数多く存在していたが、全国的な悉皆調査によって、55・６％の学校で計15万５千件の「いじめ」が、10・１％の学校で計２８１９件の体罰事件が起きたといった数値が示されると、改めて深刻さが痛感される。

だが、この種の調査は、もともと難しいし、その結果得られた数値の解釈も慎重を要する。何よりもまず「いじめ」にせよ、体罰にせよ、定義があいまいである。「いじめ」では冷やかし、からかい、が最も多く（31・9％）、以下、仲間はずれ、暴力を振るう、言葉での脅し持ちものを隠す、とされているが、いったい冷やかしやからかいのどこまでが「いじめ」であるのか、といった概念規定や範囲は、観察者により、受け手により、与え手によってまちまちだ。冗談、ふざけ、けんか、あそびなどと、「いじめ」との境界線を明確に引くことは難しい。同じ行為が、ある子供には「いじめ」と映じ、ある子供には冗談と感じられる。この種の調査でそうした主観までも知るわけにはいかない。

体罰となると、子供や父母、同僚教師から問題とされ学校や教委が調査した件数が報告されているので、認定基準は「いじめ」より客観的ではあるが、そのため「問題」とされない体罰は数値に出てこないし、「問題」とするか、しないかは子供や父母、同僚次第だから、これまた認定基準は主観的である。「いじめ」と同じように身体的な苦痛や拘束を与える行為のどこまでを体罰と認定するか、はまちまちである。例えば子供を立たせる、運動場を一周させるなどの罰を体罰として「問題」にするかどうか。

一校当たりの「いじめ」や体罰の発生率も報告されているが、学校は規模の大小の差が大きいのだから、子供何人当たりの発生率を計算する方がよほど合理的だ。全高校生の3割を引受ける私立、厳しさをもって鳴る私立が多い高校の場合、公立の数値だけで判断できない。

その上「いじめ」は陰湿を特徴とする。つまり、おとなの目の着かないところで行われたり、あそびやふざけの口実や外観のもとで行われたりする。教師や親に訴えると、さらに大きな「いじめ」が待ち受けているので、氷山の一角といわれる通り、中々表に出てこない。「いじめ」があっても、学校も教委も表に出そうとはしない。逆コンクール的に解されることを恐れて、こうした調査に正確に答えようとしない。

県によって数値に極端なバラツキが見られるというのも、以上のような事情による。例えば、全公立校の中で「いじめ」の発生した学校の割合は、82・6％に達した県から最低12・2％の県まであるといい、体罰事件が起きた学校の割合も、最高の県で43・9％、最低の県で10・1％と報告されているが、正直者ほど損をするの感なきにしも非ずだ。

そこで、この調査報告の数値を眺めて徒らに驚いたりあわてたりせず、冷静に事態を見直す必要がある。「いじめ」の解消、体罰の追放が緊急な課題であることは広く認められ、その対策もいろいろと提案され実行されている。しかしあまり注意されず、指摘されていない問題がある。

その一つは今日、「いじめ」や体罰があまりに頻繁かつ大きく報道されるため、一方では「またか」といった馴れや不感症的な兆候が見られるとともに、他方では、「いじめ」や体罰以外の重大な問題が忘れ去られるという傾向があることだ。「いじめ」や体罰頻発のニュースを聞いて、子供を学校にやるのが心配でたまらない親が増え、育児ノイローゼに続いて就学ノイローゼが起きている。神経過敏になった親は、わが子が学校でいじめられないか、体罰を受けるのではないかと、わが子の仲間や教師に疑惑と警戒の目を向け、ささいなことをも問題にしかねない。

逆にわが子が仲間をいじめて問題にされては大変だというので、仲間とのあそびやふざけを禁じ、言葉づかいを一々細かく注意する。一人で勉強やファミコンに打ち込んでいる方がいじめっ子になる恐れがなくて安心だ。

体罰も定義があいまいで、いくらでも拡大解釈され得るし、これだけ問題化することが多くなると、教師はいささかでも体罰視される恐れのある一切の行為を差控える。体当りの教育などとんでもない。子供からこれは体罰ではないか、といわれるなら、教師は子供に手も足も出ない。こうして「いじめ」や体罰の過度の問題視が、教育の場を萎縮させ、一層、陰微な「いじめ」や体罰を生む恐れがある。

54 ホームレスといじめ（1995年12月5日）

大阪は道頓堀。市、有数の盛り場、繁華街だ。その橋の上から、多くの通行人の目前で、ホームレスの老人がリヤカーに乗せられたまま、三人の若者の手によって川の中に投げ込まれ溺死するという痛ましい事件が起きた。

犯人たちはもちろん形の上ではホームレスではなく、親といっしょに住んでいることになっている。しかしほとんど家に寄りつかずに暮らしていたり、家に帰っても寝るだけという生活を送ったりしていたという。つまり彼らもまた実質的にはホームレスだといってよい。老人も犯人たちも、その仲間の間でさえ本名も知られておらず、出身地や家族のことも話してはいない。いわば身をかくし合った仲であり、互いに身の上を問うことは一種のタブーであり、「仁義」に反することなのだ。

世間からはじき出された、あるいは世間から進んではじき出た彼らにとっては、「世間」を思い出させる本名や過去にお互い触れないことが、仲間との連帯感を確認させる。

世間からすれば、薄汚い服をまとい、カネが入れば酒を飲んでウサを晴らす路上生活者は、町の美観と安全を害《そこな》う厄介な存在と見られるかもしれない。ピアスをつけ、髪を染め上げ、派手なジャンパーを着て、昼日中から深夜までわがもの顔に振る舞う暴走族風の若者もまた、世間にとってひんしゅくと恐怖の的であろう。

常識からいえば、年齢や服装の差こそあれ、路上や公園や地下道を生活の本拠とし、「まとも」な定職もない、この二種類のホームレスたちは、「日本」や「大阪市」の「恥」である。良識からいえば、彼らは現代社会が生み出す「犠牲者」である。何とかかくしたい、いや何とかなくしたいと、人びとは考える。

強権、例えば警察力によって、表面上、彼らを追放しても、彼らを温かく迎え入れ、彼らが安住できる「ホーム」がない限り、ホームレスはいなくならない。どんな「ホーム」を作れば、彼らは「社会復帰」できるか。それは社会福祉の問題であると同時に、臨床教育の問題である。

そこで、この事件の被害者も加害者もともにホームレスだ。一方は高齢で無力で単数であり、他方は若く力も強く複数だというちがいはあるが、グループで無抵抗な個人を襲ったことが特徴だ。その点で、この事件は子ども間のいじめに似ている。

いじめっ子も集団で個人をいじめ、時に死に至らしめるが、もっと似ているのは、いじめっ子が往々にして、相手を「バイキン」「臭い」「汚い」「不潔」「気もちがわるい」「ムカつく」などと嘲り、「許せない」「ガマンできない」「耐えられない」「目ざわりだ」「死ね」などと罵るという点だ。理性的、客観的に考えれば、それは「目クソ、鼻クソを笑う」のたぐいだが、感情的、主観的には、いじめられっ子はいじめっ子たちの美意識を逆なでしている。

今日、経済水準の向上、テレビの普及などのため、子どもの間でもお小遣いが増え、ファッション、身だしなみ、お化粧への関心が高まり、異常なまでの清潔志向が拡まっている。朝シャンの流行はその象徴だ。この風潮に逆らう仲間は無神経、風変わりとして毛ぎらいされる。そのため「汚い」「臭い」「不潔」などのレッテルは、いじめの格好の理由となるだけでなく、いじめを傍観する仲間たちにも「いじめられても仕方がない」「いじめられる側にも問題がある」といったいいわけの理由になるのだ。

こうして過度の、的はずれな潔癖感がいじめに対する罪悪感をなくすどころか、いじめに一種の「正義感」さえ生み出す。そのさいいじめっ子はしばしば勉強などでの挫折感や劣等感を補償するため、警戒色的な服装や頭髪に凝り、周囲に畏怖、威圧を与え、自己を顕示しようとする。彼らは自分の服装や頭髪を異様と自覚しているものの、自分を汚いとか不潔とかとは思ってもいない。

以上のようないじめっ子の心理は、道頓堀の事件の若者たちにも共通するだろう。アメリカには学校時代のいじめっ子は、大きくなってもいじめ的な非行や犯罪に走る傾向が強いという調査研究があるという。

道頓堀では犯人も被害者も実質的、心理的にホームレスだったが、学校でのいじめもしばしば（いや、ほとんどといってよいかもしれない）、ホームレス同士の間で起きる。たしかにいじめっ子にも、いじめられっ子にも家庭（ホーム）はあるし、学校には「ホームルーム」がある。

しかし家庭にせよ学校にせよ、彼らにとって真のホームになっているかどうかは疑問である。悩みがあっても自分の個室に閉じこもっているような家庭、教師や仲間から無視、軽蔑されているような学校は、ホームとはいえない。その子どもたちは実質的、心理的にはホームレスなのだ。教師はホームルームの意味を再確認しなくてはならない。

55 若者たちに待ち受ける「危うさ」（2003年7月22日）

インターネット時代の若者たちに待ち受ける「危うさ」を象徴する事件が立て続けに起きている。20歳代の若者たちの間に起きた集団自殺と集団強姦がそれだ。

それまで互いに会ったこともない未知、匿名の者が各地からインターネット・サイトの募集に応じて集まって生まれた集団で起きた事件である。いずれもメンバーは20歳前後、せいぜい30歳までの若者だ。もちろん二つの種類の事件の間には相違点もある。

集団自殺事件では、〝楽な死に方教えます〟〝一緒に死にたいと思う仲間を募ります〟といった呼び掛けに応じた若者数名が、人里離れた山の中、密閉した車に閉じこもって不完全燃焼によるガス中毒で心中を図るのに対し、集団強姦事件では、大学生が企画した大都市の盛り場のビルを会場にしたイベントの誘いに応じて何千人という学生が集まり、飲めや歌えのドンチャン騒ぎの後、目をつけられた「カモ」が主催者たちの性行為の犠牲にされている。

前者では同病相憐れむといった仲間感情で結ばれた人生の敗残者たちが、絶望のあまり少人数でひっそりと生命を絶つのに対し、後者では多数の大学生や短大生が生（さらには性）を大都会の真ん中で派手に謳歌している。その企画者、実行者は早稲田大学や日本大学などの上級生であり、そのサークル（スーパーフリー、通称〝スーフリ〟）は大学の公認、高額のチケットを売りさばき、六本木の有名クラブを借り切ってイベントを催している。もし強姦事件でも起こしていなければ、大学生によるベンチャービジネスの成功例としてもてはやされたかも知れない。

集団自殺事件と集団強姦事件とはこのようなコントラストを示しているものの、一方は現実の苦悩や挫折、他方は現実の退屈や単調から脱出したいという現実からの逃避の欲求を巧みに利用しているという共通点がある。一方は〝楽（らく）に死にたい〟、他方は〝人生を楽しみたい〟という欲求に応えようとしており、何れにも「楽」を手っ取り早く手に入れたいという気持ちが現代の若者たちの間に行き渡っていることが示されている。

自殺について言えば、今も苦悩や苦痛に耐えかねて自殺する人は多く、特に中高年の自殺の増加が問題になっているし、子どもの間にもいじめに耐えかねて自殺する者がいる。しかし若者の間では、かつては「人生不可解」と遺書を残して自殺した「哲学青年」や入試に失敗して自殺した「浪人」がいたが、こうした自殺は今やごく稀になった。その代わり現代の若者たちの間に現れ始めたのが、ここに挙げた集団自殺だ。自殺さえ一人で引き受けられず、仲間を必要とするようになったのだ。

もちろん、かつても集団自殺はあった。「寝たきり老人」「徘徊老人」になった年老いた親、回復不能な障害を抱えた子どもなど、その苦しみや前途を見るに忍びない家族が一緒に死を選ぶという一家心中、親子心中、添われぬ仲を嘆いて恋人同士が心中する恋愛悲話、主君の後を追って家臣が殉死するといった後追い心中、果ては戦に敗れたあげくの集団自決などは、何れも涙を誘う集団自殺の例である。

しかし、こうした強い絆で結ばれた者同士が一緒に死を選ぶという伝統的な集団自殺と異なり、現代のインターネットやメールを利用した集団自殺では、それまで何の関係もなく直接会ったこともなかった不特定多数の間から自殺志願者が各地から集まって、突然、自殺目的のグループが作られる。一瞬のうちに作られて消えていく集団なのだ。

集団自殺に走る現代の若者集団のこうした特徴は、集団強姦の犠牲者の母集団にも共通に認められる。彼女たちはもちろん、レイプされようと思ってイベントに参加したわけではない。また、性交渉の代価として高い会費を払ったわけでもない。その点、出会い系サイトやメールを利用した「援助交際」とも違う。援助交際では、相手は主としてカネを払ってくれるオジサンたちだし、オジサン個人との契約に基づく売春行為が行われる。

これに対して新しい集団強姦では、同じ若者、せいぜい少し年長の若者が首謀者、加害者であり、高い会費を払った被害者が無防備にもスキをつかれたことになる。しかし、それまで直接会ったこともない若者たちがクラブに集まって一時のグループを作り、一瞬のエクスタシーに酔ったあげく、被害に遭ったのだ。

このように見てくると、インターネット時代、危うい集団に引き寄せられる新しい若者たちが現れ始めたことが分かる。彼ら、彼女らは強い絆を身近な家族や友人の間に持たず、孤独に悩んでいる。そのため、同年齢層の者がインターネットなどを通して一時のグループを作って、虚構の絆を探し出そうとするのだ。若者一般の「危うさ」の表れだと言えるだろう。

56 近親憎悪（1999年8月3日）

言うまでもないが、どんな人間も自分以外の人間（他者）なくしては存在、生存し得ない。自分の今日あるは、直接間接、無数の他者のおかげである。人間は数多くの他者と日常絶えず関係を持ち、その中で暮らしている。いや直接、接触し観察しないでも、記憶、想像、報道などによって、心の中で数多くの他者、例えば過去や異国の人々を知っている。

このように人間は無数の他者とかかわり合って生きているのだから、人間関係を抜きにして個人の行動や心理を理解することはできない。特に人間関係が固定されている組織（つまり一定の人間関係から逃れることのできない組織、例えば、家庭、学校、会社など）、また対人活動や対人サービスを直接の任務とする地位や職業（つまりモノやカネや情報ではなく、ヒト、中でも「人格」としての人間を相手にする仕事、例えば教育、医療、福祉など）の場合、然りである。

家族、中でも親子は最も緊密かつ永続的な関係を持っている。親は子どもあってこそ親だし、子どもは親がいればこそ、この世に生まれてきた。生物学的にも心理的にも社会的にも、親と子は切っても切れない関係にあり、この関係は死ぬまで続く。子どもは親元を離れるまで毎日、親と顔を合わせて暮らす。親が子を愛するのは自然の感情であり、子どもが立派に育つよう努力するのは親の義務だと考えられているし、事実、大部分の親はこうした感情と倫理に従って、子どもとの関係を築いている。

だが、これまた言うまでもないが、親の期待通りに育ってくれる子どもはおらず、「親の心、子知らず」のコトバ通り、親に心配や苦労をかけ続ける子どもは、親の気持ちや犠牲に感謝するどころか、口答え、ふてくされ、癇癪、暴力などで反抗する。実際、子どもは親のペットでもないし、操り人形でもないのだから、親への反抗は成長過程の一環である。

しかし親にしてみれば、これだけ子どもを愛しているのに、親とは分《ぶ》の悪いものだとの思いにかられるだろう。こんな子がいなければ、とわが子を憎らしく思うこともあろう。子どもから離れることができないだけにこの憎しみは深刻となる。しかもこの憎しみを自認することは良心も世間も許さないので、憎しみは内攻し潜在化される。顕在化すれば児童虐待に発展することもある。

親子間の依存関係が逆転して、植物人間となった老いたる親を子どもが世話しなくてはならなくなった時にも、潜在的な近親憎悪が起きる。「老衰」「老醜」の極みにあって回復が全く望めない親を夜も寝ずに何から何まで世話し、しかも感謝の素振りさえ返ってこない生活がいつ果てるかも分からず、「共倒れ」さえ心配される場合、いかに「生命の尊厳」「親子の情」を説かれても、心の底では、親が早く死んでくれれば、親自身にとっても自分にとっても、どんなに助かるだろうと思うにちがいない。親殺し、親子心中などの悲劇が生まれるのも、その表れだろう。

「可愛さ余って憎さ百倍」というが、親子関係ほど緊密、永続的、運命的で切っても切れない関係ではないが、教師と子どもとの間にも近親憎悪に似たコンプレックスが潜在する。教師にとっても子どもにとっても、学校や教室で最少限一年間、切っても切れない人間関係が継続する。心のどこかでこの子がいなければどんなに助かるだろうと思っていても、教師はどんな子も見捨ててはいけないと世間から要求されるし、自らもそう言い聞かせる。自分の教え方が悪い、子どもへの愛情や信頼が足りないと自らを責める。しかしその努力や良心が一向に報われない現実のもとで、教師には子どもに対する「近親憎悪」が成長する。子どもにも毎日顔を合わせ、切っても切れない関係にある教師や同級生に対する「近親憎悪」が起きる可能性がある。

切ろうと思えばいつでも切れる一時的な関係にある相手、あるいは頭の中で考えられる抽象的、一般的な相手に対しては、こうした「近親憎悪」は起こらない。あらゆる人間の生命の尊重、異なった考えを持つ人間との共生、弱者への思いやりなどを説かれ、対人活動、対人支援の尊さに魅せられた人々も、いざ実際に教育、福祉、医療などの仕事に携わってみると、自ら心身をすり減らし、絶えず失望、幻滅、挫折などを経験しなくてはならない。崇高な天職も実は3K的な労働だということを知らなくてはならない。それまで抱いてきた理想や理念と、現実や具体とのギャップが大きいだけに、そのギャップを埋めるには並々ならぬ苦労と努力が必要だ。

それでもボランティアやカウンセラーのように、相手と一時的な関係を持つに過ぎない人々は、自分の思いの通じない相手に対して憎しみを覚えない。しかし親という家庭教育の、教師という学校教育の、担い手における「近親憎悪」は半ば不可避とも言える。

Ⅴ　教育格差と大学

1　学力と教育格差

57　学力論の交通整理（2005年4月19日）

学校とは文字通り「学び」の場だから、学校で学んだ結果、どんな力がどのくらいついたかは、本質的な課題である。そうした力を学力と称するなら、学力論が繰り返されるのも当然だといってよい。特に学校がこれだけ普及するとともに、学校など社会的、公的な機関に対する監視が広く行われるようになった現代、学力論争はますます盛んになる。ここ数年来、学生生徒の学力の低下が広く指摘され、その実態の報告、原因の追及が一種の流行になっており、学力問題は百家争鳴、大合唱ともいえる状態になった。

しかし、肝心の学力とは何かという概念規定や定義は明白な合意を欠き、それが学力論を拡散させている。学力論を体系的な見地から交通整理すべき時がきたというべきであろう。

最も狭義に、かつ常識的、慣用的に学力とは英語でいえばアチーブメント・テストが取り上げ、評価採点するスコラスティックな知識や成績を意味する。それも主として暗記され、客観的なテストによって測定される知識に限られる。学力テストに対して体力テストや性格テストなど数多くのテストがあるが、これらのテストによって測定され数値化される能力、例えば運動能力や技術力などは、学習の結果習得されるにしても、ふつう学力の一部とは考えられない。学校では子どもは単に知的な学習だけではなく、体育、スポーツ、音楽、技術、道徳、特活などを通して実践的、実技的、社会的な能力や態度を学習するが、学力というとこれらは除外される。知的な能力と実践的な能力とは相互に関係しているし、実践や実生活に結び付かない知識は「役に立たず」、「全人教育」の理念にもそぐわない。

実践と無関係の学力だけを重視するわけにはいかないという、この立場から知的な学力だけを強調する伝統的、常識的な学力観に対する攻撃、批判が優勢となる。「主知主義」「偏差値」「ツメコミ」「テスト主義」などへの「生きて働く学力」の主張者たちの非難がその代表だ。知的教科、特に「主要教科」の学力を公平に評価する入試合格を最優先する受験準備教育、入試競争、受験地獄、通塾過熱などの現象が蔓延し、「落ちこぼれ」、自殺などの問題が深刻化したことが、知的教科中心の学力への反発を勢いづけたし、すべての者に平等な学習権を、とする平等主義がこの勢いを加速させた。

こうした二つの学力観の対立に加えて、「学力」を「学んだ力」と見るか、「学ぶ力」と見るかという対立がある。「学んだ力」はテストを受けた後、学校を出た後には、すぐに忘れられるかもしれない。「学んだ力」は、その後の「学ぶ力」にまで持続、発展しなければ価値はない。現代のように社会や文化の変動が激しい時代、生涯教育、生涯学習の必要はますます強まるが、そのためには学校で生涯学習のための基礎学力を養っておかなくてはならない。いや、学校時代にも、学年や学校の段階が進むにつれて、学力のつみ重ねが必要だ。大学での学習に必要な基礎学力を高校時代につけていない学生が大学に入学してくると（『分数ができない大学生』）、当の学生も困るし、大学教授も困る。

教育とは本来、「欲張り」な活動だ。学校で学ぶべき力、学んでほしい力はいくらでも拡大し高度化する。知的な学力自体、社会における知的産業、科学技術、ＩＴ革命、高度情報化などが進展するにつれて、ますます要求されるようになる。そうでなくても、歴史で学ぶべき内容は時代とともに増える。「基礎学力」、「確かな学力」がこうして拡張するようになる。知識や情報だけでなく、それを処理し、応用し創造する力も学ばなくてはならない。知的な教科もいわゆる読書算という３Ｒ（スリー・アール）的な識字能力（リテラシー）だけでなく、情報処理能力（コンピュータ・リテラシー）や道徳・古典・環境・芸術・宗教など広い人間的な教養、文化的な内容（カルチュラル・リテラシー）までを包含するようになる。国際理解教育、人権教育、キャリア教育、性教育、死の準備教育、新聞利用教育、安全教育など数え上げれば際限がないほど、新しい教育を学校は引き受けるようになる。「学力」の拡大は不可避である。

しかも、国際競争やグローバル化が激化する中で、少子高齢化する日本が生き延びるためには国民の質的水準の向上は不可欠であり、その点からも「学力」の重要性が広く承認される。ところが、ＯＥＣＤの学力到達度調査（ＰＩＳＡ）、国際教育到達度評価学会（ＩＥＡ）などによって、日本の生徒の学力低下傾向や問題点が明らかとなった。実際、求められる学力が拡張するのに、学校の義務化、準義務化が進んで多種多様な子どもがますます長期に学校に在学するようになれば、学校についていけない子どもが増え、平均的な学力の低下や学級崩壊などが起きることは当然である。こうした状況をいかに打開するか、改めて学力論を基本的に取り上げる必要がある。

58　予言の自己実現（2005年1月11日）

来し方、過去数年を振り返ってみるとき、明るいニュースはほとんどない。その延長線上に今年や未来があるとすれば、歴史が明るい方向に動くだろうと予想し、希望することは困難だ。「新年おめでとう」などと本気で言うのはよほど「おめでたい」お人好し、楽天家だと鼻白む思いに駆られるだろう。

実際、昨年一年だけをとってみても、国民（いや人類といってよいが）に希望や夢を与えるような出来事はほとんど皆無に近い。世界各地を襲う戦乱、内戦、テロ、天災、飢餓、エイズ、貧困、難民、暴力、人権侵害、環境破壊など、どれ一つとっても容易に解決できない難問、人類の善意と英知を結集しても出口の見えない危機であることは、現実が示す通りである。

これら地球規模、人類共通の難問や危機は当然、世界の一部であるわが国にも波及してくるが、わが国にはさらに特有な難問がある。そのいくつかは他の先進諸国にも共通しているが、代表的なのは少子高齢化、国際競争力の低下、財政赤字の増大、治安の悪化などである。これらは特にわが国では急激、大規模に起きた上、「ジャパン・アズ・ナンバーワン」ともてはやされ、花見酒に酔った経済の高度成長、バブル期との落差が大きかっただけに、政府も国民もその対応に手こずり、「失われた10年」、「先行き不透明」、「お先真っ暗」などというコトバが身に沁みて実感されるようになった。

産業の空洞化、リストラの嵐、年金問題、天変地異などが身近なところに続発し、拉致問題、靖国問題、領海問題、イラク問題などが国際関係、国民感情を揺るがしている。どれもこれも一朝一夕、一刀両断に解決できず、不安、不満、閉塞感が広く蔓延している。

教育も例外ではない。家庭、地域、学校の内外で子どもが虐待や暴力やいじめにさらされ、学級崩壊や学力低下が広く観察、実感、憂慮されている。少子化の波が学校、中でも高校、短大、大学、特に私立や地方の学校を襲い、学校淘汰が現実味を帯びてきた。夢も希望も失った若者の間には自己中心主義が蔓延し、フリーター、パラサイト・シングル、ニートなどと称される若年層が急増している。昨年度の明るい話題といえば、アテネオリンピックでの若者たちの活躍、大リーグでの松井秀喜やイチローの記録ぐらいしかない。

こうした状況、傾向は今後も確実に継続、いや深刻化するだろうと予想される。少子化という、国にとっても基本的な意味を持つ傾向をいかに食い止めるかが大きな問題になっているが、以上のような未来を予想する大人が子どもを産むことをためらうようになるのも自然だろう。かつて、バラ色の未来を描いた「未来学」が流行したのが嘘のようだ。

こうして楽天的な未来予測、バラ色の未来学は今や全く説得力や信憑性を失い、代わって悲観的な未来予測、灰色の未来学がもてはやされるようになった。このペシミズムは個人と社会との関係にも適用され、個人の力は世の中や歴史の大きな流れの中では全く無力で、個人はその流れに飲み込まれ流されるままのか弱い存在とされるので、ますます個人から希望や勇気を奪い去ってしまう。暗い未来予測を信じる者は、どうせどんなに頑張っても自分の未来は暗いと考えるので、暗い未来が予言通り実現するようになる。これが予言の自己実現といわれるメカニズムである。

これでは未来の中で生きなくてはならぬ若い世代にとっても、また彼らに支えられる未来の社会にとっても不幸である。この悪循環を断ち切る教育を、新年を迎えるに当たって考えることが重要であろう。

人口動態調査によれば、現在三人で一人の高齢者を支えているが、今世紀半ばには二人で一人の高齢者を支えなくてはならなくなる。少子高齢化の中で若い世代がいかに貴重になり、「希少価値」をもつようになるかは、過疎地や後継者難に苦しむ伝統産業を見れば典型的に明らかだ。それだけ若い世代の負担が大きくなり、それが灰色の未来学の論拠の一つにもなっている。悲観的な未来予測はある意味でその主張者にとってラクだし、安全である。予言が的中して灰色の未来が実現すれば、「それ見たことか」と先見の明を誇ることができるし、予言とは逆にバラ色の未来がやってくれれば、「自分が警鐘を鳴らしたからこそ灰色の未来が避けられたのだ」と、これまた先見の明を誇ることができる。

少子高齢化の中では、若い世代は自らの「希少価値」に目覚め、少数精鋭の語が示す通り、将来、社会の難問や危機を打開する能力資質を高め、使命感と責任感を身に付けることが必要となる。灰色の未来は彼らに「出番」と「生きがい」を提供する。「志の教育」を提唱したい。

59 学校格差への視点（２００５年12月13日）

規制緩和による自由競争の導入は必然的に「勝者」と「敗者」、「勝ち組」と「負け組」を生み、二極分化、不平等、格差をもたらす。その結果、「格差社会」、中でもそれを見通した若いうちからの「希望格差」が教育に深刻な問題を生み出すといわれる。

こうした中で、今年10月、中教審が「新しい時代の義務教育を創造する」と題する答申を発表。それが一つの契機となって、改めて教育機会の不平等、学校差などの問題が論議の的になった。この答申の「目玉」は、小泉首相の言う「三位一体の改革」の原理を教育に適用した義務教育費国庫負担制度、すなわち義務教育段階の公立学校教員給与の半額国庫負担制度を改めてこれを一般財源化し、地方自治体の自由裁量権を拡大しようとする制度改革の是非であった。中教審自体は全国一律に義務教育の水準を維持するには現行制度の堅持が必要と主張した。

実際、地方、中でも過疎地域では人口減が著しく子どもの数が減るので、教員一人当たりの児童生徒数は少なく学級規模は小さい。財政的にみれば、こうしたへき地の学校は極めて非効率、逆にいえば「贅沢」な公的機関だ。極端な小規模校であれば、子どもの数より教職員の数の方が多い場合さえある。それでも該当年齢の子どもがいる限り、校区内に小学校と中学校を用意することは義務教育の機会均等の原則から当然だ。少子化の波を受けて各地で学校の統廃合が進んだが、それでも交通の便がよく人口密度の高い都市部なら統廃合しても通学に大きな支障は出ない。ところが財政的にも統廃合を迫られる過疎地域ほど、子どもの通学には大きな負担が加わる。

義務教育段階の学校は、就学を強制するだけに通学区制を設けている。ある小学校区の子どもは全員、地元の小学校に入らなくてはならないし、地元の小学校は校区内の子ども全員を引き受けなくてはならない。こうした通学区制度を財政面から支えるのが、最小限必要な教員を確保するための、あの国庫負担制度だというのである。

ところが一方では、通学区制の弾力化の政策が打ち出された。市町村教委が就学予定者へ就学すべき学校を指定して保護者に通知するのが通学区制だが、この制度を緩和して、希望するなら他区の学校に就学できるようにする弾力化は、平成9年1月、文科省によって通達された。この弾力化は特に都市部で歓迎され、実行された。通学区は市町村毎に設けられるが、人口稠密な都市部の地方自治体は就学該当年齢の子どもも多いので、その内部に複数の通学区、すなわち多くの学校を設置せざるを得ない。子どもにとっては隣接する学区の学校の方が通学に便利な場合もあるし、同一の市や町の中にある複数の学校間に「人気」「魅力」の差があれば、指定された学校より別の学校に我が子を行かせたいと思う親が出てくるのも自然である。学校相互を競争させて、市や町の教育水準を向上させるという政策も支持される。

しかも通学区制とは完全に無関係の私立校はほとんど都市部に集中しているので、公立校はそれとも競争しなくてはならない。こうして通学区制の緩和は主として都市部で実施され、平成11年頃から公立の中高一貫校や教育特区が制度化され、義務教育段階の公立校の間にも「自由化」「個性化」「特色化」などの競争が盛んになり、学校差、学校格差の論議はますます盛んになった。

他方、農山漁村やへき地などでは「平成の大合併」のため通学区はますます拡大するとともに、学校の統廃合がますます容易になる。合併以前なら、どんなに子どもが減っても各町村は最小限一つの小学校と中学校を設置しなくてはならなかったが、近隣の市町村と合併するならその制約もなくなる。その代わり、子どもは遠くの学校に通わざるを得ない。こうした地方では、通学区制の弾力化からくる学校選択の自由は今まで通り制約される。

したがって、都市部と非都市部との学校格差や教育機会の不平等はますます拡大するし、その都市部では公立と私立の間の差、あるいは階層や地域による差が拡大再生産されるに違いない。また義務教育以後の学校、すなわち高校や大学には、より大きな世評的、実質的な差が存在し、一方の極には「一流」「名門」「エリート」などの名を冠せられる学校が、他方の極には「五流」「底辺」などと呼ばれる学校があって、前者、すなわち「格」の高い上級学校を目指しての競争が起きる。「格」の高い学校は大都市部に集中しているので、教育の地域差が大きくなる。

さらに学校差は学校や地域、教員や住民の自由や発言権を拡大しようとする政策、例えば学校評議員の制度、コミュニティ・スクールの運動などによっても増大する。もし、それが一部のボスや運動家によって支配され、偏った方向に発揮されるなら極めて深刻、重大な結果をもたらすだろう。

60 学校格差の是正（2000年6月13日）

学校格差の是正が叫ばれている。特に高校、短大、大学などは設立、運営、維持に巨費を要する上、義務制でないし、通学区制も行われていないので、「客」が集まらないとその存在意義が問われる。高校では15歳人口、短大や大学では18歳人口、またその進学希望者が「右肩上がり」に増え続け、経済も同様に成長を遂げ続けた時代、国や地方の税収も家計もそれだけ余裕があったので、これらの学校は拡張に拡張を重ねた（今でも大学の拡張は続いている）。

ところが最近、一転して「右肩上がり」の時代は終わったものの、一旦、拡張したこれらの学校の規模縮小、整理統合は容易ではない。国公立は直接、その経費の大部分を税金によってまかなわれるが、私立も私学助成によって公的な援助を受ける。該当年齢層が減り、財政や家計が逼迫し、学校が批判や監視の的になるにつれて、「客」、すなわち志願者や入学者の減ってきた学校に対する公的財政支援の在り方に論議が起こるのも自然である。

他方、「客」の減った学校の側からは、生き残り、起死回生のために「公的資金」導入の声が高まる。そして学校格差があるために「客」が集まらないというので、格差是正が主張される。特に私立の場合、子どもの親は税金を通して国公立の学校を支えている上、はるかに高額の授業料や納付金を子どもの通う学校に払っているのだから、二重負担をしていることになる。彼らが特に授業料や納付金の格差是正を主張するのも容易に納得できる。私立に行きたいのに、経済的理由のため止むを得ず公立に行くというのでは、不本意就学者を増大させるだけだ。

こうした状況を考える時、学校格差の是正の問題は避けて通れなくなるが、実は学校格差といってもその意味内容は必ずしも明確ではない。それを整理する必要がある。

第一に学校差と学校格差とが往々にして混同される。学校差の解消や縮小と学校格差の是正とは同じではない。どの個人にも個性があり、個人の間には個人差があり、その個性を尊重、伸長し、個人差に応じた教育が必要であるように、どの学校にも個性、特色、校風があり、学校間には学校差がある。もっとも学校である以上、教育基本法や学校教育法に則り、全国共通の学習指導要領や設置基準に従わなくてはならない。学校は全国共通の基準の中で、学校差を許容されるのだ。

しかし日本の学校の「金太郎アメ」式の画一性が反省され、共通基準の緩和が大きな政策的、世論的な要請となり、学校の特色化、個性化が叫ばれるようになった。現実的にも学校間の「客集め」競争に生き残るためには、国公私を問わず、他とは異なる特色や個性を持たなくてはならない。

もちろん個人の個性すべてが望ましいとは限らないように、学校の個性にも望ましい個性と望ましからぬ個性もある。学校格差の是正とは、望ましい学校差の実現を妨げる条件の格差是正と解すべきであろう。

第二に学校格差には二つの意味がある。一つは社会的、常識的な意味での学校格差だ。親も子どもも、教師も世間も、それぞれの学校にかなり、はっきりとした「格付け」を行う。学校の「格」の上下が学校格差といわれる。「一流」「銘柄」「エリート」「難関」「有名」など、いろいろな名を冠せられる学校を頂点に、「底辺」「問題」「荒廃」「困難」校などに至るまで学校の格のピラミッドが存在し、各学校はこの、ピラミッドのどこかに位置付けられる。

「格」を決定する要素はいろいろある。志願者の倍率、入試の難易度、「偏差値」、卒業生の「有名校」入学率、「一流企業」就職率、「有名人」「エリート」の輩出率、全国大会やコンクールでの入賞率などが学校の格や評価を左右する。逆に「問題」行動発生率、「崩壊」度などは学校の格を下げる。この種の格の差は学校の集客力をもろに左右する。

こうした格の規定条件の中には、その学校の努力だけではどうにもならないものもあるし、学校の評価基準として不適当なものもあるが、「格」が低く集客力を失った学校にこれ以上カネを注ぎ続ける政策は対費用効果の点からムダではないかといった論議が起きる。

それとも関係するが学校格差のもう一つの意味は教育条件の格差である。施設設備の充実度、教員の質や労働条件、保護者の経済負担などに格差があれば、学校が共通の土俵で競争、例えば集客競争や格の上昇競争を行うのに不平等が生まれる。公私間、公々間、私々間にこうした教育条件の格差があるなら、その格差是正が求められる。政策としていえば特に公費助成を経常費補助など学校単位に行うか、授業料、奨学金などで個人単位に行うか、護送船団方式か重点配分方式かなどの基本原則の考察が必要となる。さらに社会的に必要不可欠でありながら、私立では担い得ない役割を公立は引き受けるべきだという公私間の役割分担の問題も避けては通れない。

61「負け組」と格差社会（2005年5月24日）

時代時代に流行語があり、「現代用語」があって、それぞれの時代の特徴を巧みに表現し、広い共感を呼ぶ。こうした流行語を通して時代の本質的理解が得られる。最近の代表例の一つに「負け組」という語がある。女性のキャリアに関連して揶揄的、ギャグ的に使われるようだが、もっと広く今日の教育や若者の特徴を考える上でも見逃すべからざる事実を示唆してくれる。

「負け組」の対極は「勝ち組」だが、今日、この「負け組」と「勝ち組」との区分けが人生の早期に、また広範に観察・実感されるようになっているため、流行語になったのであろう。「負け組」に組み込まれ、自らもそれを承認する人たちは、早くから将来への希望、やる気を失い、あきらめやルサンチマンを抱くようになるので、ますます「負け組」たる実態が出来ていく。予想的社会化、冷却機能などのメカニズムによって社会的な事実としての「格差」、個人的な心理としての「不平等」感が成長、「拡大再生産」すると解釈される。

「負け組」「勝ち組」という区分は、その語が示す通り、勝敗という結果が出ざるを得ない競争社会の不可避な運命だ。そして「負け組」と「勝ち組」との差が拡大し明確化する場合、競争社会は格差社会にならざるを得ない。現代、広く用いられる流行語たる「負け組」「勝ち組」は、これまた流行語たる「競争社会」「格差社会」と密接不離の関係にある。

競争原理、自由競争、自己責任、規制緩和、実力主義、成果主義、能力主義、アカウンタビリティなど競争参加の機会の平等、開放、競争結果の判定、評価の公正、厳格が実現すればするほど「負け組」と「勝ち組」との区別は不可避であるだけでなく、社会的にも当然視され正当化される。「優勝劣敗」「適者生存」「弱肉強食」という競争社会の冷酷な鉄則が支配し、格差社会が出現する。

「和を以て尊しとなし」、「乏しきを憂えず等しからざるを憂う」共同体的、身内主義的な意識、相互扶助を重んじ自己主張や競争をはしたなしとする風潮、あらかじめ身分が固定されている封建的な体制がわが国では伝統的に強かった。戦後、こうした「封建遺制」は否定され、自由、個人、競争などの原理が謳われたものの、「一億総懺悔」「一億総貧乏」を経てやがて「一億総中間階級」といわれる状態が実現し、格差や不平等の縮小、解消は政府も企業も、労組も世論も一致して掲げる目標、原理となった。

しかしバブルが崩壊し、国内外の競争が激化するに及んで、競争力の育成が改めて強く求められるようになった。それにもかかわらず格差や不平等の解消が機械的に求められるあまり、能力、実力、成果にかかわりなく個人を平等に評価、処遇するという悪平等への反省、非難が高まってきた。一律平等に保護し続ける余裕は政府にも企業にもなくなった。気前よく補助金をバラまき、「護送船団」方式をとり続けることはできなくなった。できるだけ規制を緩和し、相互に競争させて末端の単位（個人、民間、地方など）の自立、個性、創意、能力などを生かそうとする政策転換が採用され始めた。「勝ち組」と「負け組」の「格差」が出ても当然、ということになる。

以上のような傾向は未だ冷厳な世間の荒波を受けない子どもにも、いや子どもにこそ明白に観察される。「みんないい子」で「無限の可能性」がある子どもは平等に扱わなくてはならず、教育に格差があってはならない。こうした平等主義は学校内、学校間の競争、それから生まれる格差の排除を政策原理たらしめた。典型例は運動会から一等や二等などの序列を生む競技の追放であり、どんな子どもにも進学の機会を平等に保障する入試制度である。競争、序列、勝敗などを可能な限り排除するこの制度や思想が悪平等、悪循環、画一主義、無秩序などを生み出すことは理論的にも実証的にも明らかだ。

こうした事実と反省から、教育にも規制緩和による競争原理、成績評価が導入され始めた。通学区制の緩和、学習指導要領の「しばり」の解除、学校の個性化・特色化、学力テストの復活、教育特区、「コミュニティ・スクール」などの動きがそれだ。その結果、学校間にも学校内にも「勝ち組」と「負け組」とが生まれ、その「格差」が明確化、拡大するのも当然である。

ことがらの性格上、「勝ち組」は「負け組」より少数だ。コンテストにせよコンクールにせよ、選抜され参加するだけでも厳しい競争を切り抜けなくてはならないが、その中でさらに入賞、優勝の栄誉に輝く「勝者」はほんの少数のエリートにすぎない。この少数者も本来、生来の能力に恵まれているだけでなく、その能力を生かし磨くだけの環境に恵まれていたから勝者となった。こうした事情は再生産理論、文化資本論、「社会階層と教育」論などによって早くから指摘されてきた。

62「勝ち組」の悩み——競争社会の光と影（2006年5月2日）

法律や慣行によって思考や行動をがんじがらめに縛られるなら、個性の発揮も自己の実現も阻まれ、社会の進歩も文化の創造も期待できない。規制を緩和・撤廃し、自由な競争を促進し、能力や努力に応じた評価を行うシステムをつくることによって悪平等や怠惰や停滞は是正され、活力に満ちた社会が実現されるだろう。このような考えに基づいて、規制緩和、構造改革による競争原理の導入が小泉内閣によって推進され景気の回復など一定の成果がもたらされたが、反面、マイナスの影響も次第に明らかとなり、行き過ぎが指摘、批判されるようになった。

競争は必然的に勝者と敗者を生み出す。「勝つか負けるか」「生きるか死ぬか」といった弱肉強食、浅ましい人間関係が生まれる。規制の緩和が行き過ぎて、道徳的規制、社会規範までも崩壊するなら、社会の秩序や連帯も個人の幸福や安全も失われる。敗者に対する手当て（セーフティネット）、敗者復活のチャンネル（再チャレンジ）を用意しないなら、敗者はますます希望を失い絶望に陥る。「勝ち組」と「負け組」との二極分化が進行し、その格差が拡大する。

特に教育に関係するが、「負け組」となった家庭や地域の子どもは、経済的、文化的なハンディキャップのため十分な教育を受けられず、平等な競争機会を奪われ「負け組」の大人になるという運命を早くから与えられ、自らも認めざるを得なくなる。能力は開花せず、努力を放棄し、競争への参加を断念する。こうして不合理な格差の拡大再生産、悪循環が進行する。「勝てば官軍」とされ、「負け組」の不満やボヤキは「負け惜しみ」「負け犬の遠吠え」「ごまめの歯ぎしり」と無視、軽蔑、冷笑されるので、「負け組」のルサンチマンは内にこもり、それ自体が拡大再生産される。学校自体、一方では規制緩和、構造改革のうねりの中、少子化の大波を受けて「生徒集め」「客集め」のため食うか食われるかの切羽詰まった生き残り競争にさらされ、あの手この手を打つが、他方では大量に発生する「負け組」の子ども、その予備軍の子どもへの対応に苦労しなくてはならない。

以上のような状況は今日、広く指摘されつつあるが、「勝ち組」が抱える問題点や悩みはあまり注目されていないように思う。一口に「勝ち組」といっても一括して論じるわけにはいかない。まず単位からいえば、「勝ち組」は個人の場合と、組織、集団、社会の場合とに区別される。リストラによって会社は「勝ち組」になるかもしれないが、リストラされた社員、臨時採用の社員は「負け組」だ。個人を単位にする場合も「一将功成りて万骨枯る」というように、勝利の実が組織の長に独占されることもある。

勝敗の判定基準、判定員も多種多様だ。判定基準や判定者いかんで同一人物が「勝ち組」と判定されることもあれば、「負け組」とされることもある。例えば、音楽やスポーツのコンクールやオリンピックへの参加出場を認められた人々は、自国民や郷土の人たちから「勝ち組」と見られるが、いざ競技が始まると、入賞してメダリストにならなければ華やかな「勝ち組」としてもてはやされない。メダリストであっても金メダルを獲った者だけが国民的な栄誉を与えられる。国内の大会では優勝した「勝ち組」も、世界大会では「負け組」になる。

同じように競争と呼ばれても、敵と味方とが同じ戦場、球場で互いにぶつかり合って勝敗を争う戦争や格闘技（バトル、トーナメント）もあるし、互いに順位や記録や成績を競い合う競技（コンクール、コンテスト）もある。前者の場合、相手は文字通り勝つか負けるかという敵（エネミー）であって、「引き分け」「相打ち」以外、勝者と敗者はハッキリしているが、後者の場合、競争相手は複数であり、「好敵手」（ライバル）である。ついでながら入試は受験戦争と呼ばれるが実は後者であって、試験場にいる受験生は互いに敵ではない。自分も他の受験生も合格を共通の目標とする戦友、同志なのだ。

見てきたように勝敗の判定基準はまちまちであり、ある点での勝者も別の点では敗者である。勝利が当人の能力や努力ではなく、「運」によってもたらされることもあるし、「棚からボタ餅」式に転がり込んでくることもある。不正な手段によって得られることもある。勝利の結果、得られた権力を悪用することもあるし、今日の勝者は明日は敗者にならないとも限らない。世間的に「勝ち組」とされる同類、例えば同窓と比較して自らの勝敗を主観的に判定することも多い。このように考えてみると、「勝ち組」とは本来、ごく少数であり、絶えず没落や「負け組」からの憎悪、敵意、反逆に怯え、世間からの監視、プライバシーの侵害に怯え、「負け組」に対しリップサービスをしなくてはならない。「勝ち組」の悩み、「有名人」の「有名税」の研究が必要だ。

63「有名病」と「有名税」（2006年8月1日）

去る6月、新聞の社会面やテレビのワイドショーで繰り返し取り上げられ、広い関心を呼んだ事件が二つ、続いて起きた。その一つは、東京・渋谷の高級住宅街で有名な美容外科医の令嬢（彼女自身、有名私大に在学中）が白昼、日・中・韓出身の三人組に拉致され、3億円の身代金を要求されたという事件。もう一つは、奈良県、いや全国的にもトップクラスの私立進学有名高校に在学中の生徒が、成績のことで口やかましく責め立てる父親の圧力に耐えかねて自宅に放火、母親や兄弟を焼死させたという事件がそれだ。前者は犯行の杜撰さもあってすぐに無事解決したが、後者は悲劇発生後に犯人が逮捕され、父親（医者であり、事件当時は勤務のため出張中だった）に対する尊敬と憎悪とが入り混じった微妙な心理が働いていたと告白するようになった。

もちろん、この二つの事件は全く別だし被害者と加害者との違いはあるものの、前者の場合は有名私大の学生が、後者の場合は有名私立高校の生徒が事件の中心人物であること、また、ともに親が高学歴、高収入、「教育熱心」な家庭であり、ともに離婚家庭（前者は母子家庭、後者は再婚家庭）であるといった共通点がある。親も子どもも「有名校」の出身者、あるいは在学生であり、その規模や範囲こそ異なるにせよ、どちらの親も経済的・社会的に広く知られ、恵まれたとされる「有名人」であった。中でも、身代金目的に誘拐された女子学生の母親は「カリスマ美容外科医」としてその豪邸や高級外車を背景にしばしば娘とともにテレビに登場、人並み外れた収入や財産を自ら吹聴し、その「セレブ」ぶりを誇っていた。その財力を知った三人組があの犯罪を計画したのである。「有名人」は羨望や嫉妬の的となるだけでなく、凶悪犯の標的になるという「有名税」を払わなくてはならない。

この二つの事件は、ともに経済的・外面的には羨ましい限りの家庭を舞台に高学歴の親子を巻き込んで起きたが、それに続いて学歴との関係で注目された凶悪事件が今度は大阪府で立て続けに二件発生した。一つは東大阪市で、女性関係のトラブルをめぐって府立や私立の大学生が加わった集団リンチ殺人事件（被害者を生き埋めにして殺害した犯行現場は岡山県内だったが）であり、もう一つは、豊中市で地元の超有名国立大学工学部に在学中の学生が、学業不振や素行不良をなじった実の母親を殴り殺したという事件である。

暴力団顔負けの凶悪犯罪が「有名校」や「有名大学」の学生の間にまで行われ始めたこと、偏差値的な「学力」は人格や人物などと一致しないこと、「有名」の期待に沿い得ず、その重圧に耐えきれないため「悪名」を轟かす犯罪行為に至る若者が出始めたことを、これらの事件は人々に気付かせたのである。

いや、同じメカニズムが「有名大学」の教授たちの間にさえ働くことも、最近、急速に明るみになりつつある。「有名大学」の教授には平均以上の注目と期待が集まりやすく、それだけ研究費や学術賞などを受ける確率も高い。大学界や学界における「有名教授」だけでなく、マスコミへの露出度の高い「タレント」「有名人」にもなりやすい。この「有名度」「知名度」を維持するため、あるいは「有名度」「知名度」を利用し、研究者や教育者としての倫理に悖《もと》る行為に走る者が彼らのうちに出てくる。また、彼らは「有名人」に対する広い監視や「内部告発」を受けやすいので、アラが見つかりやすい。絶えず有名であり続けるための「自転車操業」「自己宣伝」も必要だ。

こうして、東大、京大、早大など「一流大学」の「有名教授」「有力教授」の間に、論文盗用、データ捏造、研究費私的流用、セクハラ、アカハラなどの倫理違反行為が次々に発覚し、最近、懲戒処分を受ける者が急増しつつある。東京芸大の卒業生で私立の芸大教授を務める「有名画家」が、イタリアの画家の作品を盗作して文化庁の受賞を取り消された事件も記憶に生々しい。

「有名大学」の「有名教授」には多くの「有名税」がかかりやすいのだ。「有名無実」という語があるが、実力のない者が有名になると虚名に耐えきれず、悪名を轟かす行為に出やすい。有名にふさわしい実力がないにもかかわらず、華やかで注目される「有名人」になりたいという野心に燃える「有名病」患者は、悪行によって悪名を轟かせ、世の注目を集めたり「悲劇の主人公」として世の同情を集めたりすることができる。

「目立ちたがり屋」の自己顕示欲は「有名病」の症状の代表だ。「有名病」に伴う「有名税」の重税を逃れようとする者は、逆に「名もなき庶民」「無名の人」として誰の目にも煩わされず、片隅の幸福を味わいつつ一生を送ろうとする。「有名病」患者が増えつつある現代、「有名税」の分析の必要性が大きいと思う。

64 新しい少数派のサポートを（2002年8月6日）

厳しさが増大し、競争が激化する時代、それから脱落する「弱者」や「敗者」が増えることは避け難い。その代表たる高齢者、失業者、病弱者、障害者などに対する血の通った福祉がますます必要となるが、その一環として福祉要員の養成、弱者・敗者の社会復帰のための再教育、リカレント教育などが推進されなくてはならない。さらに弱者・敗者に対する「思いやり」の育成、ボランティア活動などが青少年教育に求められる。福祉と教育との関係、連携は今後ますます重要になるだろう。

こうして現代社会が大量に生み出す弱者や敗者に対して「弱者保護」と「敗者救済」の声が高まっている。特に、少子高齢化と国内外での競争が進むこれからの日本にとって、この世論を背景にした教育の改革は急を要する。

いや、すでにこれまでも、教育では「弱者保護」と「敗者救済」は理念的にも現実的にも、広く支持され実行されてきた。実際、今まで教育が主たる対象と考えてきた子ども、未成年者は、身体的にも精神的にも社会的にも未成熟な「弱者」である。彼らは同時に未来の社会を担う貴重な「宝」であるから、あらゆる保護を加えられなくてはならない。保護政策の具体化は、彼らの学習権、受教育権の保障である。

幸いにして国や家庭の経済力の上昇によって、戦後この保障は着実に実行され、今や9年間の義務教育はもとより、高校は準義務化され、大学短大は「大衆化」された。未成年の「弱者」中の「弱者」たる障害児（者）や病弱児（者）――彼らは経済、医療、教育の発達によってますます増加する――も「就学免除」されることはほとんどなくなっただけでなく、一般の健常児（者）と同じ学校、同じ学級で教育を受けるノーマライゼーションが広く行われるようになった。

このように学校が普及し、就学・進学率が高まるにつれて、学校の中にはますます多様な子どもが入ってくる。言うまでもなく、能力や成長速度には個人差があるので、学校が提供する教育についていけない者が増える。学校が義務化、準義務化するにつれて、学習への意欲や能力の乏しい者も在学せざるを得なくなるので、いわゆる不本意就学という、教師にとっても学生生徒にとっても困難で不快な問題が起きる。「落ちこぼれ」、不適応、不登校、学級崩壊、非行、暴力などの教育病理が深刻化し、広い関心と憂慮を集めるが、学校は可能な限り、どんな子どもも抱え続けなくてはならない。

出生率が低下し、子どもの数が減ってくると、通学区制を取らず、制度上、義務教育ではない高校や短大・大学、中でも私立校では経営上からも「客集め」競争が激化する一方、世評や水準、いわゆる「格」の高い有名校、一流校への入試競争が激化する。この競争に敗れた者、いや競争にさえ参加できない「敗者」が大量に発生する。

こうして学校や教育という世界、青少年の間に「弱者」と「敗者」が増えざるを得ないので、「弱者保護」「敗者救済」の理念や政策がますます支持、実践されることになる。具体的に言えば、前述のように「落ちこぼれ」「引き込もり」、不登校、いじめ、非行、心身症、ストレスなどに陥った子ども、いろいろな障害のある子どもは「弱者」であり「敗者」である。成績競争や受験競争で敗れた者は「敗者」だが、その多くは能力や学力の点での「弱者」である。「弱者保護」「敗者救済」の原理によって、カウンセリング、個別指導、フリースクール、保健室出席、適応指導教室など各種のサポートが提供される。

学校が普及せず、就学率、進学率が低かった時代には、もともといろいろな点で恵まれた者だけが入学、在学していたので、今述べたような「弱者」や「敗者」は、学校では少数派（マイノリティ）であった。彼らはもともと学校に入学しておらず、入学後も学校についていけなければ自ら退学したり、学校から退学を命じられていたからである。

しかし今や逆に、彼らは在学のまま保護や救済の対象となる。そのための相対的にも絶対的にも彼らは次第に少数派（マイノリティ）ではなく、多数派（マジョリティ）となる。それだけではない。彼らに対するサポートの必要は、いくら強調しても強調し過ぎるということはないが、それだけが強調されると、それが次第に「錦の御旗」「特権」とされて、彼ら以外の「ふつう」の子どもまでが、次第にその仲間入りをするようになる。

かつては「できる子」「いい子」は仲間のモデルであり、リーダーであり、アイドルであり、学校や学級の風土を作っていたが、今やかえって「できる子」「いい子」がいじめの標的となったり、「ふつう」の子の間でさえ少数派となったりして、小さくなっている学校や学級が出てきた。新しい少数派たる「できる子」「いい子」へのサポートを考える必要がある。

65 マタイ効果と焼け太り効果（1998年2月3日）

何々効果と称される現象がある。ある行動や事態に伴って起きる影響や結果のメカニズムを説明する概念である。教育の世界にも当然、いろいろな効果がある。わが国に顕著な二つの効果を指摘したい。

一つはマタイ効果だ。これはもともと科学社会学で用いられる概念であって、富める者はますます富み、貧しき者はますます貧しくなるという、聖書マタイ伝に出てくるコトバに依拠する。例えば一旦、すぐれた業績を上げて注目されるようになった学者は、その知名度の故に以後、多くの研究費、有利な地位を与えられ、すぐれた弟子を集め、その論文は広く注目されよまれる。そうなるとますます業績が上がり、学界での地位も高まる。逆に無名の学者は研究費も弟子も獲得できないので、ますます業績が上がらなくなる。こうした相乗効果、両極分化の傾向をマートンがマタイ効果と名付けたのである。

マタイ効果が教えるのは、学問の世界（学界）での階層的地位（富める者と貧しき者）を決定する大きな条件は、若いときにすぐれた業績を上げ、それが学界から注目、評価されて知名度を高めるということである。その学界からの注目、評価にしても、学界ですでに高い地位をもつ学者（学界の大御所、ボスなどの富める者）からの注目、評価が大きく作用する。「何をしたか」より「誰に知られているか」が重要であり、富める者の弟子であることだけで有利である。知名度や格の高い大学自体、研究費、研究施設、研究後継者の獲得に有利であり、そのためますます研究業績が上がる。

純粋な業績主義、実力主義が支配するとされる学問の世界でさえそうなのだから、それ以外の世界でマタイ効果がいっそう大きく作用することは容易に想像される。業績や実力の判定が困難で多様な教育の場合、特にマタイ効果が顕著である。一旦、評判や知名度を高めた学校にはますます志願者が増え、その中からできる者だけを選抜するので、ますます評判や知名度が高まり、ますます志願者が増え、ますます選抜がきびしくなる。「有名校」「難関校」の誕生と成長だ。「優秀」な者、しかもその学校にあこがれた者だけが入ってくるので、それほど苦労しないでもすぐれた卒業生、有名人が輩出し、そのことがまた有利に作用する。

他方、一旦、評判を落とした学校は、マイナスの意味での知名度（悪名）を広めるので、志願者が減ってくる。無理に定員を充足しようとすれば、どんな生徒でも受け入れなくてはならない。こうして「底辺校」「教育困難校」はますますジリ貧に陥る。学校が拡大する一方、少子化のため志願者の母集団が減少しつつある現在、学校の両極分化、ひいては受験競争の激化が広く認められるようになる。

こうした現象が、教育におけるマタイ効果である。それは学校だけでなく、生徒個々人にも当てはまる。一旦、ダメと判定され、自らダメと思い込んだ子供は自暴自棄、自信喪失に陥って努力しなくなるので、ますますダメになるが、逆に高く評価され自信と希望をもった子供はますます張り切る。冷却機能、ラベリング理論、悪循環論、二次的逸脱、加熱機能、ハロー効果、ピグマリオン効果などの理論がこうした個人的なマタイ効果を説明してくれる。教育は学問や経済よりはるかに評価基準があいまいなため、マタイ効果が作用する程度が大きいことは上に述べた。

ところがこのマタイ効果に反撃を加え、居直りや巻き返しを図ろうとする現象がある。それが焼け太り効果だ。

マタイ効果によって不利な立場に立たされた学校のいい分はいろいろある。「有名校」や「難関校」はそれほど苦労や努力をしないでも世間的には立派な実績を上げることができるが、「底辺校」や「教育困難校」は全力を注いで教育に打ち込んだところで中々、成果は上がらない。だからといってそれを正当に評価しないのは明らかに不合理だ。素質の優れた子供を受け入れ、有名大学に合格させるのと、素質の劣る子供を何とか一人前の人間に育てるのと、どちらの教育が高く評価さるべきかは明らかだ。しかも「有名校」「難関校」が人間教育、人格教育などに成功していないことも広く知られている。これだけ努力し、それなりの教育的効果を上げ社会的貢献をしているのに、マタイ効果の故にジリ貧の道を歩むことは許されない。その努力を正当に評価し、予算や施設や教員を増やすなら、もっと成果を上げてみせるという主張が行われ、条件整備が行われる。これが「焼け太り効果」である。

この焼け太り効果は何も「底辺校」「教育困難校」に見られるだけではない。研究成果が上がらない大学は研究費の増額、研究施設の充実を要求し、いじめ事件が起きた学校には相談室やカウンセラーが設けられる。学校は失敗や問題が起きれば起きるほど、焼け太るという傾向がある。しかしこの焼け太り効果にも最近、財政難の壁が立ちはだかってきた。

66　「教育的配慮」の不平等（2005年2月22日）

すでに10年近く経っているのに、今なお人々の記憶に鮮明な事件がある。神戸市須磨区で平成9年に起きた児童殺傷事件がそれで、被害者の名をとって淳君殺害事件と呼ばれる。犯人は当時中学3年生でA少年といわれたが、本人は自らを「酒鬼薔薇聖斗」と名乗り、事件後、「義務教育とそれを生み出した社会に対する積年のうらみ」を晴らす「ゲームの始まりです」と、「愚鈍な警察」や地元新聞社に声明文や挑戦状を送りつけた。

学校はそれまで彼に特別の注意を払っていなかった。そこで彼は、自分を「透明な存在」（無視された自分）と称している。付言したいが、彼のこの強弁はほとんど世間や大人が教えたものである。

ところが彼がいったん、あの残忍極まりない幼児殺害事件を引き起こした容疑者として逮捕されるや、彼は「透明な存在」どころか、一躍全国民の注目を集める「有名人」となった。「有名人」をどう扱うかは全国民の関心事であり、マスコミの取材の的である。多くの「専門家」や「評論家」が動員されて助言や批判を加える。国会でも取り上げられて、少年法改正をもたらす。

こうして「少年」であった彼は、身柄を県警から地検を経て家裁に送致され、家裁は医療少年院に送致する保護処分を決定。その後、職業訓練教育のため中等少年院へ移され、そこを終えた後、関東医療少年院に移送という措置を経て、昨年、仮退院となって保護観察を受けつつ社会復帰したのである。

これらの少年院は制度の法的趣旨からいっても、成人の犯罪者向けのような刑務所ではない。「教育刑」の原理に基づく更生のための保護訓練施設である。確かに院内に閉じこめられ自由は束縛されるが、それも安全と教育のためだ。少年院はある意味で極めて「ぜいたく」な施設である。すべて国立であり税金で賄われており、倒産の恐れもなく、純粋に収容された少年の教育に没頭できる。広い敷地の中で教官や指導員と起居を共にする。A少年も医療少年院では個室を与えられたという。事務官や警備員もいるし、カウンセラー、医者、精神科医、看護師なども配置されている。

こうした教職員の数を少年一人当たりに換算してみると、学校の場合と比較して少年院がいかに恵まれているかが分かる。最近は人権への関心が高いので、院内の秩序維持の行き過ぎにも配慮しなくてはならない。ましてA少年のような「有名人」ともなれば、「至れり尽くせり」の更生教育が、いわば国家の総力を挙げて行われる。

これは一つの典型的、象徴的、代表的な例である。そこから得られる知見、教訓、経験則とは、相手や現象によって与えられる「教育的配慮」に大きな差、偏り、不平等があるという事実や傾向である。一方ではA少年のように広い注目と関心を集め、「国家の総力」を挙げた教育的配慮が行われるが、他方には重大、深刻でありながらほとんど無視され、「教育的配慮」を受けない事例が数多く存在、潜在する。次のような不平等を指摘することができるだろう。

第一に、年齢的不平等。機械的に暦年齢によって同じような犯罪や事件を引き起こしても、少年法が規定する「少年」であれば「教育的配慮」を受けるが、「少年」年齢を超えれば一般成人と同様に扱われなくてはならない。個人差、時代差を無視、軽視してすべての少年に「性善説」を適用し、「教育的配慮」を加えようとする。

第二に、加害者であれ被害者であれ、関係する事件や事故、犯罪や非行などの衝撃度、周知度、ニュース性、ドラマ性などが高いほど注目を集め、「教育的配慮」が加えられる。社会病理学者・レマートは、これを「可視性」(ビジビリティ) なる概念で説明した。知名度、有名度、目につきやすさと言い換えてもよい。「派手な」事件や行動は広く注目され論議を呼ぶので、いい加減に扱ったり無視したりすることができない。特に少年の場合、「教育的配慮」を加えることが安全である。

第三に、それと密接に関係するが、事件や事故の希少性、異常性、例外性などが高ければ高いほど注目を集めるので、「教育的配慮」を加えざるを得なくなる。前代未聞、予想を超えた事件や事故が起きるなら新しい解釈と対応とが要求されるが、その当事者が少年であれば「教育的配慮」も厚くなる。事件や事故が起きる前は誰も予想も注目もしないが、それが起きると途端に重大性に気が付く。

第四に、極めて重要だが、応援団や支援団体の有無によって「教育的配慮」の不平等が生じる。目につきやすく誰の目にも直ちに知られる病気を持った人間には手厚い配慮が加えられるが、目につきにくい病気の持ち主は無視されやすい。被害者はもとより、加害者もすべて犠牲者であり「弱者」であるから、その救済のための応援団や支援団体が強力であるなら、それだけ「教育的配慮」も増える。

２　大学の問題

67 学生運動の経験則（２００１年３月20日）

卒業式シーズンである。卒業式が荒れないか、「お礼参り」が起きるのではないかなど、卒業式崩壊を懸念する学校もあろう。ここ数年、教育に関係して崩壊という語が広く用いられるようになった。学級崩壊、授業崩壊、学校崩壊、学力崩壊、成人式崩壊など。

この崩壊現象は、一方では蔓延、伝染など範囲のエクスパンジョン、他方では過激化、深刻化など、程度のエスカレーションという過程をたどる。ある学級から他の学級へ、ある学年から他の学年へ、ある学校から他の学校へと飛び火する。卒業式崩壊や成人式崩壊は学級崩壊の延長線上にある。これが崩壊のエクスパンジョンだ。

他方、同じように学級崩壊といっても、最初は子どもの無邪気なふざけ合い、おしゃべり、立ち歩きなど軽度だったのが、次第に教師への暴言や暴力、「マジメ」な仲間へのいじめやシカトなど、さらには無断退室、器物破壊、薬物乱用など悪質、深刻になっていくのが崩壊のエスカレーションである。

現在、多くの学校や教師、「マジメ」な子どもたちを苦しめているのが、こうした崩壊現象だが、今述べたエクスパンジョンとエスカレーションという二つの崩壊過程を如実にしてくれたのが、１９６０年代、わが国はもちろん、全世界を蔽いつくした学生運動だ。

それは、フランスでは「5月革命」と称される動乱を引き起こし、米国ではリースマンに『大学革命』という題名の著書を書かせた。実際、当時の学生運動は「革命」的とも言える衝撃や影響を与えた。そのため、当時、学生運動は大学はもとより、政治やマスコミ、さらには一般の人たちにとっても最大の関心と議論の的となり、関係する書物、評論、資料など膨大な出版物があふれた。

学生運動は、特に政治学、社会学、教育学などの社会科学にとって国際的な研究対象となった。これをテーマとする世界最初の国際会議が、ハーバードのリプセット教授のイニシアティブのもと、プエルトリコのサンファンで開かれたのは、１９６７年。私もこの会議に出席したのだが、その後もしばしばＯＥＣＤなどの主催する学生運動関係の会議やセミナーに招かれ、日本の状況を調査研究して多くの論文を国内外で発表した。『学生運動の論理』(有信堂高文社)、『学生運動の心理・社会学的解釈』(新教育懇話会)を出したのは69年である。

しかしその後、学生運動の鎮静化とともに、それへの関心も薄れ、研究もされなくなった。せっかく膨大な資料や経験が蓄積されたのに、それを生かす研究は発展しなかった。だが、そこから得られる示唆や教訓は今なお多いと言わなくてはならない。

当時、崩壊という語は使われなかったが、学生運動の波に襲われた大学は、文字通り崩壊の極にあった。騒動や紛争などの語では到底、言い表し得ない状況が出現していた。

授業を粉砕し、校舎を占拠し、キャンパスを無法地帯、解放区たらしめた運動の波はあっという間に全国に広まった。最初、「一流」大学や大都市大学から始まった運動は、オルグや「外人部隊」の手によって、やがて「一般」大学や地方大学へ、大学から高校、さらには中学校へ燃え広がった。一握りの運動家、活動家、リーダーから「一般」学生までが運動に加わり、学生デモはキャンパスから街頭へ、三里塚へとくり出した。これがエクスパンジョンである。

運動の形態や戦術のエスカレーションもまた、猛烈かつ急速だった。革マル派、赤軍派などを名乗る過激派は、デモ、スト、ゼッケン、シュプレヒコール、アジビラ、立て看、壁新聞などから紅衛兵まがいの団交、ツルシ上げ、鉄パイプ、ゲバ棒、校舎占拠などへと戦術をエスカレートさせ、大学や教授のあらゆる言動が激越な抗議、糾弾の的となった。学生組織の間では血生臭い内ゲバが繰り返された。「大学自治」の名のもとに警察の手を借りることはできず、もし、そうでもすれば「権力の手先」「学生の敵」などの罵声を浴びなくてはならなかった。企業から研究費でも受けていれば、たちまち「産学共同」として非難された。大学はなすすべもなく、教授たちは内部分裂、あるいは学生に表向き、ないしはイデオロギーから同情、支持の態度を取る「ハト」派と、断固としてスジを通そうとする「タカ」派、あるいは逃げ回る「日和見」主義者や「傍観者」、嫌なことは一切、管理職や学生部に押しつける「要領者」などに分かれ、一致協力することなど望めなかった。

結局、東大・安田講堂の攻防戦をハイライトとする機動隊導入や、臨時措置法などによって運動に挫折した「全共闘」世代は、やがてシラケへと変質する。

こうした崩壊過程の分析から得られる経験則は、火の手が上がる前の初動対応、教員側の一致団結、手に負えなくなった場合の最後の手段などの重要性を教えてくれる。こうした教訓は学級崩壊などにも当てはまるであろう。

68 大学の07年問題——規制緩和への警戒（2006年2月7日）

俗に07年問題という。戦後、軍隊、外地、疎開先などから「復員」「引き揚げ」てきた若者たちが結婚したり家族と再会して子どもを生み、第一次ベビーブームが起きた。この子どもたちは後に「団塊の世代」と名付けられ、成長するにつれて「ひしめく40代」、さらに「ひしめく50代」となり、来年から還暦を迎え、サラリーマンであれば定年退職するようになる。この大量の退職者たちは戦後の窮乏期、生存競争に耐え抜き、高度成長の担い手となった。このたくましい貴重な戦力が第一線から引退するのだから、その補充は職場にとっても緊急な課題だし、引退後の長い「余生」の活用は本人にとっても痛切な問題だ。しかも、彼らの後を継ぎ、彼らを支えていかねばならぬ若い世代は「ゆたかな社会」で希少価値をもち、甘やかされて自己中心主義に陥っている。

これが07年問題だが、学校の教員、特に公立校の教員もほとんど60歳定年制のもとにある。そこで大量の退職教員補充のため新規採用枠が拡大する一方、少子化の進行のための余剰教員が増え続ける。この状況には地域差があるので、将来を見通した教員の養成、採用計画の策定は容易ではないし、教員養成系の大学や大学院にとって頭の痛い問題だ。

そうでなくても大学界ではここ数年、何年問題と称される問題が次々に起きている。代表的なのは、2003年に成立した国立大学法人化法案が実施に移された「04年問題」、もう一つは「ゆとり」を謳った新学習指導要領のもとで育った高校生が大学に入学し始めることから起きる大学生の学力低下が懸念される「06年問題」、そして最近では、少子化の結果起きる大学全入時代の始まりになる「07年問題」の三つである。

これらの問題は相互に密接に絡み合っている。もともと「ゆとり」教育主張の根拠の一つは、激化する一方の受験準備教育、入試地獄のもとでの「受験戦士」たちの「ゆとり」の喪失を解消しようとするところにあったが、広範な大学進学熱に応えて大学の増設や拡張、入学定員の拡大などの施策が長い間、採用されてきた。この二つの条件が重なり合ったところに少子化の波が押し寄せてきたため、ブランドや伝統に欠け集客力が乏しい大学にとって、志願者集めは「生き残り」のための致命的な努力目標になった。志願者の母集団、いわゆる18歳人口は急減し、志願率は上限に達しているのに大学は拡張し続けたので淘汰が予想される大学が増え、「生き残り競争」は次第にあらゆる大学に波及するようになった。「格」を高めるため短大は四年制大学に、大学は大学院や「人気」ある学科・学部の増設を、といった風な動きを強化し、学問・技術の発達や専門分化に応じた教授陣を拡大せざるを得ない。この競争についていけない「定員割れ」の大学、志願者全員を合格させる「Fランク」の大学、就労目的のための「留学生」を集める私大、閉鎖や吸収合併の道を選ぶ短大なども現れ始めた。

「客集め」「定員充足」のためには入学条件を緩和すること、就職に有利な「実学」「資格」を重視すること、デラックスな施設・設備やタレント教授を揃えること、受験料、授業料、入学金などの収入を増やすため入学定員を拡大し、多くの新しい学部や学科を増設することなどの方策が採用される。いったん設立し拡張した大学を縮小することは容易ではないので、大学間、大学内の生き残り競争はますます激化する。業績主義、成果主義が採用されるため、長期で地味な努力が必要な教養、アカデミックな「虚学」は軽視される。

構造改革、規制緩和を表看板に掲げる競争原理、自己責任、自助努力の重視が社会全体の風潮となるが、それは「親方日の丸」のもとであぐらをかいていた国立大学にも波及する。独立法人化によって国立大学も限りなく私立大学に近くなる。それまでは国立と私立との間には「住み分け」ができていたが、今や私学が苦労して開拓し成功してきた分野にも国立が「殴り込み」をかけ、「民営」的な経営手法を取り入れ始めた。規制緩和の具体化として大学設置基準の緩和が実行され、あたかもバブルのごとく大学が乱立し大学名の「安売り」が行われ、今や過当競争が広く見られるようになったが、長い伝統のもとで「格」の高い大学、特に「一流」国立大学の優位はますます確立しつつある。

民間の力が弱かった明治時代、国営が担った事業を採算に乗るにしたがって民間に払い下げるという「官業払い下げ」の政策が採用されたが、現代、法人化された国立大学が私大に対して「民業圧迫」を加えつつある。規制緩和を悪用して反社会的、非道義的な行為が起き得ることは、姉歯事件やライブドア事件を通して広く注目されるようになったが、「良識」や「理性」の府である大学界でも07年問題への対応としての規制緩和に一定の警戒が必要であろう。

69 入試の本質（1996年2月6日）

大学入試シーズンたけなわ。受験生やその親はもとより、送り出す側の高校、受け入れ側の大学やその教師にとっても、入試は最大の関心事であり悩みの種子である。「教育熱心」な家庭では、大学入試を最終的な視野に入れた受験準備教育が幼稚園時代あるいはそれ以前から始められ、学校でも小中高と、大学に近づくにつれて、入試向けの学習指導と進路指導が大きな役割を占めるようになる。

子どもにとっても親にとっても教師にとっても「受験戦争」に投入される時間、費用、エネルギー、ストレスは誠に膨大だ。しかもこの戦争に参加する戦士の割合、すなわち進学希望者のパーセントはますます大きくなり、戦場は拡大する一方だ。「実力向上」という名の戦力増強に焦点を合わせた「教育産業」「受験産業」、具体的には学習塾や予備校なども繁昌する。

今や大学入試を頂点とするこの受験準備教育を無視して、日本の教育、さらには日本の将来を語ることはできなくなった。それが引き起こす各種の弊害は早くから指摘され憂慮され、対策もいろいろと打ち出されてきたが、受験準備教育は依然として過熱化、深刻化、広範化しつづけている。

何も大学に限らない。定員（収容力）があり、それを上回る志願者がいる限り、その定員の中に何とかして入ろうとする競争が起きること、多数の志願者の中から合格者を判定するため、何らかの選抜が必要となることは当然である。上は総理大臣から始まって、会社の社長、コンテスト一等入選者、下はクラスでの成績最優秀者など、定員がたった一つしかない地位はいくらでもある。地位が一つではなく複数であっても、その数が限られている場合（例えば議員、会社の管理職、コンテスト入賞者、クラスでの上位三分の一以内など）、「地位を求める人々」が定員を超すなら、やはり競争と選抜が起きざるを得ない。またその地位にふさわしい人が志願者の中に見つけられず、しかもその地位をどうしても埋めなくてはならない場合には、「出たい人より出したい人」を選び出さなくてはならない。

一般的にいうと、社会的な評価や威信が高く、有形無形の利益が大きい地位ほど、定員は少なく、志願者は多く、それだけ競争は激烈である。少数のより高い地位を求めての競争は二つに大別される。一つはその地位を求めて相互に勝敗を争い、「実力」のある者が勝ちを占めるというやり方で、これを闘争（ストラッグル）という。敵と味方とが直接対決して勝負を決める闘争の極致は戦争だが、階級闘争もそれだし、スポーツでいえば格闘技や野球やテニスなどの球技もこれに入る。予選から始まって決勝戦に至るまで、順次勝者が勝ち残っていくというトーナメントのやり方だといってもよかろう。

もう一つは固有あるいは狭義の競争（コンペティション）である。ここでは多数の競争相手が同時に「戦場」に出て、一つの目標に向かって実力を競い合う。相手は闘争の場合のように「敵」ではなく、「ライバル」である。ここでは勝敗は順位や記録によって決定する。大勢の選手が用意ドンの号砲と同時に同じトラックの上で速さを競い合う競技を思い浮かべればよい。入試は「受験戦争」と称されるが、実は戦争や闘争ではなく、競争なのである。

競争ではその勝者を選び出す必要があるが、この選び方にも二つのものが区別される。一つはエレクション（選挙）であり、もう一つはセレクション（選抜）である。たった一字違いだが、前者は勝者を選び出す権利が同位者あるいは下位者や一般大衆の手にあるのに対し、後者はその権利が上位者の手にある。議員の選挙、ファン投票、組合委員長の選出などが前者の例だし、採用試験、昇任試験などは後者の例だ。入試はいうまでもなく、選抜であり、勝敗、合否の決定権、志願者に対する評価権は上位者たる大学や教師に握られている。

地位獲得競争（入試でいえば最終合格者という勝者の地位を求めての競争）は、ふつう二段階のテストを経て行われる。第一段階は競争参加資格の有無を判定するテストであって、これを資格試験という。その特徴は定員がないことである。自動車運転免許証や教員免許状という資格に定員はないし、大検合格や高校卒業という大学出願資格にも定員はない。

地位獲得競争への参加資格の有無が判定された後には、多数の有資格志願者の中から合格者を選び出すテストが必要となる。これが競争試験である。資格試験はいわば絶対評価だが、競争試験は相対評価だ。偏差値追放が叫ばれるが、大学入試センター試験は偏差値を公的、大規模、正確に確認させ、それが「足切り」といわれる資格試験における基準の上昇に拍車をかけている。どんな試験も合格しようと思う者に出願者や評価者の意向に沿った準備を強いる。入試制度の改革だけでは、受験競争は解消しない。

70　女子大の日米比較（1989年12月5日）

テキサス女子大（TWU）は米国最大の女子大であると同時に、唯一の州立女子大である。その学長チェーター氏が、最近、同大学と提携協定を結ぶ武庫川女子大における「21世紀の女性像」というシンポジウムの席上、次のような発表を行った。日本の女子大や女子教育にとっても、示唆するところが多いように思われるので、日本と比較しながらまとめてみよう。

彼女の話をきいてみると、高等教育で日米に共通する特徴や傾向がある。その一つは女子の進学率、女子学生の占める割合が高いということだ。米国では約三千の大学、短大の学生の53%は女性が占める（日本では約一千の大学、短大の女子学生は約38%）。そしてどちらも短大（米国では主としてコミュニティ・カレッジ）が多くの女子学生を収容する。

もう一つは、そうした女子学生の専攻分野の類似である。伝統的な文科系、いわゆるリベラル・アーツがそれであり、プロフェッショナルな分野では教育・薬学など。第三の類似性は女子大の存在であり、しかもその数が少ないことである。米国では総数98校。（日本は四年制大学で75校）。

第四は卒業後、就職する女子学生が多いことだ。労働力の不足、経済の高度化や情報化が要求する高学歴専門職への需要の高まり、雇用機会の均等などの条件が、この傾向を加速している。

だがこうした表面的な類似性にもかかわらず、相違点も多い。第一は女性の高い大学進学率、高学歴化傾向、大学生中に占める割合は共通するものの、その水準の高さ、また専攻分野の拡大に大きな差があるということだ。

日本でも大学院に進学する女性はやや増えつつあるとはいえ、なお全大学院生中、15％にすぎない。これに対して米国では修士号取得者中、女性が50％、博士号では35％だという。それも薬学の53％、獣医学の48％、法学の39％、医学の31％、歯学の22％など、日本に比べて格段に多様だ。学部段階でもビジネス、経営などに女子学生が多い。

この違いを生み出した背景の一つでもあるが、第二に米国では女子大卒のエリートが多い。そしてこれは女子大の存在理由にもなっているらしい。女子大連盟の調査によると、大学教員中、女性の占める割合は全体で27％（日本では6.4％）であるのに対し、女子大では61％、彼女たちはその後輩たる学生にとっての役割モデルを提供している。また「ビジネスウィーク」誌によると、私企業の女性最高幹部の30％、女性国会議員の42％は女子大卒だという。共学の場合、女子学生は学内活動で中々リーダーシップを取りにくいが、女子大では当然のことながら女性がリーダーにならざるを得ないから、女子大は女性のリーダーシップ開発に極めて有利だというのである。

日本と米国とのもう一つの大きな相違点は、大学生、中でも女子学生の年齢構成だ。もともと日本と違って米国では社会人が大学に入る伝統があるが、特に近年、出生率の低下のため、いわゆる大学年齢層（18歳〜24歳）が急減し、それへの対策という意味もあって、年配学生の受入れが盛んである。日本では女性は浪人することをきらうので、18歳で大学に入学する者が圧倒的に多い。ところが米国では現在、女子学生の40％以上が25歳以上だ。当然のことながら女子学生の中には男子学生以上に、職業をもち家庭をもち子どもを持つ者が多い。

第四の相違点は黒人、ヒスパニックその他の少数民族が20世紀末には18〜24歳人口の約二割に達すると予測される米国では、今後、大学にもますますこうした少数民族出身の女子学生が多くなるということである。日本でも外国人留学生の増加などによって、若干似たような傾向は生まれるだろうが、米国のような状況は予想されない。しかしそれだけに異文化教育、国際理解、国際交流をいっそう意図的に進めなくてはなるまい。

以上のような特徴をかかえた米国の大学、中でも女子大が現に採用しつつあり、まだ今後重点的に取り上げねばならない施策や方針として、教育の高度化、多様化、専門化、国際化などを挙げることができる。プロフェッショナルな分野（例えば工学系、理科系、情報系）の拡大、大学院の充実、リーダーシップの開発、国際研究・外国語・外国留学・国際交流の推進などがその例である。また家庭や職業をもつ年配の女子学生の増加への対策としては、学内における保育所、家族用アパートなどの施設、夜間や週末の開講、技能連携、通信・放送教育の利用、適正なカリキュラムや教授法の開発などがある。事実、女子学生の約20％はパートタイム学生であって、彼女たちは一学期に一ないし二単位ずつ単位をとっていく。――これらの大部分はこれからの日本の女子大も取り組まねばならない課題であろう。

71 女子大の「レゾンデートル」(1990年5月29日)

18歳人口急減期を目前にして、どの大学もサバイバルの道を模索しているが、特に女性の社会進出や男女同権思想の高まりの中で女子学生の共学指向が強まっており、女子大の将来に不安をもつ向きが多く、経営戦略から共学に移行した女子大もいくつか現れている。

実際、女子大学や女子教育という概念は存在するが、男子大学や男子教育という概念は存在しない。女子大学や女子教育はその固有の存在意味、レゾンデートルを問われており、自ら生き残ろうとすれば、それを明確にするとともに、広く世間、中でも女性にPRし納得させなくてはならない。

たしかに戦前のように女性が大学に行きたいと思っても、制度的にその道が閉ざされていた場合、女性のための高等教育機関を設けることには、十分な理由があった。戦前のように多くの職業が女性に門戸を閉ざしていた代わり、女性だけを迎え入れる職業があった時代、また女性固有の役割は結婚して家庭を守り子どもを育てることだとされた時代、女子教育という独自の分野が存在したことにも、それなりの理由があった。しかし今や、そうした制度、慣行、通念は大きく変化し、その変化の速度は今後ますます早まるにちがいない。

戦前の惰性や旧弊がしばらく残存しつづけた戦後も、男性に追い付くため、女性に対する教育を特別に優遇する必要があった。臨教審はこれまでの日本の教育を「追い付き型」と称したが、日本の中でもこれまでの女子教育は、男子の教育に対して「追い付き型」だったといってよかろう。しかし女性が男性に追い付きつつある現在、「追い付き型」の女子教育は本質的な反省を迫られている。「追い付き型」に固執する限り、追い付いてしまえば、その存在意義は失われるからだ。「追い付き型」の女子教育は、追い付くまでの過渡期的な役割しかもっておらず、そうした女子教育は自らが不用になることを目標とするという自己矛盾をかかえている。共学では不可能ないし困難、あるいは欠落している教育とは何か、女性だけを集めて行う方が効果の上がる教育とは何かを、明らかにすることによって、「追い付き型」の女子教育がかかえる自己矛盾を解消することができる。

「追い付き型」には追い付くという目標があり、追い付くためのモデルがある。モデルとの落差が大きい場合、モデルの側には追い付こうとする側の努力を援助するだけのゆとりがあった。追い付こうとする側にも一種の甘えがあった。「追い付き型」に終始する限り、モデルに限りなく接近するにしても、モデルの亜流たることに甘んじる他ない。しかしその努力が実って完全に追い付いてしまうと、事態は変わってくる。モデルの側には追い抜かれるのではないかという警戒心が生まれるし、追い付いた側はそれまでのモデルに代わる新しいモデルを創造しなくてはならない。それは最近の日米関係が示す通りだ。

女性が男性に完全に追い付いてしまうと、女性は男性と互角、対等に競争しなくてはならない。職業一つとってみても、それまでは男性向け、女性向けと縄張りが決まっており、男女の住み分けが行われていた。今や女性が従来男性向けとされてきた職業に進出できるようになるが、その代わり女性が従来独占してきた職業にも男性が入り込む。それは今日の社会の必然的な要請でもある。

高齢化の進行から労働力不足が深刻であり、この不足を補うため女性が動員されるが、それも単に不足する労働力の穴埋めとか男性への補助要請としてではなく、高度な専門性、創造性、指導力などをもち、職業に全力投球する質の高い女性がますます多く求められる。こうなると今までのように女性は男女同権の主張だけではすまされなくなり、権利を裏付け尊敬されるだけの実力をもたなくてはならない。女性のこうした実力養成、能力開発は、今までのような「追い付き型」の女子大でも、また「レジャーランド」化した今の一般の共学大学でも、ほとんど期待できない。

その上、女性は生物学的にいって男性の果たし得ない役割を与えられている。この役割は男性にはない重荷であるとともに、極めて貴重で重要なものである。妊娠、出産、授乳、それに（夫の協力があるにせよ）子育てといった役割がそれだ。結婚や子どもを作ることを拒否せざる限り、女性はこの役割を引受けなくてはならないが、この役割と職業的役割とを両立させることは容易でないため、ふつうの女性はこの期間、職場から離れる。職業を優先させる女性は独身を通すことが多い。

だが子どもを生み立派に育てることは、社会や民族の将来にとっても、母親やその夫、特に当の子ども自身にとっても、決定的に大きな意味をもっている。男性にはないこの重要な重荷をかかえる女性には、男性以上に高品位、高品質の教育が必要であろう。

72 女子大の共学化（1992年3月3日）

事新しく取り上げるのも気が引けるが、18歳人口急減期に差しかかった現在、どの大学も生き残りをかけて必死に努力している。その大きな背景は女子の間の共学志向であり、いくつかの女子大は共学に踏み切ったし、最近、朝日新聞がこの問題を大きく特集して反響を呼んだ。

たしかに一般の大学が女性に門戸を閉ざしていた時代、また女性の進路が限定されていた時代には、女子大の存在意義は大きかった。しかしそうした時代は過去のものとなったし、男女平等、男女同権の原則からいっても、女子大固有の役割が問われるようになる。こうした考え方からすると、男子大学が共学化したのと同様、女子大も共学化するのが当然だということになる。

学生集めという経営戦略の他にも、女子大共学化支持の根拠はいろいろある。人間社会はそもそも男女から成り立っているのだから、男女別学は不自然だ。男女が若い間に互いに知り合い、競争し合い、協力し合っていればこそ、男女共生社会も成立する。それを象徴するのは音楽だ。男女混声合唱は両性なくしては成り立たない。

女性だけの社会では、男性に対する無知からかえって、男性への好奇心、偏見、ステレオタイプ、コンプレックス、恐怖心、遠慮などが起きかねない。性別を越した人間として相手を眺めることができなくなるからだ。女の子だけを隔離しておけば、男の魔手から守られるだろうという親の期待が、女子大を支える一つの条件だが、純粋培養するとかえって男を「見る目」が出来ず、免疫や抵抗力が生まれない。異性が周囲におらず、異性の目という抑制力が働かないと、同性だけの気安さから、かえって野放図になる傾向もある。

男性と女性の間には共通性と同時に相違性がある。生理学的な差があることは明らかだが、事実あるいは傾向として、意識や行動、ものの見方や長短にもかなりの差がある。したがって共学の場合、男女は互いに異性から教えられ、刺激を受けることが多い。

こうした共学化支持論にはかなりの合理性があり説得力がある。米国では19世紀後半、セブン・シスターズと呼ばれる名門女子大（ヴァッサー、ウエズレー、スミス、ラドクリフ、ブリンマー、マウントホリヨーク、バーナードの七大学）を初め多くの女子大が生まれたが、やがてラドクリフがハーバードと、バーナードがコロンビアと、ブリンマーがハバフォードと、といった風にアフィリエート（連携）校になったり、ヴァッサーのように共学に転換したりする傾向が生まれた（そのため現在はセブン・シスターズといわず、ヴァッサーとラドクリフを除いて、ファイブ・シスターズという）。しかしそうした中で、女子大固有の存在意義を確認しようとする努力も真剣に行われている。最も広く支持される根拠は二つある。一つは女子大におけるリーダーシップ育成機能だ。女子大では教室でも教室外でも、女子がリーダーシップを取って積極的な役割を演じざるを得ないからである。もう一つは、女子大では上級生、卒業生、教員の中に同性のモデルとなるような尊敬すべき先輩が多く見い出されるので、学生にとって大きな励みとなり刺激となるということだ。そのため大学としては積極的にこうしたモデルの育成に努力する。大学院を設置し大学院への進学を奨励したり、女性教授を率先して採用したりするのは、その表われだ。

しかし特にわが国では、さらにいくつかの存在理由があるように思う。その一つは共学に踏み切ればたしかに志願者は増えるだろうが、数多くの既存の共学大学の中で後発のワンノブゼムにすぎなくなるので、その中で頭角を表わすのは至難だということだ。女子大であれば女子大という少数かつ希少価値をもつグループの中での競争だし、ファイブ・シスターズといった同盟を組むこともできる。同類の女子大が競争的協同歩調を取れば、他の多くの共学大とは別の尺度で高く評価されるようになるだろう。何れにしても教育や研究の水準の向上が不可欠だが。

第二に大学を訪問、観察してみればすぐに分かるが、一般に共学大、中でも国立大は美的というには程遠い。建物は汚れ、落書きや立て看が乱立し、手入れは行き届いていない。それは社会的マナーの教育が徹底していないためだろう。見るからに屈強な男子学生、何かというと反乱を起こす学生団体に対して、大学も教員も遠慮するためだろう。しかし美的センス、社会的マナーは今日ますます要求されるようになっているから、女子大の誇るべき魅力はこの点にある。

もう一つ、生涯独身でない限り出産や授乳という固有の仕事をかかえる女性が、男性に伍して活躍するには、男性以上に密度の高い教育が必要であり、それには女子大の方が有利である。

73 女子大のセールスポイント（2003年10月21日）

男女平等、男女同権、男女共生など、誰一人否定し得ない原理のもとで、教育でも男女共学、男子向け、女子向けなど教科における性別の廃止その他が行われるようになって久しい。いささかでも男女差別の疑いを持たれる行為には激しい抗議が加えられる。戦前も義務教育段階の学校は共学だったが、戦後は一部例外はあるものの公立高校も共学となった。今日、男女別学を守り続けるのは、ほとんど私立の中高と女子大である。

しかし、男子校や男子大学が女子を受け入れるようになるにつれて、女子校や女子大は従来の「上得意」を奪われるとともに、学生生徒の母集団自体が少子化のため縮小する上、「女子高離れ」「女子大離れ」の風潮が強まったため背に腹はかえられず、止むを得ず共学に踏み切るところが多くなった。

しかし卑近なところでは、トイレなど施設設備の改造、「男子向き」とされてきた学科学部の新設など、多大の経費を投じて共学化した高校や大学のその後の経過を見ると、確かに一時的に男子の志願者が出てくるし、「女子高離れ」「女子大離れ」のもとで共学を好む女子の志願者も増える。ところがその後、数年すると期待していたほどに志願者は集まらなくなる例が極めて多い。

そこにはいろいろな条件が働いているが、「女子校ならでは」「女子大ならでは」という評価や特色、ひいては魅力や集客力が失われることはその一つである。実際、それまで女子校、女子大としては有名だったところも、共学化するならその他大勢となる。多くの既存の共学校や共学の大学と互角に競争することは容易ではない。なまじ女子大が前身だというので、優れた男子学生は集まらない。

少数の女子大グループの中で、「名門」「一流」「有名」の地位や評価を得ることは比較的容易だが、多数の共学大学の仲間入りをすると、それまで持っていた個性や希少価値は失われてしまう。例えば、お茶の水女子大が単なる〝お茶の水大学〟になったと仮定すれば、その不利は明らかだろう。米国では一流共学大学から成るアイビーリーグに対して、一流女子大学から成るセブン・シスターズが健闘した。

女子大には、さらに積極的な長所や役割がある。男女雇用機会均等を求める法に象徴される通り、伝統的、制度的に男性向けとされてきた職業や職種も女性に開放され、その処遇も男女平等に行われなくてはならなくなった。いや男女差別撤廃の風潮や運動に支えられて、ある意味では女性は女性なるが故に優遇される場合もある。しかし、それだけに女性は男性と互角に競争しなくてはならず、そのための実力、能力を身に付けなくてはならない。

今までは女性専科とも言える職業（例えば看護婦）があって男女の住み分けができていたが、今や女性向けとされた職業も男性に開放され、看護婦は看護師と呼ばれるようになった。そのため職業準備教育で共学が要請されるが、反面、男性と互角の力量を養うため女性だけを集めて集中的に能力を高める教育が必要、有効となる。広く主張、承認されている通り、共学大学では仲間の間でリーダーシップを取り得る機会はせいぜい男女半々だが、女子大ではもちろん女子が１００％だ。自立心、責任感、学業成績なども同様で、女子大は女性の自信を育てる場としても有利である。米国での調査によれば、女性の企業幹部の輩出率は共学大より女子大の方が高い。

もっと現実的に言えば、女子大の強みの一つは親からの信頼である。あそこに預けておけば安心だという信頼は、女の子をもつ親にとって学校選択の大きな要因だ。性の乱れが広く報道され、身近に観察される現在、被害者になりやすい女の子をもつ親は心配でたまらない。性の乱れだけではなく、言葉遣い、身だしなみなど、眉をひそめたくなる女の子が至るところに出現している。男女同権をいいことに、男か女か分からないような若者が増えてきた。女性らしい優しさ、繊細さなどを育てることは時代錯誤、封建的とされるのだから、それも当然だ。女子校、女子大は文字通り、女子教育に焦点を当てるから、女性の特性、長所を大事にしており、それが女の子をもつ親の女子校、女子大ファンを生み出している。女子大には相対的に女性教授が多いが、学生にとっても、その母親にとっても同性のモデルは心強い存在だ。

もちろん共学のためだけとは言えないが、若い男女が互いに知り合う機会が増え、その実態を互いに知り尽すようになったため、かえって「憧れ」の対象、心からの結婚相手が見つけられなくなった。男性にとっての「憧れ」の女性を育ててくれる女子大は、大袈裟に言えば非婚の増加による少子化傾向を食い止める防波堤となるかも知れない。女性は男性よりはるかに平均寿命が長い。高齢化社会の担い手としての女性には独自の教育が必要であり、女子大や大学院はその要請に応える機関となる。

VI 未曾有の「国難」

74 未曾有の「国難」の襲来（2011年4月12日）

文字通り未曾有、全くの想定外の大災害が突発してちょうど一カ月が経った。いうまでもなく去る3月11日、東北・関東地方を襲った大震災がそれだ。文字通りの「国難」となったのは、それが三陸海岸を中心とした大震災であるだけでなく、想像を絶する大津波を伴った上、福島第一原発に修復不可能な破壊をもたらしたという「三重苦」となり、日本全体のみならず、全世界、全人類に対して天災と人災、自然と科学との基本的な相関と矛盾を露呈した点にある。そのため一カ月後の今も、新聞、テレビなどはどれも、この「国難」に関係する記事や報道でいっぱいだ。

わが国が世界でも一、二を争う地震国であることは広く知られていたし、近年でいえば大正12年の関東大震災、つづいて平成7年の阪神淡路大震災の記憶は今なお生々しい。リアス海岸の三陸地方は歴史的にも度重なる津波多発地帯であり、津波に対して世界的にもトップクラスの防波堤を作り、たえず避難訓練を行っていた。それにもかかわらず大津波は一瞬にして2万人を超える死者、行方不明者を生んだ。原発でいえば地球温暖化、脱石油化対策のエース、クリーン・エネルギーの代表として華々しく登場し、わが国はフランスに次ぐ原発大国となり、福島原発は首都圏の電力の三分の一までをまかなっていた。原発は現代科学の枠を集め、何重にも安全装置をそなえ、安全神話と原発推進政策によって支えられてきた。それが地震と津波によって一瞬にして崩壊した。

たしかにかつての関東大震災も阪神淡路大震災も、その震度やマグニチュードは激甚だったが、津波や原発事故とは無縁だった。大火災はもちろん起きたし、家屋や家財の被害は大きかった。しかし被災地は限られていたし、大都市であったため、土地そのものの価値は下がらず、インフラの復旧も、新しい都市計画の実行も比較的容易だった。大震災を機に、東京も阪神も以前にもまして立派に立ち直ることができた。

これに対して今回の東日本大震災は全く異なる。地震だけなら、建物の崩壊、火災の発生、道路、ガス、水道などの破壊など、いわば局地的な被害で済むし、避難も復旧も比較的容易、短期で済んだが、今回は文字通り予測も予防も人知と経験をはるかに越えた半永久的、あるいは至難な損害、悲劇を伴った災害であり、単に震災という語では表し得ない被害を与えた。地震発生後、わずか10分後に、4階建のコンクリートのビルの屋上まで襲いかかった大津波は集落全体に押し寄せ、役場や消防署、避難予定地や学校までも破壊した。住民はもとより、市長や署長までも生命、家族、住居を失った地域が少なくない。身一つでかろうじて生命を守った人も、各地に避難先を求めて暮らしており、元いた土地も復旧のメドは立たず、漁業も農業も根本から破壊された。

特に福島第一原発は地震に加えて津波の襲来のため、施設そのものが完全に破壊され、放射性物質が大量に発生、広範に行きわたり、空気も水も土地も汚染し、発電所を中心に20キロ以内が避難区域、30キロ以内が自主避難（あるいは屋内避難）と指定され、その範囲はさらに拡大される気配がある。文字通り地域の崩壊だ。測定される放射能の数値のため、県内のホウレンソウなどの野菜、牛乳、さらには水道水や海産物までも「直ちに健康に被害はない」とされながら、「念のため摂取を差し控えるよう」通知が出された。水と空気はタダ、日本の食品は世界一安全とされたが、今や日本の観光産業も輸出産業もお先まっくらの状態に陥りつつある。東京さえ危険だというので大使館員を母国や関西に移るよう措置する国もあるし、日本からの商品や入国者にきびしい放射能検査を行う国もある。

「計画停電」「省エネ」のもとで、電力不足にあえぐ企業、地域、家庭も生産や生活を根本的に変えざるを得ない。「風評被害」、新しい「差別」が至るところに現れ始めているし、地域、家庭、職場などが文字通り崩壊した例は数えきれない。いや日本という国自体が世界からの「孤立」に直面し、その出口と限度も容易に見出せない。

こうした未曾有の「国難」、危機、不安、不運に見舞われた日本の復旧、復活、目標、進路をいかにして見出すかは、文字通り全国民に科せられた課題である。親を失った子ども、校舎が倒れたり避難所化したりした学校、校長や教員が犠牲になった学校など直接被害にあった場合の教育の再建がいかに困難かはいうまでもないが、避難し移住してきた子どもを受け入れる教育も大きな配慮を必要とする。今回の「国難」は全国民が立ち向かわなくてはならないし、全世代、全地域が共同して解決しなくてはならない。敗戦や原爆も未曾有の「国難」だったが、その「国難」を見事に切り抜けた日本人を信じたい。

75 教育と「絶滅危惧種」（2007年8月5日）

『めだかの学校』という懐かしい童謡がある。かつて、めだかは農山村はもとより、都会でもちょっとした小川にはたくさん群れをなして泳いでいたものだ。ところが近年、めだかは急に姿を消し、「絶滅危惧種」に指定されるようになった。比喩的にいえば、めだかに当たる子どもの数が激減して、めだかの学校という語が白々しく聞こえるようになった。

外来種の侵入、乱獲、環境破壊などによって、種の維持が困難となって絶滅の危機に瀕した動植物を「絶滅危惧種」と称し、そうした貴重、希少な種の保存が要請されつつあるのである。それは学校でも環境教育の一環として取り上げられる。学校でめだかを大事に育てるよう子どもを指導するのは、その一例だ。

絶滅危惧種は動植物など生物界の現象とされるが、人間も動物、生物の一種だから、この概念を人間に適用、応用することができる。事実、絶滅に追い込まれたり、絶滅を危惧されつつある少数民族も存在する。「限界集落」という語が広く実感され用いられるようになっているが、集落の支え手、担い手はもちろん住民であり、限界集落とは住民の少子高齢化が進むため、その存在が限界に達する集落を指す。その意味で地域の子どもは最も貴重な「宝物」（「子宝」）であり、その数が減るなら集落そのものがなくなる。若い世代、次の世代が「絶滅危惧種」となるなら、地域という集落も学校という集落も限界に達する。

こうした「絶滅危惧種」は動植物に見られるだけでなく、人間、人類という種にも見られる。少子高齢化も日本全体、いや多くの先進国に共通の現象だ。教育でいえば義務教育段階の学校で通学区内に該当年齢の子どもがいなくなった場合、学校は統廃合の対象となる。義務教育段階以上の学校でも（いや、義務教育段階でも私立は）志願者・入学者がいなくなれば、学校という組織は存亡の危機に直面する。通学区制が緩和され、学校選択の幅が大きくなりつつある義務教育段階の公立学校でも、〝客集め〟競争が激化している。あらゆる学校にとって、子どもは「絶滅危惧種」にも比せられる貴重な存在だ。「絶滅危惧種」化した子どもは「王様」「宝物」「お客さま」扱いされるようになる。大事にされるだけ、もろくなり、ちょっとしたことでも〝キレる〟。

子どもがいなくなってきた学校には、教師もいらなくなる。公立校でいえば、教員の採用権は県（あるいは政令指定都市）にあるが、県全体の該当年齢児童生徒数が減れば、新規採用教員数を減らさざるを得ない。そうなると、県全体としても個々の学校としても、その教員層に新しい若手後継者が減少するため、教育界や教員室から若々しい気分が消え、子どもと教員層との年齢差の拡大から相互理解や相互交流の機会が減少し、学校や教員間に経験や文化の伝承が困難になる。若い先生たちも次第に教育界にとって「絶滅危惧種」となるのだ。もっとも「団塊の世代」の教師たちが大量に定年退職の日を迎えつつある今日、新採需要が一時的に高まっている都府県もあるが、それも過渡期の現象だろう。

さらに範囲を広めるなら、国全体にとっても以上の傾向は当てはまる。次代を担う子どもの数が減り、その子どもたちがその〝希少価値〟の故に甘やかされて独立心や耐性や感謝の気持ちを忘れ去り、資質能力を高め大志を抱く子どもたちが減ってくるなら、やがて国全体が成長力、競争力、自立力、アイデンティティなどを失って、存亡の危機を迎えるだろう。国全体が「限界集落」化するのであり、優れた子ども、また彼らを育てる優れた教師が希少化して「絶滅危惧種」になるのだ。

　優れた古典的芸能や匠の術を保持する「人間国宝」「無形文化財」保持者も若い弟子がいなくなるなら、やがて伝統文化も存続の限界に直面する。資源小国、人口減少国たるこの国が、グローバル化する国際競争、台頭する中国やインドなどとの関係の中にあって、最後の頼りになるのは、いろいろな分野、いろいろな意味での卓越した〝人材〟であることはいうまでもない。優れた人材が「絶滅危惧種」化すれば、日本という国自体が「限界集落」への道を歩むことになろう。その〝人材〟を育てるのが教育であり、教師である。優れた教師の絶滅が危惧されるのであれば、〝持続可能〟な発展も期待できない。「日本人としての誇り」「愛国の志」も今や時代遅れとされつつある現代の風潮への反省が求められよう。

　このように、少子化のもとでは「少数精鋭」のコトバ通り、子どもにはますます本来の意味でのエリート教育が求められるし、教師にも真のエリート教育を担う気概と能力が求められる。ところが「希少価値」を高めた子どもは、大人や教師への発言権、支配力を高めるので、エリート教育は困難になる。少子化の行方、行く末を冷静に見つめる必要があろう。

76「限界集落」と教育（2008年3月11日）

今日、特にわが国では、至るところで後継者不足が深刻化しつつある。身近なところでいえば、農山村で先祖伝来の農業や林業を継ぐ若者は減って、残るは死期が近づく年寄りばかりになる。「限界集落」という語が長野大学の大野晃教授によって作られ、政府もこれを公式に採用するようになったが、それは、65歳以上の高齢者が住民の半数を超える集落を指す。

こうした集落では、棚田や里山も、古いお寺も鎮守の森も荒れるがままに放置される。住民総出の伝統行事も、道ぶしんも、茅葺き屋根の葺き替えも担い手がなくなる。せっかく生まれた子どもも成長すれば進学や就職のため都会に出ていくし、残った若者には嫁も来ない。こうして「限界集落」では、風土も伝統も、家庭も職業も、それを支える若い後継者がいなくなって先細るため、発展はおろか存続さえ危うくなる。

こうした「限界集落」がへき地や過疎地と称される地域に急増しつつあるが、若い後継者不足はそれ以外の地域にも見られるようになった。都市部でも、かつて若い団地族の活気に溢れていたニュータウンも今や老朽化し、アパートには空室が増え、子どもの姿は見られなくなった。かつて買い物客で賑わっていた商店街も今やシャッター街をなり、家業を継ぐ若者はいなくなった。

職業でいえば、いま述べたように、農林業、個人経営の商店、町工場、宮大工などで跡継ぎや弟子がいなくなっているが、その他での至るところで後継者不足が深刻化しつつある。昨今、特に指摘されるのは、医師（中でも小児科と産婦人科）、看護師、弁護士など、社会全体にとっても、国民一人ひとりにとっても極めて重要な役割をもつ職業が後継者不足に見舞われている。

そもそも後継者不足は、少子化という人口構造の変化に大きな原因がある。日本という国全体が少子化のため、次の世代、すなわち国民の後継者不足に襲われているのだ。その意味では、国全体が「限界集落」化しつつあると言ってよい。上に述べたように、産婦人科や小児科の医師や看護師が減ってくると、若い世代は出産や育児の不安から子どもを産むことを控えるようになる。そうなると、産婦人科や小児科の医師を志願する者も減ってくる。悪循環が起きて子どもはますます減少する。

その上、何かといえば「医療ミス」の簾で裁判沙汰にしたり、医者や看護師に暴言、暴行を加えたりする患者（「モンスター・ペイシェント」と称される）が増えていることも、医師や看護師不足の一因といわれる。ちなみに「ペイシェント」という英語には、〝患者〟という意味の名詞と、〝辛抱強い、忍耐強い〟という意味の形容詞との二義がある。かつて、患者は医師や看護師の指示に絶対服従し、苦い薬にも痛い手術にも辛抱強く、忍耐強く耐えていたが、今や患者はすぐに〝キレて〟反抗するようになった。なり手が少なくなった医師や看護師はますます多忙と苦境に追い込まれる。

医師や看護師と同様、警察官や公務員も、かつては多くの子どもや若者にとって憧れの職業だったが、今やその人気や魅力は急速に下降しつつある。かつて正義の味方で「泣く子も黙る」と頼みにされ恐れられていた警察官（おまわりさん）も、かつて「お上」と奉られ権力をほしいままにしていた「お役人」も、今や「公僕」として国民の税金によって養われているのだとされ、言葉遣いにも気を遣わなくてはならなくなった。日弁連、マスコミ、オンブズマン、「見張り番」、「進歩的文化人」など、現代版〝正義の味方〟が警察官や公務員、特に中央の高級官僚に監視の目を光らせ、権力の乱用をチェックする。チェックが必要なことは言うまでもないが、昔と今の違いが大きいだけに、その人気や魅力の低下の程度と速度は目を瞠《みは》るばかりだ。

「一流大学」を出て中央の「エリート官僚」や「一流会社」の幹部になることは、多くの若者、またその親にとって最高の理想であり夢であったが、今やそうした夢を抱くこと自体、「立身出世主義」「エリート主義」として白い目で見られ、〝夢の実現は所詮無理だし、努力は所詮空しい〟と夢を抱くことを早くから諦める。夢を実現した「エリート」の中には、あくどい手を使って出世した悪党もいるし、「エリート」になればなったで、プライバシーもないくらいに、世間から好奇、嫉妬の目ですべてを監視され、非難、嘲笑される。

こうして多くの職業にも「限界集落」化の波が押し寄せてきており、地味とされてきた教職さえ、その人気や魅力を失いつつある。志願者が減った学校は、その存続さえ脅かされて「限界集落」化する。たとえ表面的には「限界集落」でなくても、共同体意識・連帯感を失った地域や学校は、実質的・心理的には「限界集落」だ。「限界集落」の観点から教育を考えてみることを勧めたい。

77「自虐史観」の背景と影響（２００９年８月25日）

ＮＨＫなどに『今日は何の日』というコラム的番組がある。それに倣って「今日は何の月」という語を作るなら、８月は広島と長崎への原爆投下に続いて、わが国が連合軍に無条件降伏して終戦を迎えた月だ。何故にあの悲惨、無謀な戦争が起きたのか、敗戦はどんな影響をもたらしたかなど、わが国が歩んだ歴史を冷静に回顧、反省するのに恰好の月だといってよい。

他方、今年の８月は、「政権交代」を表看板に掲げた衆院選が行われる月だ。戦後64年、多少の紆余曲折や党名変更があったにせよ、自民長期政権の流れを転回しようとする動きが高まった。それは終戦と並ぶ歴史の大きな節目だ。「政権交代」を迫った民主党など野党によれば、自民（あるいは自公）による今までの政治は、実質的には中央官庁（霞が関）の官僚に依存する中央集権であり、これを国民の民意、信託を受けた国会（永田町）の手に取り戻そうとする歴史の大転換を図るのが今回の総選挙だというのである。

民主党はそのマニフェストで、政権を取ったなら、月２万６千円の子ども手当、公立高校授業料無償化、私立高校生に年24万円の助成、大学生の希望者全員への奨学金支給など、子育てや教育に対するバラマキともいわれる政策を発表した。同じ方針が福祉や産業など他の分野にも採られているので、その実行には巨額の財源が必要だ。財源問題は選挙期間中、たえず論議の的となったが、民主党は税金のムダ遣いや官僚の天下り先となる特殊法人の徹底的整理、特別会計の見直し、〝埋蔵金〟の活用などによって「増税なくしても財源は確保できる」と主張した。また、その背景になっている〝役人天国〟、官僚機構の自己保存、自己増殖的本能の打破、政治家による官僚統制体制の確立などを公約した。

こうした政策が公約通りに実施されるなら、官僚や見なし公務員から大量の失業者が生まれるし、特権や使命感を失った官僚への優秀な志願者、後継者は少なくなるだろう。また、こうした官僚たたき、役人いじめは、民主党の支持組織たる官公労などからの反発を招くかもしれない。政権交代はこうした矛盾と困難を秘めている。

もう一つ、8月末の総選挙では「政権交代」という国内問題が主要な関心だったためか、マニフェストで取り上げられ論争の的となったのも、中央と地方、官と民、政治家と官僚、大企業と中小企業、正社員と派遣社員、「勝ち組」と「負け組」などの対立や格差であり、少子高齢化と不況への対策であった。小泉構造改革の〝負の遺産〟は論じられたが、冷戦構造の終焉に代わるグローバリズムの到来、中国を代表とする新興国の台頭の中で、日本という国家の在り方はあまり論じられなかった。民主党などの立候補者の中にはその出身母体や支持母体からいって、日本の歴史に対する否定的評価、アレルギーをもつ人が少なくなかった。

すでに敗戦は日本国民すべてに自己反省を促し、「一億総ざんげ」というスローガンを受け入れさせていた。自らが引き起こし、国の内外に計り知れない苦痛を与えた戦争、さらには明治以来の日本の歩みに対する反省、批判、糾弾などが国民の間に強まった。東京裁判は「平和」や「人道」に対する罪を弾劾し、「戦争犯罪人」を処刑した。その後も「謝罪とつぐない」がたえず求められ、首相の靖国参拝、歴史教科書の検定、竹島や尖閣諸島の帰属などの問題は、たえず韓国や中国から突き付けられる〝外圧〟の代表だし、それに呼応して日本側には「土下座外交」や「御注進」などの行動が起きる。国内でも国旗・国歌反対運動は盛んだ。

いわゆる「自虐史観」がこうして勢いを得た。日本の歴史は過失、失敗、犯罪、加害によって特徴付けられており、それを外から指摘、告発されるまでもなく、自ら進んで認識、自覚、反省、自己批判することを歴史から学び取らなくてはならないという歴史観がそれだ。それは謙虚な自己反省として良心の満足をもたらす。

「自虐史観」を刷り込まれた子どもは、日本の歴史、過去、伝統、祖先、大人への敬意、尊敬、感謝、誇りの念を失うが、さらに最近、将来への希望、展望、夢を見失いつつある。敗戦の結果、ドン底に突き落とされた日本はその後、懸命に努力し、少なくとも経済的、物質的には成功を収め、〝経済大国〟といわれるまでに成長した。この成功に酔いしれたためもあって、当時、日本は今後も明るい未来を予測できるという楽天的な「バラ色の未来学」が流行した。ところが、平成に入ってバブルの崩壊、特に「百年に一度」の世界同時不況に見舞われ、明るい未来を夢みる余裕はなくなった。暗い未来予測、「灰色の未来学」が説得力をもつようになった。「自虐史観」によって過去への、「灰色の未来学」によって将来への肯定的評価を見失った子どもは、「自分さえよければ」「今さえよければ」という自分中心主義、刹那主義に走るようになった。

78「君が代」起立条例（2011年7月11日）

３・11、東日本大震災から早くも４カ月。今なお復興のメドさえ立っておらず、あの未曾有の大災害のツメあとは被災地はもとより、全日本、さらには全世界に波及しており、関連する記事が連日、新聞、ラジオ、テレビなどのマスコミでトップニュースとして大きく取り上げられている。関心や影響の広さ、深刻さがいかに大きいかが分かる。

改めていうまでもないが、今回の大震災は単に東日本の太平洋岸に襲いかかった大地震にとどまらず、大津波を伴った上、福島原発の大事故を引き起こしたという点で特異である。余震は今なお多発しつづけているし、復旧・復興には気が遠くなるほどの時間とカネがかかるものの、地震にせよ津波にせよ、一過性であり局地的だが、さらにフクシマの原発事故は原発所在地はもとより、原子炉のメルトダウンによって放射性物質が風に乗り、水や土地や海にまで汚染の範囲を止め度もなく拡めつづけており、事故は今なお進行中だ。「風評被害」は健康、食品、水、産物などに及び、福島県はもとより東京、静岡、さらには日本全体が「警戒区域」視され、「安心安全」という日本のウリ、信頼、自信がゆらぐようになった。原発事故は今なお収束のメドさえ立たず、その処理に要する時間や費用、被害者への賠償金などは文字通り天文学的だし、事故によってくつがえった原発の「安全神話」、圧倒的に強まった「脱原発」の世論の中で直接の責任者たる東電はもとより、原発をかかえる他の電力会社も窮地に追い込まれるし、脱原発の中での電力不足、停電、節電になやまされる企業、地域、家庭はライフスタイルの大転換を迫られるだろう。

時が経つにつれて原発を推進してきた東電や政府の危機管理、情報公開の不備、「原子力ムラ」の体質などが明るみに出るとともに、特に菅総理の責任感、決断力、判断力、リーダーシップの欠如、その結果ともいえる政権党内部の泥仕合、特に鳩山、小沢、菅という〝実力者〟間の闇取引、「菅オロシ」の中での延命劇などが政治不信、支持率低下を国民の間に拡げた。こうした状況がここ四カ月間、新聞の第一面で大きく取り上げられてきた結果、教育がトップニュースとして大きく取り上げられることはほとんどなかった。もちろん震災関係、原発事故関係の記事の中で子どもや学校の被害状況、校庭の汚染状況などは報道されたし、社会面や教育欄では学校や子どもの個人的、具体的な物語が載せられたが。

その中でほとんど唯一ともいえる例外がある。公立学校における行事にさいして教職員に『君が代』の起立斉唱を命じることが『思想・良心の自由』を保障する憲法十九条に違反するという訴えを起こした裁判で最高裁が合憲として訴えを棄却した判決（５月30日）と、それを義務づける全国初の条例が、大阪府の橋下徹知事率いる「大阪維新の会」府議団の賛成多数で可決された（６月３日）ことがそれである。日の丸・君が代をめぐる訴訟や処分は戦後たえずくり返されてきたが、今回の最高裁判決と大阪府議会条例は、それに一応の終止符、少なくとも重要な一石を投じたものと解釈できるだろう。どちらも結論は一致しているが、反対陣営が心から納得するかといえば極めて悲観的にならざるを得ない。事実、反対者（命令と処分を違憲として訴えた原告の教員やその支持者たち）は判決や議決が行われた後にも依然として、いや以前にも増して、自らの主張を守ろうとしている。最高裁判事の中にも少数の反対意見があった。いわゆる有識者や当事者の中にも日の丸・君が代に過去の侵略や軍国主義の臭いを嗅ぎとり、それを「上から」強制し命令することは特に教育の場では厳につつしむべきだという考え方が強い。こうした反対陣営に立つ人たちは、今回の最高裁判決や大阪府議会条例があってもますます「保守反動」「ナショナリズム」の動きに対して自らの「良心」「信念」を守ろうとし、自らを〝悲劇の英雄〟視しようとするだろう。事実、公式の行事、儀式の壇上で、保護者、来賓、児童生徒が見守る中、一人（または数人の〝同志〟とともに）毅然として椅子に座ったまま黙していること、それだけに注目されることには、よほどの「勇気」「自己顕示欲」「目立ちたがり」「自己満足」が必要であろう。子どもたちには、人間にはいろんな考えのもち主がいることを身を以て教えているのだと思っているのかもしれない。日の丸や君が代に表立って否定的感情をもつ教員は、教室という密室の中ではますます「反日教育」「自虐史観」を実践しているにちがいない。国旗・国歌法では日の丸と君が代を公認しているし、憲法一条は「天皇は日本国の象徴」と規定している。象徴に向かって敬意を表し敬語を使うことは当然だ。何かといえば違憲と訴える教員に憲法をよみ直すことをすすめたい。

79「共倒れ」不安――「弱者保護」について（2011年10月18日）

「弱者」の代表は年齢的にいえば赤ん坊、子ども、老人であり、発達的にいえば障害者、病弱者であり、社会経済的にいえば貧者、失業者、「厄介者」、被差別者である。あらゆる人間の生命や生活の尊重、人格や人権の平等などは現代民主主義のもとでは誰一人、否定し得ない大原則だから、「弱者保護」も自明当然の道徳、制度として承認されている。

しかしどんな「社会的正義」（英語では「ポリティカル・コレクトネス、略して〝PC〟という）にも当てはまるが無制限にこれをふり上げて強要すると思わぬデメリットが起きる。正義は独善となり、平等は悪平等となって壁にぶつかることがある。「弱者保護」の原理が徹底されると、当の本人さえ病苦に耐えきれず、これ以上生きていたくない、早く死にたいと思っていても、苦痛と老醜を余儀なくさせる延命装置を施され、保護施設に収容される。安楽死、尊厳死が唱導されるゆえんである。

老々介護の悲劇や苦悩も広く指摘されており、回復の見込みも治療の方法もないままに、老衰の極にある夫の介護に心身とも疲れ果てている老妻がいる。お互い、この生き地獄から逃れるため、いっそのこと一緒に死んでしまう心中が企てられる。夜も寝ず一心不乱、献身的に世話しているにもかかわらず、認知症（アルツハイマー病やコルサコフ病）にかかった老配偶者が「いつも世話になるね」「有難う」と礼をいう「可愛い老人」なら我慢もできるが、記憶喪失、暴力、被害妄想などに走るだけなら、経済的、時間的、精神的、身体的にも耐えきれなくなる。少子化のため両親を支える子どもも少ないし、その子どもさえ遠くに住んで自分のことで精いっぱい、親の世話をする気持ちも余裕も乏しい。施設に入れようとしても満員で待機を余儀なくされる。「共倒れ」不安はその他にも広く観察、報道されている。

少子高齢化の進行のもとで国全体、社会全体で見ても生産人口、労働人口が減少する反面、依存人口、「弱者」が増えるため福祉や医療の負担が増加し、それを社会全体、具体的には税やボランティア活動で支えなくてはならなくなる。要介護・要支援と認定される者が増えるので、それに直接たずさわる専門家、それを職業とする労働者も増える。その仕事は「弱者」を支援する人道的、利他的で、尊い、やりがいのある「聖職」として選択されるが、いざ念願がかなって就職し現場で真剣に働いてみると、それは心身をすり減らす「３Ｋ」(〝きつい〟〝きたない〟〝危険〟の頭文字）的な重労働であることが分かる。

こうした専門家や施設の維持に必要な費用、投入される公費はますます増えつづけるので、そこにも「仕分け」の波が押し寄せ、「待機」や「退所」を余儀なくされる老弱者、労働過重や人員整理におびえる職員も増えるし、退職や転職を希望する職員も出てくるが、他方では就職難のもと不本意ながら就職、在職する者もいる。有能で使命感や誇りを持った就職希望者、後継者は減る恐れも出てくる。福祉、介護、保育、医療関係の専門学校や大学は就職率、求人数の多い〝花形〟だったが、時代の流れに乗って作りすぎたためもあって、次第に志願者が減って「生き残り」をかけた「冬の時代」に突入するようになる。この状況はすでにごく一部の有名大学、、銘柄大学を除けば、十数年ほど前から広く見られたものである。

一言にしていえば国全体、社会の至るところで「共倒れ」の不安や危機が現れることになるのだ。それは少子高齢化、財政危機、経済不況、失業、空洞化、資源・エネルギーの不足、国際競争力や国際的地位の低下などの悪条件、国や社会の将来への不安の増大に加えて今年に入ってからは、まるで狙い撃ちするかのようにわが国を襲いつづける自然災害、大地震、大津波、台風、洪水、原発事故、風評被害などが罪もない犠牲者、被害者、社会的弱者の大群を生み出し、その範囲や影響は限りなく広範、深刻、長期である。復旧・復興、保障・賠償には想定を超える費用と時間を必要とする。

直接、間接の被害者・被災者はもとより、対応の不備や責任を追求される東電や政府も破産寸前の状態にある。被災者も責任者も、国民も政治も「共倒れ」の危機、不安におののいている。特に注目（ある意味では同情）すべきは、未曾有の天災に対する予防・対応にとまどった人災の責任者（代表は政治家、官僚、経営者など）への責任が激しく際限なく追求され、中には心身ともに疲れ果てて入院や退職に追い込まれる者が出てくるという現実である。それまで畏敬や羨望のまとであった地位がかくももろいものであることが広く知られた。「共倒れ」不安はモンスター・ペアレントやモンスター・チルドレン、マスコミや政治家による学校や教師に対する「たたき」「いじめ」にも見られる。それでは誇りや使命感をもつ校長や教員は後継者不足を嘆くことになろう。

80 「内向き」志向（2011年8月9日）

「今どきの若者」「近頃の子ども」に対する年配者や大人の非難はいつでも、どこでも見られる現象だが、特に最近の日本で広く見られるのは、若者の「内向き」志向である。「草食系」という流行語も若干関係があるかもしれない。広く問題となっているのは、若い世代の外国留学や海外駐在への消極的態度だ。戦後、1ドル360円、ビザの取得もままならなかった時代、あこがれの的だった留学や在外勤務を拒否、敬遠する若者が急増しているというのだ。

外国に行って苦労するより、国内でのんびり暮らす方が楽だと考えるのかもしれないが、その国内にいてさえ、「引き込もり」「閉じ込もり」という自閉傾向が顕著だ。家族に代わって「孤族」という新語が流行しているが、家庭の中でさえ家族のきずなは希薄になっている。善意のボランティア活動でさえ「タイガーマスク」「伊達直人」という仮面を被って行われる。このせちがらい世の中、若者は早くから〝就活〟に取り組まざるを得ず、留学などを考える余裕はないのかもしれない。

こうして若者、特に大学生などの間に「内向き」志向が強まってきたが、実はこの傾向は、戦後日本、特に政府や政治家の特徴であり、「談合」「保身」「身内」「護送船団」「原子力ムラ」「情報かくし」などは何れも「内向き」体質のあらわれだといってよい。若者の「内向き」は戦後の大人、特に政治家や指導者の「内向き」の反映だと考えることができる。

敗戦後、米国を主とする連合軍の占領下にあった時代、わが国の政府は占領軍（ＧＨＱ）の絶対的支配下にあり、その命令、指令、指導を受け、これを国民に伝達するという役割を科せられ、外国に対して自らを主張したり、抗議したりすることはできず、受け身、内向き、守りの姿勢を取らざるを得なかった。極東裁判はわが国の戦争責任を徹底的に追求し、「戦犯」に対して極刑に処したり公職追放を命じたりした。政府は外向きの行動、外交権を奪われ、国家は〝鎖国〟に追い込まれた。

サンフランシスコ条約の締結によって独立を回復した後も、わが国は外交面で積極的に自己主張することに極めて臆病だった。東西冷戦での時代には安保条約によって安全を米国に委ねたわが国は、米国に対して「ノー」ということはできなかったし、謝罪とつぐないをたえず突きつける近隣諸国に対しても「土下座」外交を重ねつづけた。国内でこそ保守対革新、親米対親ソの対立は激烈だったにしても、それはいわばコップの中の嵐であり、内向きの対立であった。

こうした状況はその後もずっと継続し、日本政府や日本国民は外国に対して積極的に自己主張したり、その非を指摘したり、不当な要求に抗議したりすること、異議申し立て、ノーということに及び腰、臆病、卑屈であり、それが国際的にあらぬ誤解を生み出してきたし、国内的には国民の間に自尊心や自信の喪失、欲求不満のうっ積をもたらしている。

典型的な例を一つだけ挙げるなら、終戦前後のソ連（現ロシア）の行動だ。わが国がポツダム宣言を受け入れ無条件降伏した直後、それまで日ソ中立条約を結んでいたソ連は「火事場泥棒」よろしく、わが国に宣戦布告し、北方領土を含む千島列島と南樺太（それらは日露条約によって、国際法上、日本の領土としてすべての国が認めてきた土地である。どの国で発行された世界地図は何れもこの事実を明示している）に侵入し、日本軍人はもとより、すべての民間人を捕虜にしたり、内地に追放したりした。沖縄を占領した米国が全島民を沖縄から追放しなかった事実に比べるとき、ソ連の行動がいかに異常であったかが知られる。

中でも国際法上からも人道上からも許し難いのは、旧満州にいた旧日本軍人はおろか多数の民間人を殺傷、陵辱し、捕虜として戦後、長きにわたってシベリアに抑留し、過酷極まりない重労働を科し、多数の犠牲者を出したという稀にみる蛮行、国家的犯罪に対して、日本政府は世界や国連に対してこの事実を報告、告発することもなく、ロシアに対して抗議一つしたこともない。かろうじて帰還した日本人や犠牲になった日本人の遺族も、日本政府に補償を求めるが、ロシア政府を訴えることはない。北方領土の不法占拠、竹島や尖閣諸島にまつわる領有権問題にしても、政府は国民に向けては〝許し難い暴挙〟に対して「毅然」「粛々」と対処すると勇ましい発言を行うが、相手国はおろか国連に対しても日本の立場を説明しようとはしない。国民が相手国より自国の政府に対して不満を抱くのも無理はない。

最近、国民が熱狂的な拍手を送ったのは、なでしこジャパンの国際的活躍だ。じっと地味に実力を養ってきた彼女たちは「内向き」の閉塞感打破のモデルとなった。

81「臨終教育学」の提唱（2001年2月8日）

近年、臨床教育学という新しい名称をもつ分野が、教育界に登場し注目されている、臨床とはもともと医学で用いられる概念で、病牀にいる患者を診断、治療する行為を意味する。基礎医学に対して医療現場における実践活動、医療行為と臨床医に必要な理論や技術を指して臨床医学と称する。ちなみに医学では医師志願者（医学部学生）に対する医療現場における実習、インターン教育を臨床教育といい、そのカリキュラムを臨床教育学という。この臨床概念はやがて心理学に及び臨床心理学が出現、確固たる地位と信頼を生むようになった。

対象を客観的、冷静に眺め分析、研究する「科学の知」に対して、生きた個々の人間を内面的・人格的に理解、支援しようとする「臨床の知」の価値と有効性が認識されるとともに、臨床概念はさらに拡大して、臨床社会学や臨床哲学などを生み出し、教育学でも臨床教育学が出現した。臨床教育学は、教育上の病気（例えばいじめ、不登校、非行、暴力、引きこもり、学級崩壊、児童虐待、落ちこぼれなどで、これらを教育病理と称する）の患者、いわば教育上の病人を教育現場で親身になって支援、治療する方法を探し出し、その理論を構築しようとする。

筆者はこの臨床教育学に興味と関心をもち、武庫川女子大学にこの名を冠する夜間制、主として社会人（多くは教師、少年院教官、カウンセラーなど）を対象とする男女共学の大学院の創設と運営にたずさわったが、それが機縁になって、いささか語呂合わせの感、なきにしも非ずの感もあるが、臨終教育学を提唱している。

キェルケゴールもいう通り、人間は誰一人、死を免れることはできないが、その死は他の誰に代わってもらうわけにいかず、自ら引き受けなくてはならぬ。人生とは「死に至る病」に他ならず、人間はすべて「死に至る病」

の患者だといってよい。ヨーロッパでは、白鳥は死の直前、最も美しい声で啼くといういい伝えがあり、これを「白鳥の歌」といい、これをタイトルとする作品も多い。最も有名なのは、ハイネの詩にシューベルトが作曲した遺作『白鳥の歌』だが、大教育者・ペスタロッチも最後の大作に『白鳥の歌』という題名を付けた。死にさいして美しい『白鳥の歌』を歌える人は幸いだ。それを通して肉体は死んでも、精神は長く後世に生き続ける。

こう考えると臨床教育学の延長線上に臨終教育学を位置付けることができる。実際、究極の臨床、人生最後の臨床とは、臨終だといってよい。臨床医学ではホスピスとか、ターミナルケアとか、死を前にした病人やその家族への支援の在り方が大きなテーマとされているし、教育学では最近、『死の教育』(デス・エデュケーション）が提唱され、単に死に近い老人だけでなく、死を身近に見る機会が乏しくなった子どもにも、早くから死への準備教育が必要だとされるようになった。成人教育学（アンドラゴジー）の一環として、老人教育学（ジェロゴジー）を提唱する学者もいる。キャリア・エデュケーションも、生涯を見通した生活設計を主張している。

同様にここで提唱する臨終教育学とは、人生最後の段階である高齢期、さらには臨終に当たって、それぞれかけがえのない人間が自分なりに精一杯生き、美しい『白鳥の歌』を歌えるような人間を目指す教育をいう。その人自身が次代、後世の人たちへの教育者となるだろう。自らの死、あるいは「余生」について考えざるを得ない高齢者がますます増える少子高齢化社会のもとで、臨終教育学は、当の高齢者はもとより、すべての人（つまり『死に至る病』の患者）にとって重要、切実となろう。

実際、年が改まっても「新年おめでとう」などは、とてもいえないのが現在の日本だ。世界的にみても歴史的にみても、例をみないほど急速に進行する少子高齢化に加え、少子高齢化が原因となって、日本という国自体が『死に至る病』に陥りつつあるといった悲観論が生まれつつある。「ジャパン・アズ・ナンバーワン」といわれ、〝ゆたか〟な社会を実現し、「先進国」の代表、「経済大国」にのし上がり、国際的にも地位と影響力を高めたのも束の間、バブル崩壊後、急速に国際競争力を失い、中国や韓国などの近隣諸国から急激に追い上げられ、たえず歴史認識、謝罪とつぐないを求められ、自らも「自虐史観」を奉じる現状を見ると、日本という国自体が老化、衰弱し、やがて「死に至る病」にかかって臨終を迎えるのではないかといった終末論、悲観論さえ出かねない。事実、シャッター街の出現、工場や技術の海外流出、ふくれ上がる赤字財政、大量の失業者などを眺め、学校にも志願者の減少、卒業生の就職難などによって閉校、全入制、統合などに追い込まれるところが少なくない。格差の増大、水準の低下などの「学校病」が深刻化しつつある。こうした臨終の可能性を自覚する学校経営、教育研究が求められると思うのである。

82 世界観学の復活を――希望と信頼の再生（2009年7月21日）

二十世紀半ばドイツで新カント学派と称される哲学者たちが、抽象的で分析的な理性や観念を越えた直観の重要性を主張して教育学にも大きな影響を与えた。彼らはそれが人間を致命的に方向付けるとし、その代表を世界観に求めた。実際、人間はそれぞれ独自な世界観をもち、その枠組みにしたがって「宇宙における人間の位置」や「自我の役割」を認識する。自らが世界をどう眺めるかという世界の見方が世界観だが、世界観はさらに歴史観、人間観、人生観、社会観などに細分される。どんな世界観をもつかが、個人にとっても社会にとってもいかに重要かは、いささかでも現実や自己を冷静に観察、回顧、反省してみれば直ちに明らかだ。こうして、この哲学者たちは「世界観学」と称する学問を提唱した。

世界観（Weltanschauung）というドイツ語に当たる英語の単語がないためか、米国のパーソナリティ心理学の第一人者・オルポートも、この語をそのまま採用して人格や性格の構造における中核と考えている。次代や社会によって支配的な世界観はそれぞれ異なる一方、その中で対立する世界観をもつ個人や集団が存在する。ある意味で現代の「先進国」、民主主義の中で多様で相互に対立する世界観が並立するのは当然であり、望ましくもあるが、それが行きすぎると混迷や葛藤が顕著になる。

教育にしても教師がどんな世界観をもつかによって、子どもの人生観も異なってくる。教育にも世界観学的考察が極めて重要だ。特に、現在のわが国のように将来への希望、自他への信頼などを喪失した子どもが何故、生まれたかを考えなくてはならない場合、然りである。

この世界観を理解、解釈するのに最も身近で分かりやすいのは、恐らく楽天論（オプティミズム）と悲観論（ペシミズム）という対立軸であろう。明と暗、バラ色と灰色、肯定と否定、前向きと後ろ向きなどと呼ばれる世界観の二種類がそれである。世界の究極であり、最も身近な存在である人間についての考え方、すなわち人間観でいえば、一方には楽天的な性善説が、他方には悲観的な性悪説がある。人間はすべて本来、善であり、どんな人間にもよいところがある。度し難い人間などどこにもいない、中でも無邪気な子どもは天使のような存在で、無限の可能性をもっているなどというのが性善説だ。子ども性善説にしたがえば、押し付けやツメ込みなど、子どもの本来の天性を束縛する教育を廃し、子ども中心主義に徹することが教育の秘訣となる。確かにこうした子ども性善説はある程度、真実だし、子どもにとっても教師にとっても気持ちがよい。

しかし逆に性善説は事実によってしばしば裏切られ、悲観論的な性悪説の方がよほど説得力をもつことがある。それによれば、人間は本来、「原罪」をもち、堕落や悪への傾向性を秘めている。どんな人間も一皮むけば欲の塊であり、自分のことしか考えない利己主義、自分中心主義の亡者、偽善者であり、放っておけばロクなことはしない。こうした性悪説に立てば、子どもも無邪気な天使であるどころか、油断のできない小悪魔だ。せいぜい善悪をわきまえない動物にすぎないのだから、早くからみっちりとしつけなくてはならない。

性悪説の一種ともいえるが、人間、特に個人の力は社会や歴史の大きな流れに対してほとんど無力であり、誘惑や時流に対する抵抗力をもっていないという運命論的、決定論的人間観がある。現代社会は個人の権利、人格、個性を最大限、尊重するといいながら、その実、個人は社会の歯車、部品になり下がり、新しい社会や人生を創造するなど夢のまた夢にすぎない。人間は本来、弱い存在であり、自らの意志や努力によって運命を変えることはできない。家柄、遺伝、時代など与えられた条件によって運命付けられており、これに抵抗しても無駄だというあきらめの人生観が育つ。人間の知性や理性など、知れたもので、いつ何どき、人知を超えた天変地異、事件・事故が起きるか分からない。「一寸先は闇」「明日は明日の風が吹く」「未来のことをいえば鬼が笑う」などという諺は昔から今に至るまで広く使われてきた。時流に乗って上手に立ち回る〝要領のよい人間〟がほくそ笑む。

性悪説に従えば、すべての人間は信じるに値しない。特に「指導者」「支配者」など〝えらい人〟のいうことを素直に受け入れると、とんでもないことになる。あの悲劇的な結末を招いた戦争を思い起こすだけで十分であり、その反省から〝不信の教え〟が広く行き渡るようになった。特に、政治家、官僚、教師などへの不信が、マスコミの追求、内部告発の流行、「批判」をウリとする評論家などによってあおられる。教育でいえば、教師自ら〝不信の教え〟を子どもに説き、「大人（教師もその一員）のいうことを信じてはならぬ」「大人にだまされてはならぬ」と教えた。論理的には「〝不信の教え〟そのものも信じてはならぬ」ということになるから子どもは泥沼に陥る。

Ⅶ　メルトダウンする教育

83　政治状況と国民感情（２０１０年12月21日）

戦後政治史上、画期的な政権交代が実現したのは、つい一年半前のことだ。09年８月に行われた総選挙で民主党が圧勝、鳩山内閣が成立、長年つづいた自民党支配の方針や手法とは全く異なるため、この政権交代は一種、平和時における革命ともいえる激変と新鮮味をもたらした。選挙に当たって民主党は明快で具体的な政策を「マニフェスト」に掲げた。「政官業のトライアングル」の打破、官僚依存から「政治主導」へ、税金のムダづかいの徹底的排除、官僚の「天下り」「わたり」の禁止、特別会計や特殊法人の整理、公共事業の保護育成ではなく家庭や個人への直接的援助、「コンクリートから人へ」を通しての内需拡大による景気回復が謳われた。教育関係で目玉とされたのは子ども手当の創設、公立高校の無償化、教員免許法の改正、全国学力テストの見直しなどだ。

官僚依存からの脱却、政治主導、税金のムダづかいの根絶のため、制度的には内閣における国家戦略室、行政刷新会議の設置、各省大臣による副大臣と政務官の指名、全省事務次官会議の廃止などが打ち出されたが、特に行政刷新会議のもとで行なわれた公開の「事業仕分け」が広い注目を集めた。「目玉」政策実現のための財源や「埋蔵金」を見付け出そうとした派手な試みであり、それ自体、新政権に対する支持と期待を高めた〝事業〟であった。

しかしこの「仕分け」は法的強制力を欠く上、「仕分け」によって捻出された財源も大きくなかったし、「仕分け」で廃止、見直しとされた事業も名指しされた省の官僚や大臣の巻き返しにあって、実質的に名称だけ変えて生き残ったり焼け太ったりする事例が数多く報告された。特に政権交代直後の「仕分け」は自民党時代の事業や予算だったからやりやすかったが、次回の「仕分け」は与党政府の作った予算を与党が行うことになるので、「仕分け」はやりにくくなり、「仕分け」の「仕分け」が必要だと皮肉られるようになった。政権をとる前には、ムダを省き、「埋蔵金」を掘り出せば、財源はいくらでも出てくるとうそぶき、バラマキと皮肉られる甘い公約を乱発していたが、いざ政権をとってみると現実はそれほど甘くなく、「公約違反」と攻められ、支持率は急降下した。

自民党政権への失望が高まり、その〝賞味期限〟が切れた末期の総理は福田、安倍、麻生と何れも短命内閣に終わって、国の内外から失笑をかったが、当初、国民の高い支持を受けて新しく総理になった鳩山氏もやがて、母堂から毎月、何千万円の「子ども手当」を受けながら報告していなかったことが明らかとなり、「カゲの首相」「闇将軍」と称される小沢幹事長の政治資金問題も加わって、〝クリーン〟を売りものにした民主党の「政治とカネ」の問題が改めて浮かび上がってきた。

長い間、苦労して地元沖縄と米国の了解を取り付けた普天間基地を「最低でも県外」「私には腹案がある」と公言して一挙に解決不可能な状況に追い込んだ「音羽御殿」のお坊っちゃんぶりをさらけ出した「宇宙人」も一年も経たぬ間に退陣に追い込まれた。この鳩山内閣に代わって登場したのが菅内閣だ。その菅首相も就任当初こそ「脱小沢」人事によって人気を高めたが、それも束の間、「失われた十年」につづく日本を取り巻く状況はますますきびしさを増し、不況、就職難、少子高齢化、国際競争力低下、地域崩壊、格差増大、財政赤字など数え上げればきりがないほど暗いニュースが流れ、身近に実感されて、国民は自信と希望を見失っている。こうした状況の急変は米国における民主党のオバマ大統領の就任の前と後にそっくりだ。

政府も与党もこの難局を切り抜ける方策、方向を具体的に示すことができず、衆院と参院とで多数党が逆転する「ねじれ現象」がつづいて身動きが取れない。特に今年に入ってから普天間問題に加えて、尖閣問題、北方領土問題、北朝鮮問題、竹島問題など外交、国土、国際上の深刻な事件が続出、深刻化しており、口先では「毅然」「粛々」と対処すると国民にはいいながら、相手国に対しては何一つ手も打たず抗議もしない。わが方に明白で有利な証拠があるにもかかわらず、国際的に公表し訴えようともしない。「日本人はもっと歴史を勉強せよ」「過去の犯罪を反省し謝罪しつぐなえ」と教え込まれた中国などの若者、反日教育を組織的に受けた世代は「愛国無罪」を旗印に激烈な反日デモをくり広げるが、「自虐史観」をすり込まれた日本人はひたすら嵐がすぎるのを待つだけだ。中国や韓国、旧ソ連の国力、経済力が増せば増すほど、逆にいえば日本の地位や競争力が下がれば下がるほど、日本人は自信、誇り、希望を失い、それが世論、風潮、国民感情にも大きな影響を与える。若者たち自身の考え方、若い世代への教育にそれが反映されていることは否定し難い。こうした傾向は特に政権交代後に明らかになってきたように思う。

84 老人支配と若者支配（2010年5月18日）

普天間基地移設問題の決着を5月末と公約した鳩山首相は、この公約が実現できなかった場合、責任を取ると明言し、自ら退路を断った。その5月末が刻々と迫りつつあるが、普天間基地問題だけでなく、高速道路無料化、郵政民営化見直し、自らの政治資金の不透明、「子ども手当」などの目玉政策の財源問題、小沢幹事長の絶対的権力などによって、首相のリーダーシップは大きく問われ、民主党や内閣への支持率はすでに危険水準を下まわっている。今後の政局、したがって国の政策や方針の行方は全く不透明であり、そのこと自体が国民に大きな不安と不満を生み出している。

それに輪をかけるのが、期待はずれを招いた民主党に代わる第一野党たる自民党の頼りなさだ。自民への支持率は一向に上昇せず、「どっちもどっち」という政治的無関心、あきらめの気持ちを育て、無党派層の増加、棄権率の上昇を招いている。一定の「固定客」、強固な支持組織をもつ公明党と共産党、あるいはシングル・イシューを売りものにして独自の主張を貫き、一定の支持者をもつ国民新党と社民党（この二党は民主党と連立内閣を組み、そのことが内閣の意思決定に大きな影響と混乱を引き起こしている）を別にして、増加しつづける無党派層をターゲットとする新党が次々に生まれ始めている。

そのほとんどは野党に転落し、しかも信頼を一向に回復できない自民党を離党した人びとが結成した。「みんなの党」「たちあがれ日本」「新党改革」などがそれだ。長い間、政権を握りつづけた自民党は与党馴れして新鮮さや独自性や若々しさを失い、民主党の新政権が支持率を急落させたにもかかわらず、自らの支持率を上昇させることができない。このことが自民党内での不満を招き、新党続出の土壌となった。野党に転落した自民党は谷垣新総裁を選出したが、リーダーシップを一向に発揮し得ないため、党内外からの不満がうっ積し、自民党ばなれ、新党ばやりの流れができ、政権交代可能な二大政党どころか、無秩序ともいえる小党乱立状態が起きた。

自民党にせよ民主党にせよ、旧態依然とした派閥のボスや二世が権力を握り、「若手」や「新人」は発言や活躍の場を与えられない。この現実に党内外に不満や批判が高まるが、「若手」には新党を立ち上げる実力も意欲もないため、新党立ち上げも党内の要職からはずされた老練高名な政治家が行うほかない。世論調査で、今、最も総理にふさわしいとされる舛添要一氏（新党改革）は自民党を出る出るといわれながら、中々出なかったため、オオカミ少年になぞらえて「オオカミ中年」と皮肉られたし、与謝野馨氏（たちあがれ日本）は「家出老人」とやゆされた。

こうして与野党を問わず、党の若返り、世代交代が求められるにもかかわらず、政治の世界、政党や政界では依然として老人支配（ジェロントクラシー）、世襲制（パトリモニー）が行われ、若手や新人、「チルドレン」たちは発言も団結もできない、しないという状況におかれているように見える。実際、ジバン、カンバン、カバンに乏しい若手は将棋の駒扱いされやすい。

議員は国民の代表だといわれるが、その議員たちが所属する政党は見てきたように老人支配を特徴とする。少子高齢化のもとで老人が多くなり、若者が減ってくる上、その若い世代には政治的無関心層、棄権者が多いし、未成年者には投票権がない。この点から見れば、政党、政界における老人支配には一定の必然性がある。しかし他方、社会では同じ少子高齢化の中で子どもはますます希少価値を高め、高齢者はますます若い世代に依存するようになるので、若い世代の地位や発言力が高まる。家庭では数少ないわが子は文字通り「家の宝」「王様」（一人っ子政策を取る中国では子どもを「小帝王」というようだ）であり、親は子どもを大事に大事に育てる。学校でも「子ども第一主義」が奉じられ、「子どもは主人公」とされる。特に私立の学校や大学では「客集め」競争が激化し、全入時代、全員卒業時代が到来する。教育機会の平等、学習権の尊重などの原理で就学や進学が義務化、準義務化するにつれて、不本意就学、卒業証書乱発の現象が起きるが、不況の到来とともに若い学卒者の就職難が進み、彼らの不満や不安が高まる。政治主導のかけ声とともに政党の支配力が教育行政や教育政策に大きく影響するようになるが、その政党は上述のように老人支配の傾向が強く、教育の対象たる若い世代とのミスマッチが起きやすい。変化の激しい社会の中では老人は時代おくれ、「化石人間」になり、若者たちから信頼も尊敬もされなくなる。政治の不安定、非一貫性のもとで若い世代を主たる対象とする学校にも世代の対立や葛藤が起きざるを得ない。デュルケームは教育を「若い世代の方法的社会化」と定義したが、政治や社会と世代との関係を検討すべき時代が到来したように思う。

85 「先生」への風当たり（2010年8月10日）

かつての古きよき時代、学校の先生は「天職」「聖職」と呼ばれ、子どもにとってはあこがれの的、絶対的な存在であり、親や世間一般にとっても、尊敬の的、近寄り難い存在だった。子どもに向かって先生の悪口をいう親はいなかったし、学校に乗り込んでイチャモンをつける親（モンスター・ペアレント）はいなかった。ところが最近、教師への尊敬が急降下するようになった。

もっともこうした傾向は教職に限ったことではなく、「先生」と呼ばれる職業に共通している。医師と政治家（特に「選良」と呼ばれる代議士）がその典型だ。誤診や手術の失敗で訴えられる医師も少なくないが、政治家に至っては選挙目当ての甘い公約の乱発、〝政治家〟と〝カネ〟にまつわるスキャンダル、古い派閥体質、タレント候補、世襲議員など、社会的評価は大きく下落している。政治家の最頂点たる「大臣」、中でも総理大臣に至っては、議会はもとよりマスコミでも一方的に攻撃されるばかりで、「可哀想なほど苦労している」。あれほど何から何まで悪口をいわれ、アラサガシの的になってまで政治家になりたい人の気が知れぬというのが、庶民の偽らざる思いだろう。

学校の先生にしても一般、ふつうの先生、「ヒラ」教員だけではなく、社会的地位の高い「出世頭」たる校長先生に対する風当たりは強まりつつある。教員、「先生」の一員ではあるが、大学の先生、中でも教授、学長なども今や急速に世間や社会から監視や評価の矢面に立たされるようになった。少子化の波が入学者の母集団（十八歳人口）に押し寄せ始めた。それまで人口急増期が経済成長期とも重なったため、教育の機会均等の声にも推されて、大学は拡張に拡張を重ねてきたが、今や選り好みさえしなければどこかの大学に入れるという全入時代が到来した。膨張した大学界は東大を頂点とする威信のピラミッド型の成層を形成する。ランキングに応じて各大学の集客力の格差が拡大再生産されるようになるが、ランクを少しでも高めるよう、大学間、さらには大学内でも激烈な競争が行われる。「人気」の高い学部、学科、教授に集中投資が行われ、学生による授業評価はもとより、政府、文科省、設置審などが予算配分や認可の権限を行使し、大学も「仕分け」の対象となる。

こうして大学教員の間でも授業の工夫、学生への世話、研究業績、マスコミ活動などが評価の対象となり、「象牙の塔」でコツコツと研究に打ち込んでいればよかった〝古きよき時代〟は夢物語になった。それにもかかわらず、正規常勤の大学教員への志願者、予備軍（いわゆるポスドク）は増加、蓄積される一方だ、大学教授の中でも頂点にある学長・学部長など幹部たちも今やトップ・セールスに忙殺され、学生や教授たちへの不満やクレームへの対応に追われなくてはならない。このように「先生」たちの〝生き残り〟競争は大学で最も激烈である。

こうした現実を観察するなら、大学をも含めて学校の先生、いわゆる教職の魅力は急速に低下するはずだ。しかし学校、中でも義務教育段階の学校の大部分は公立だから、統廃合はあるにしても教員のクビを切るわけにはいかない。それどころか団塊の世代の教員が定年退職期を迎えつつある昨今、新規採用教員数は増加する。今日、一方ではリーマンショック以来の世界的不況、グローバル化の中での国際競争力の低下、安い労働力を求めての生産拠点の海外移転、少子高齢化の中での財政悪化などのもとで、大卒や高卒の間で就職難、失業者、非正規雇用の増加が顕著であり、高校はもとより大学でも早くからの就職活動（「シューカツ」）、職業準備教育、就職斡旋が大規模に行われるようになった。

ところが他方、特に農林漁業、中小企業、伝統産業、介護などの分野では、就職希望者が少なく、後継者不足が深刻だ。幸か不幸か、教育はすでに述べた通り、授業や指導を機械やロボット、外国人に委せられる部分が極めて限られているし、今のところ教員志願者は減っておらず、採用試験の倍率は高い。しかし、このような状況が続くとは到底思われないほど、先生への風当たりは強く、その風圧に耐えかねない教員が続出している。

学校現場では、教員へのバッシング、リコール運動が子どもや親の間から起き、授業崩壊、学級崩壊が頻発し、行政は「指導力不足」「不適格」教員への対応に追われている。教員の多忙、雑務、ストレス、閉じ込もり、うつ、自殺、早期退職などがマスコミでも広く報じられているし、教室の中で右往左往している教員を子どもたち自身、観察している。名目上、タテマエ上、こうした事態を解消するためだが、教員免許更新制、研修制、教職大学院など、教員養成や再教育が強行されようとしている。教員になる前や教員になってからのハードルを高めるなら、それが裏目に出て教育に人が来なくなるだろう。

86「誰でもよかった」(2008年7月8日)

次から次に若者による無差別殺傷事件が起き、大きな衝撃を与えている。一瞬のうちに、何の関係も何の罪もない多くの人たちを殺傷するという行為は、〝無差別テロ〟といってもよい。しかし、普通テロというのは、アルカイダなど、強固、強力な組織や団体による政治的、宗教的な〝大義〟に基づき、しばしば自ら死を覚悟しての殺傷行為を指し、「犯行声明」も出される。

これに対して、最近、わが国で続発する若者による無差別殺傷事件は、個人の漠然たる、しかし深刻な不満や恨みの暴発であり、その無差別性は、犯人が揃って「殺す相手は誰でもよかった」と告白していることにあらわれている。オウム真理教によるサリン事件は政治的、宗教的、組織的な無差別テロ（1995年）であったが、その後、神戸市におけるA少年による児童殺傷事件（1997年）、精神障害の疑いのある成人による大阪教育大学附属池田小学校における児童殺傷事件（2001年）、17歳の少年が佐賀市で引き起こしたバスジャック事件（2000年）、高校生などによるホームレス襲撃事件、「オヤジ狩り」(2000年）など、子どもを相手にした、あるいは若者による無差別殺傷事件が続発した。殺す相手は子どもであれ、ホームレスであれ、「誰でもよかった」という犯罪がいつ起きるか分からず、バスジャック事件のように、いつ〝普通〟の人が巻き添えになるか分からないとなると、子どもも大人も安心できなくなる。

犯人にしても、逮捕された後にはいろいろな問題を抱えていたことが分かるが、それまでは〝普通〟の「目立たぬ」若者だった。「まさか、あの人が」「まさか、あの子が」と近所の住民も学校の教師も驚くのが普通だ。誰が殺傷事件を起こしても不思議ではないし、誰が事件の犠牲になるかも分からない。〝普通〟の人、〝普通〟の子がいつ加害者となり、いつ被害者となるか分からないとなると、あらゆる人が相互不信、疑心暗鬼に陥り、社会不安が高まる。

「誰でもよかった」という対人殺傷行為に通底するとも思われるのは、「何でもよかった」と人間以外の生物やモノに対する破壊行為である。一夜のうちに公園の池に泳ぐ白鳥の首が無残にも切り取られ、街頭に植えられたチューリップの花がたたき切られ、校庭のウサギ小屋のウサギが殺され、学校の窓ガラスが次々に叩き割られるといった心ない犯罪がそれだ。手当たり次第、「何でもよかった」と腹立ちまぎれ、うっぷん晴らしの破壊行為が広く蔓延している。その多くは「大したことではない」と犯人不明のまま忘れられるが、犯人の中には、恐らく中学生ぐらいの子どももいるだろう。「生命やモノを大事にしよう」と説教しても、この種の無差別破壊行為をなくすことは困難だろう。

こうした流れの行き着く先で起きたのが、去る6月8日、東京・秋葉原で白昼、25歳の若者が起こした無差別殺傷事件だ。彼は勤務先の静岡で借り出したトラックで秋葉原まで行き、歩行者天国に侵入して通行人をはね飛ばした後、トラックを降りてダガーナイフで次々に歩行者を刺した。7人を殺害、10に重軽傷を負わせて警察官に逮捕された。秋葉原は戦後、電化製品の町として発展し、今では日本を代表する若者文化、「オタク」文化のセンターとして、日本の若者はもちろん、外国からの観光客の名所にもなっている。特に歩行者天国の時間帯には、「アキバ族」の派手なコスチュームやパフォーマンスが繰り広げられる表舞台になっている。

この派手な舞台の上で、何千という人々の目の前で、〝真昼の犯行〟をたった一人の若者が遂行したのだ。日本中の人がこの事件に注目したのも当然であり、それまでまったく無名の「派遣社員」が無視冷遇されてきたという不満、ルサンチマンを一挙に解消させたことになる。彼は瞬間的に〝キレ〟たというより、長いあいだ蓄積されてきた自信・自尊心・希望・社会的価値観などの喪失、その原因である社会への否定的評価、反感の具体的表明として今回の犯罪を綿密に計画してきた。それはケータイを使っての犯行予告、掲示板に書き記した日記風の記録、多くの殺傷用ナイフの購入などによって知られる。彼は青森県に生まれ、中学校までは常にトップの学業成績を収めた後、県内有数の進学高校に合格した。ところが、高校時代は一転して成績下位に低迷し、高校卒業後は岐阜県の短大に進学、短大を出た後は、福井、青森、仙台、静岡など転々と職場を移り変わり、「派遣社員」として孤独、冷遇の被害者意識を育てられた。高校入学を境として急に下降、不運、敗者への途を歩み始めたという意識や感情が、「歩行者天国」で楽しげに集う若者が敵意ではなく嫉妬や羨望の対象として無差別殺人を計画させたのであろう。地獄にある自分と同じくらいの仲間が数多く「天国」で楽しんでいる光景は、見るに耐えなかったのであろう。現代教育の本質的課題である。

87 自尊感情の回復（2009年8月29日）

周囲の人たちが事あるごとに、寄ってたかって、自分のことを「ダメな奴だ」「迷惑なお荷物だ」「生まれてこなければよかった」「どんなに頑張ってもどうせムダだ」などと、公然、あるいはカゲで言っていることを知ると、本人もその通りだと思い込んでしまう。そうなると自信や意欲を失い、努力を放棄するようになる。周囲の人たち、中でも当人にとって重要で大事な人々（例えば子どもの場合なら親や教師）が自分をどのように眺め、どのように評価するかによって、当人自身の自己評価、自我イメージが形成される。〝ダメ〟というレッテルを自ら承認することによって、ますますダメになっていく（「象徴的相互作用論」「予言の自己実現理論」）。

親の貧困が子どもへの教育の不平等を通して、子どもの貧困を再生するという負の連鎖が広く指摘されているが（「文化的再生産理論」）、それに似たメカニズムが子どもへのレッテル貼りにも作用する（「ラベリング理論」）。自分に対する否定的評価は自信や希望を奪い去り、自尊心をいたく傷つけ、自暴自棄、自己嫌悪、周囲や社会への反感や敵意、ルサンチマンを生み出す。自分を冷遇、無視する世間からの「引きこもり」や「うつ」、周囲への暴力的「キレ」や、自分よりいっそう弱い者への「いじめ」などが発生する。

しかし自尊感情をいっそう深く傷つけるのは、周囲からの自分に対する否定的評価を「不当だ」と考え納得がいかない場合である。「自分はダメどころか、リッパだ」と自分を肯定、評価しているのに、周囲はそのリッパさに気付かず、一方的に自分をダメと極めつけ、低く評価したり無視したりすることは耐え難い苦痛、屈辱感を生む。例えば現在の高齢者は一生懸命に働いて戦後の日本の復興と繁栄を生み出してきた。それを感謝もせず、尊敬もせず、これ見よがしに〝お荷物〟扱いするなら、老人は心の底で腹の虫がおさまらないだろう。

現代の日本のように「民主的」な社会は少なくともタテマエ上、「弱者」や「敗者」をも含むすべての人間の人権を尊重し、あらゆる差別を排除し、「どんな人間にもよいところがある」「どんな子どもにも『無限の可能性』がある」と主張するのだから、一部、あるいは多くの人々に〝ダメ〟のレッテルを貼ることは自己矛盾だ。

しばしば「親バカ」といわれる教育熱心な親は、わが子を過大評価し、過剰な期待をかけ、過大な要求を早くから子どもに投げかける。社会全体からいえば少子高齢化の中でますます希少価値を高めつつある子ども、若い世代は文字通り「国の宝」だ。消費市場においても学校にとっても、彼らは大事な「お客様」「王さま」だ。「叱るより誉めよ」をモットーとする子ども中心主義の教育ポピュリズムのもとで育ち、「王さま扱い」を受け、「王さま気どり」に陥った彼らは、いささかの無視、冷遇、貶価にも耐えられず、すぐに自惚れと紙一重の自信、自尊感情、自己肯定感を傷つけられる。

教育機会の平等、学習権の保障、高校（さらには大学）の無償などが謳われる教育の中では、たえざるテストが行われ、好むと好まざるとにかかわらず、子どもは順位、合否などの評価・判定を受ける。それに納得できない場合、「不当な扱いを受けた」と反発するのも当然だ。「自分には尊重されて当然の実力と権利がある」と自ら考えているのに、それを否定された場合の不満、不公平感、不運感は容易に理解できる。大学や大学院を出た者にも待ち受けている失業、ワーキングプア、派遣社員などの現実を見れば明らかだ。

自分と同じ、あるいは自分より下と思っている者の中に成功者、「勝ち組」がいるという現実を知った場合、ひがみや、やっかみは大きくなる。自分の価値、長所、実力、実績を認めてくれない社会への不満、怒り、うっぷんが内攻し、「自分は社会から正当な待遇を受けていない」と考える人が増える。あるいは自分の夢や理想と照らし、あるいはライバルやタレントと比較して、自分を評価することが多い（「準拠集団論」）。

見てきた通り、封建的な身分社会とはちがって、民主的な現代社会では、平等の原理のもとで欲求の広範な肥大化が起きるが、右肩上がりの成長のもとでは、こうした欲求をある程度満足させることができた。しかし最近、その限界が急速に明瞭化し、「勝ち組」と「負け組」の格差が拡大するようになった。能力や欲求と、地位や定員との間にズレがあるのは当然だからである。その結果、欲求不満が広範に発生し、その処理が個人にとっても社会にとっても重要で深刻な課題となり始めた。「精神衛生」の現代版ともいえるカウンセリングの流行がそれを物語っている。欲求不満への適応機制としては、欲求の肥大化自体の抑制、欲求水準の低下、欲求の再活性化などが挙げられるが、多くの臨床的研究が必要だ。

88 学力調査より教育力調査を（2009年3月24日）

日教組を中心とする猛反対を受けて中断された学力テストが、学力調査と名を改めて43年ぶりに復活してから今年で3年目に入る。愛知県犬山市を除けば、すべての国公立学校が参加した悉皆調査である（ただし、私立の参加率は昨年度、5割）。学テ闘争の時代とは違って教組の組織率は低下しているし、「ゆとり教育」のためとされる〝学力低下〟への憂慮が広く国民の間に行き渡っているから、かつてのような反対運動は起きなかった。

三回目ともなると、半ばマンネリ化、年中行事化し、毎回同じ教科（国語と算数・数学）、同じ対象（小6と中3）だ。広い関心を呼ぶのも調査結果の正答率から算出される都道府県（以下、「県」と総称）別の平均点や順位といった「ランキング」「コンクール」の趣がある。もう一つの論議は、学力調査結果の公表の範囲、あるいは単位を県に限定すべきか、それとも市町村や学校まで拡大すべきか、という点にある。文科省は都道府県単位に限定しなければ、いたずらに成績競争を煽り立てる恐れがあるとしたが、地方自治、情報公開の世論を背景に、市町村単位の調査結果開示を進める自治体も多い。実際、子どもをもつ親だけでなく、一般の人々も、自分の県はもとより、自分の市や町、地元の学校の子どもの成績がどうかということが気になるのは人情の常である。

しかし、これまた当然のことながら、この全国学力調査で調査される「学力」は国語と算数に限られていて、「学力」の全体ではない。義務教育段階の学校の最終学年の子どもの「学力」に限られていて、それ以上の生徒や学生の「学力」は調査の枠外にある。その限られた「学力」の各県別の正答率は確かに算出されるし、県ごとのランクも確定されるが、一見、客観的な数値や順位に、果たして統計的な〝有意差〟があるかどうかは疑問だ。

特に、調査対象が小学校6年生と中学校3年生という義務教育段階の子どもに限られていることは、調査結果で解釈するさいに見逃してはならない点だ。義務教育の機会均等の原理に従えば、全国どんな地域にいても学齢期の子どもは全員、国民にとって最小限必要とされる共通の知識や態度を学習する教育を受ける権利があり、政府や子どもにその教育を受けさせる義務がある。

もともと民主的な法律主義に基づいて、すべての学校は学校として公認されるためには、教育基本法、学校教育法、さらには学習指導要領や教員免許法など、全国共通の法や基準に基づいた教育を行わなくてはならないが、特に就学の義務と通学区制のもとにある小中学校の場合、住む場所（校区）ごとに異なる教育が行われたのでは、子どもにとって大きな不平等・不公平が起きることになるから、同一共通の基準に則った教育が求められる。全国どの県でも、どの校区でも、同じ授業時間数、同じ授業内容を、全国どこでも通用する教員免許状を持った教師が教えることになる。

これは平等といえば平等だが、悪く言えば画一的な〝悪平等〟になりかねない。地域や子どもはそれぞれ千差万別なはずだから、画一化された義務教育は、かえって地域や子どもの実状に対応できず、子どもの個性を尊重できない。義務教育の名が示す通り、強制された就学に伴う「不本意就学」「学校ぎらい」「不適応」「学級崩壊」などの教育病理が多発する。義務教育以上の段階でも、「準義務化」が進むにつれて同じような問題が起きる。

学校の普及、義務化、準義務化に伴うこの構造的ともいえる困難を打開するため、規制緩和、自由化、特色化、個性化、多様化など、従来の機械的画一、形式的平等から脱して、学校選択の自由（通学区制の緩和やバウチャー制）、中高一貫、進路別編成、到達度別編成、土曜や夜間を利用した授業の開設、フリースクールの公認、民間人校長の登用などが、公立の学校の間でも行われるようになった。

一言にして言えば、従来、義務教育、特に公立の学校は、それぞれ型にはまった金太郎アメ式の〝似たり寄ったり〟の教育を行っていたが今や個性や特色を競い合い、私立に近づき始めた。それだけ全国、あるいは県の平均学力と、個々の学校の学力とのバラツキは大きいはずだ。全国学力調査の県ごとの得点や順位に一喜一憂するより、地域別、さらには学校別の「学力」の差がどこから生まれたかを検討、研究すべきだろう。

「頭のよい子」「できる子」「恵まれた家庭の子」が集まってくる学校なら、少々手を抜いた教育をしても、学力調査でいい成績をとるだろう。特別な支援を必要とする子どもを引き受ける学校では、全力投球しても「学力」は低いだろう。だからといって前者の学校やその教師の「教育力」が高く、後者の「教育力」が低いとはもちろん言えない。「学力」と「徳性」とは必ずしも一致しない。子どもの「学力」だけでなく、教師や学校の「教育力」の調査こそが必要だ。

89「落ちこぼれ・ゼロ」法案――ブッシュ政権下の教育改革（２００９年６月23日）

米国では共和党のブッシュ大統領から、「変革（チェンジ）」をスローガンに掲げた民主党のオバマ大統領へと政権が移動した。〝米国発〟の世界大不況に見舞われながらも、オバマ大統領への世論の支持は今なお圧倒的であるのに対し、泥沼化したイラク戦争の後遺症もあり、前大統領は批判攻撃の的だ。その影にかくれて、何かにつけて米国の動向が広く報道されるわが国では、一部の専門家を除いて、ブッシュ政権の推進した教育改革についてはほとんど知られていない。

実は、８年にわたるブッシュ政権は教育改革を最重要政策に掲げ、その評価が今に至るまで国内で大きな論争になっている。似たような教育改革が最近行われつつある日本にとっても、「他山の石」として注目、検討すべき価値があると思うので紹介してみたい。

２００１年、ブッシュは「一人の子どもも見捨てない」（「No Child Left Behind」略して〝ＮＣＬＢ〟）と銘打った教育改革を公約に掲げて大統領選挙戦に勝利し、政権獲得後、直ちに教育改革法案を議会に提出した。この法案は１９６５年の初等中等教育法を改訂したもので、その四本柱は、①公立学校の学力保証責任（アカウンタビリティ）の強化②公的教育資金の利用に関する地方自治体の自由裁量幅の拡大（教育の地方分権）③親による学校選択権の拡大（ヴァウチャー制度）④教授法の改善――とされ、それらを具体化した最大の政策が全国共通の学力テストの義務化であった。議会では若干の反対と修正が行われ、２００２年、大統領の署名を得てこのＮＣＬＢ法が成立したが、その核心ともいえる全国学力テストの要点は以下の通りである。初等中等学校が養うべき基礎学力として国語と算数（後に理科が加えられた）の学力を三段階（不合格を加えれば四段階）に分類して測定する全国共通テストを、各州は州内のすべての公立学校に対して行わなくてはならず、その結果を連邦政府に報告しなくてはならない。もしこれを怠るなら、州は連邦資金を受ける資格を失う。また、目標とされる学力水準に達しない学校に対しては、教員の交代、学校運営体制の刷新、場合によっては閉校措置がとられる一方、親が自分の子どもを「よい学校」に転校させるための資金援助を行って学力向上のための競争を刺激する。また、国語と算数の補習授業や、低学力の子どもに対する個別指導や特別支援教育を充実する。

この全国共通学力テストに対しては、米国最大の教員組合（ＮＥＡ）の反対もあったし、これをボイコットした校区もあった。その効果や影響について大規模な調査研究も行われ、今なお賛否両論の論争が盛んである。テストの根拠となった法案の名称（ＮＣＬＢ）は、「落ちこぼれ・ゼロ」、「落ちこぼし禁止」などの日本語に訳せば分かりやすいと筆者は考えているが、そのことからも分かるように、この教育改革はもともと、理念的にもアフリカ系、ヒスパニック系、先住民系など、米国社会で不利な立場に置かれてきた、いわゆるマイノリティ・グループが教育でも差別され、平均的に低学力を強いられてきたという現実を打開しようとして提唱された。

連邦政府教育局は２００５年、この目標への前進があったと発表したし、いくつかの調査研究も全体的に国語と算数の平均点が毎年上昇し、特に黒人やヒスパニック系の子どもと白人系の子どもとの得点差が縮小したと報告した。こうしたプラスの評価がある一方、批判も少なくない。主要な批判は次のようにまとめられるだろう。わが国の全国学力調査が米国のそれを参考、モデルにしたかどうかは明らかではないが、今年で3年目になるし、調査対象も国語と算数の二つ（米国では理科が追加されたし、日本でも理科を追加しようとしている）に限られているという共通点があるようで、米国での論争は参考になる。批判は大きく次の三つにまとめられよう。

第一に、全国テストによる評価の限界。年一回、読解力と計算力（後に理科を追加）を全国共通の画一的なテストで評価し、各学校の教育をランク付けることの妥当性が問われる。重度な心身障害児だけを例外として、能力、家庭環境、日常使用言語が異なる多様な子どもに同一の到達目標が課せられ、テスト成績によって画一的な評価が下されるのは問題だと批判される。

第二に、その悪影響。テスト成績によって「問題校」のレッテルを貼られた学校はますますジリ貧に陥り、教育格差は拡大する。テストのための教育、受験対策の重視、出題教科以外の教育の軽視、受験産業の肥大化が進む。

第三に、全国共通テストを義務化し、その結果によって連邦政府助成金を配分するなどの政策は、州や地方自治体の教育権限に介入するので憲法違反。しかも、全国テストに象徴されるＮＣＬＢ政策の実施に投入される国費は不十分である。テストは高校段階でも強制されるため、テスト合格を高校卒業要件とする州では、高校中退者が増えている。

90 比較教育学からの提言（2010年2月16日）

教育学の一分野に、興味と示唆に富む比較教育学がある。国を単位とする教育の国際比較によって、それぞれの国の特徴や課題を明らかにしようとするのであり、国際競争、国際協力、国際交流などが教育の分野でも盛んになるにつれて、その関心が高まる。この分野の研究基地としてはユネスコ教育研究所（ハンブルグ、UIE）と、OECDの教育研究革新センター（パリ、CERI）の二つが代表的だが、比較教育学の開拓者の一人、イギリスのN・ハンスは、一国の教育を条件付ける因子として、国力、国民性、国の歴史の三つを挙げた。

しかし、この三因子によって比較できるのは国ごとの教育だけではない。国内でも地域別の教育比較は可能だし、容易かつ有用でもある。特にわが国では全国共通の法や基準によって教育、中でも学校教育、その中でも義務教育の制度的枠組みが確立しているし、国力に対応する県力（民力とも称され、それぞれの県の経済や文化などの総合的な力が指数化される）、国民性に対応する県民性、国の歴史に対応する県史の研究や資料が近年、全国的に発達し、多くの統計や資料が蓄積されてきた。国別の教育比較より県別（正確には都道府県別）の教育比較の基礎がより整備されているといえる。国際比較になぞらえるなら県際比較という新語があってもよいが、県別比較、県間比較という方が分かりやすいだろう。

教育に限らず、中央集権の伝統や制度のため、全国どこでも一律に適用される平等主義的法治主義のため、全国共通の「横並び」「金太郎アメ式」の方式や項目による統計（特に指定統計）や調査が微に入り細をうがって行われ、公表されている。教育でいえば文科省によって学校基本調査、教員調査、体力・運動能力調査、学校外での学習活動調査、児童生徒の問題行動調査、携帯電話普及度調査など、数え上げれば際限がない。学校教育だけでなく、社会教育や家庭教育など、学校外教育に関係する全国調査も多い。これらの調査の中には全国学力調査のように、県ごとの数値が公表されているものも多いし、少なくとも全国の平均値は原則としてすべて示されている。中央政府や文科省によって行われる全国調査は各県教委が一定のマニュアルにしたがって自県で代行し、その結果を中央で積み上げるという方式を採るのがふつうだ。したがって各県教委は自県の実態、数値を知っているはずだから、それを全国の平均値と比較し得るはずだ。

この広範、膨大な全国調査の結果を自県と比較してみるなら、単に学力、しかも小6と中3の国語と数学に限った学力だけでなく、教育全体の中での自県の特徴、長短、課題などを見つけ出せるにちがいない。全国的に正確、精緻な統計の存在は国家の水準、先進性の指標とされるが、わが国の教育はその点で先進国たるの実を備えている。この豊富、貴重な資料を活用せず、極めて限られた学力調査結果のランキングだけに一喜一憂することなく、学力にしても他のいろいろな調査結果との関係を分析、広報し、自県の教育行政、教育政策などに反映させ、貢献することが求められる。

こうして第一に学力だけでなく教育全体を各種の統計調査資料を活用した県別比較の必要と効用を指摘したいが、第二に類似する県の対比、また県内の比較を提唱する。自県の教育を他県の教育や全国平均と比較する県間比較だけでなく、自県内の各地域、さらには各学校あるいは同類学校群を比較する県内比較は、県教委の指導主事や県教育研究所の所員などにとって専門的な職務にかかわる。国際比較でも人口何億という先進国と、人口数万にすぎない低開発国とを比較するより、同程度の国相互を比較する方がよほど有意義であるように、国内比較でも巨大な首都と地方の小県とを比較するより、「似た者同士」を比較する方が有益だろう。

「似た者同士」(例えば、秋田県と青森県）を比較することによって、同じような条件にある県には共通する特徴や問題があることが分かるだろうし、比較の結果、ある県だけに顕著な問題や弱点が見つかるなら、その改善、解決がその県の教育行政、教育政策の重点目標となろう。この考え方をさらに発展させるなら、同じ県の内部でも県庁所在地など中核的な市と、へき遠の農村との差は大きいし、市の中でも中央部と辺境地域、商業地区と住宅地区などで大きな差がある。同じ県内でも中高一貫の「有名校」「大学付属校」などと、その他「ふつう」の公立校とでは、〝比較〟にならないちがいがある。

先に述べたように、わが国では全国共通の学習指導要領などによって金太郎アメ式に画一化されやすく、それだけ地域や子どもの実態から遊離しやすい。そのため、この画一化に対応して多様化、特色化、個性化などが推進され始めた。教育の結果、子どもたちがどのくらい伸びたかという「教育力」の継続調査、追跡調査による比較が必要であり、全国学力調査もこの点から見直してほしい。

91 地政学的指導の提唱――「国難」超克の教育を（2011年11月5日）

ギリシャに端を発する財政破綻にあえぐＥＵ諸国、巨大な戦費と失業問題をかかえる米国、はては国内の格差拡大と高学歴者にも及ぶ就職難がかくせなくなった中国やインドなどなど、多くの国に見られる黒い雲が、グローバル化したわが国にも飛んでこないはずがない。いや、わが国は世界一の速度で進む財政赤字、少子高齢化、産業空洞化などの悪条件のもと、バブル崩壊後、急速に「ジャパン・アズ・ナンバーワン」の地位や評価を失っていたが、それに追い打ちをかけるように３・11（東日本大震災、大津波、福島原発事故、風評被害）以後、いつ終息するかの見通しもつかぬ苦難に直面している。百年に一度といわれる「国難」の中で国民は不安におののき、適切な手を打ち得ない政府は不信と攻撃のまとになっている。こうした中で若い世代は将来への昨日を見い出し得なくなっている。いくら「元気を出せ」「頑張れ」といわれても白けてしまう。

世界的にいえば、かつてのローマクラブの予言に代表されるように、地球はやがて人類を支えつづけられなくなるといった「暗い未来学」（実はそれに対応する生き方の必要性と可能性を説いたものだった）が、国内でいえば『日本沈没』がベストセラーになったことからも知られるように、終末論的なペシミズムが以前から広い共感を得ていた。それに加えて特に戦後のわが国では「太平洋戦争」、またそれに至るまでの日本の「帝国主義」「封建主義」の悪や罪を強調する自虐史観や極東裁判史観が学校や言論界で大きな勢力をもっていた。近隣諸国からは過去や歴史を学んで「謝罪とつぐない」をするよう、たえず求められ、米国の庇護と指導に頼りつづけた戦後の日本人からは日本の過去、歴史、伝統などへの愛着や誇りは失われ、国防、国史、愛国などと口に出すことすら、国家主義、国粋主義、保守反動として非難、自粛されるようになった。「暗い未来学」で将来への、「自虐史観」で過去への否定的態度をすり込まれた人たちが、〝自分さえよければ〟〝今さえ楽しければ〟という自分中心主義、刹那主義に陥るのも当然だ。こうした広狭両義の教育が「国難」の超克を困難たらしめており、それ自体が日本のかかえる「国難」の一つだといってよい。

民間ではキッザニアなど、子どもに対する職業ごっこで、いろいろな仕事の面白さを実感させる施設が繁盛しているし、学校でもキャリア教育、進路指導、実習などが行われ、生徒や学生が将来の進路を探し出すために適性検査や職場案内が行われ、卒業生の就職率は学校の生き残りを左右する。しかしそれだけでは、現に直面しつつあり、長期の努力を必要とする「国難」への対応は不可能、不十分だ。「国難」を自覚し、その解決に使命感をもたせるような教育こそが国の将来にとっても子どもの将来にとっても必要だ。どんな教科、どんな指導でこのような教育が行われ得るかについては、慎重な研究や実験が必要だが、基本的には次に述べるような教材を最小限、教員向けに用意することが有効であろう。

結論的な私見、試案だが、それは「地政学的指導」である。最初述べた通り、「国難」は何もわが国だけの現象ではないが、わが国には日本特有、あるいは日本で最も頻発しやすい大規模な「国難」がある。地政学的にいかんともし難い国難がある。改めていうまでもないが、日本は極東の資源小国である。四方を海に囲まれ平地の少ない島国である。台風銀座、地震列島といわれる災害多発国である。海をはさんだ大国は米国、中国、ロシアなどの列強である。こうした地政学的な条件はいかに努力しても変えることはできない。

日本や日本人はこうした地政学的条件のもとで、くり返し、大きな「国難」に遭遇し、これを克服してきた。禍を転じて福となし、マイナスをプラスに転じ、失敗をバネとし、国難を天の与えた試練ととらえて立ち直ってきた。敗戦、阪神淡路大震災など、〝もう日本も終わりだ〟と思われたほどの国難を次々に乗り切って、いっそうの発展を遂げてきた。資源小国という条件を優秀な人材の育成、新しい産業や資源や技術の開発、「助け合い」「思いやり」「もったいない」「おかげさま」「お互いさま」「有難い」「がまん」などというコトバや気持ちで克服し、棚田や鎮守の森や里山など自然と調和した環境を作り出し、繊細で美的な織物や道具、世界的に通用、尊重される作物や作品を生み出してきた。「国難」超克のモデルを世界に向け、後世に向けて提供したといっても過言ではない、こうした「地政学的悪条件」のもとでの「国難」を克服の実例を整理して、次代の国民、すなわち現在の子どもや若者に教えるなら、彼らは発奮し勇気づけられ、高い志を生きる目標、生きがいをもたらすような人間に成長するだろう。そのためには特に学校の教師、また教員志願者に国難超克史の学習が必要だろう。

コラム1　60年前の教育——歴史の教訓

（『信濃教育』２００５年2月号）

60年前の教育を語れる数少ない「生き証人」として、戦後の物心両面、極度の悪条件の中で、教育の真髄、醍醐味をいかに味わってきたか……

眼前に繰り広げられた広島の原爆投下の地獄絵巻によるトラウマの中で教壇に立ち、生徒たちと過ごした苦難な日々の日記の中に残されていたものを紹介し、教育の原点、本質を垣間見たい。

1　60年前の新人教師

歴史の「生き証人」

戦後60年が経過した。わが国では、いわゆるサラリーマンの定年は一般に60歳だから、今後、戦前生まれは急速に退職し、逆に「戦争を知らない」世代が多数派となる。戦後60年を期に、戦争や敗戦という悲劇に思いを致し、歴史を認識し過去に学ぶことが広く要請されているが、60年前の日本を実体験した人は今後、急速に表舞台から去っていく。

戦後二、三年経って起きた第一次ベビーブームの所産たる「団塊の世代」は焦土、廃墟、貧窮、混乱の中で幼少期を送り、長じては集団就職、生存競争を経験し、やがては全共闘的運動を経て、仕事中毒、企業戦士という経歴を辿った。しかしこの人たちも今や定年を間近に迎え、「少子高齢化」のもと、「２００７年問題」の中核となりつつある。

以上の光景はサラリーマンの一員たる教員、特に公立学校教員にも、そのまま当てはまる。60年前の教育をありのままに知る教員が急速に減りつつある中にあって、私は数少ない「生き証人」、語り部の一人であり、体験に基づいて当時の教育を語ることには、それなりの価値があると思い、この一文を草する次第である。

実際、私は60年前、終戦直後に旧制の広島文理科大学教育学科を卒業、直ちに広島女子高等師範学校教諭に任じられ、やがて広島高等師範学校を経て新制の広島大学助教授となり、以後40年間を同大学で、また定年退職後20年間を兵庫県の武庫川女子大学で、教育の実践と研究に打ち込んできた。つまり私は60年前、初めて教壇に立ち、以後60年間、この国の教育現場で暮らしてきたのである。初心忘るべからずというが、60年前の私の最初の教員体験は、今なお多くのことを教えてくれるし、その後の私に決定的な影響を与えた。

都合のいいことに、当時の私は克明な日記を書きつづっており、その大部分は戦禍をくぐり抜けて今も手元に残っている。当然のことながら、はるか後に無意識の脚色を施して書かれた回想記とはちがい、日記はその日その日の行動や感想を記録したものだから、それだけ事実をありのままに伝えてくれる。ここでは60年前、戦後の悪条件のもとで、多感な一青年教師が初めて教職に就いて、教育の真髄、醍醐味をいかに味わったかを、当時の日記を通して伝えたいと思う。

日記『続・無力抄』冒頭の記録

当時の私は一種の文学青年でもあり、哲学青年でもあったためか、日記帳に「深遠」「神妙」なタイトルを付けて、自ら悦（？）に入っていた。終戦間近か、昭和20年前半、大学3年生時代の『無力抄』と題された日記は戦後半年あまり中断した後、翌年『続・無力抄』というタイトルのもとで再び書き始められた。それは昭和21年3月30日の日付から始まっている。この日の日記はかなりの長文で私が広島で原爆を受けたときの状況から書き起こし、その後の教員生活を回想している。若干省略し、新仮名づかいに訂正して、原文のまま再録してみる――。

「このノート『無力抄』はぼろぼろになってしまっている。そして最後は8月5日の日付で中断している。私の無力を象徴した『無力抄』というタイトルはそのまま、日本の無力を象徴していた。

「8月6日、それは丁度、工場の休日〔注・当時、学生は戦時学徒動員令のもとで軍需工場などに駆り出されていた〕であり、私は快い夏の朝日の差し込む下宿の二階で眠っていた。突然、私は自分の頬を何かで殴られたように感じ目を開いた。と、大地震でも起ったように部屋の中はほこりでもうもうとし、柱、建具、家具類が一度にぐらぐらと吹き飛んだり、倒れかかったりしてきた。

「咄嗟に私は空襲だと感じて飛び起き、直ぐに階下に駆け降りた。壁土、瓦、ガラス、木片などをシャツ一枚の体に浴びながら、そこにあったバケツを鉄かぶと代わりに頭にのせ、しばし茫然と立ちすくんだ。まさしく至近弾を受けたのだという直感、しかもこれなら命だけは助かり得るという自信――私はようやく心を落ち着けて、周囲を見廻すことができた。〔中略〕

「私はこの爆弾が何か新兵器であることを悟った。30分もして広島市は火の海となり、やがて十時ごろには何千という人びとが全身火傷を負い、身に何一つまとわず、うめき、泣き、叫び、続々と避難してきた。路傍に倒れた子供や老人は水を、水を、といいながら死んでいった。兵隊がたんかに乗せられて引きも切らずに山の中に連れられていく。血だらけの体で、もはや男とも女ともつかない人たちが、空虚な目を充血させて逃げていく。子供を背負った若い女、全身にほうたいをした老人、火傷で全く赤裸になった兵隊や子供、生まぐさい血の臭い……何という地獄絵巻が私の眼前に繰り広げられたことか。私自身、顔と肩に火傷を受けながら――。

「ああ、これが世界最初の原子爆弾を受けたときの、広島の郊外の状況であった。二、三日断末魔のうめきと、死者を焼く臭いとに取り囲まれて、前の畑に野宿をした後に、この事実が知らされた。そして引きつづいてソ連の参戦の報が入った。到底日本がこのまま戦争をつづけられないことは、誰の目にも明白であった。火傷を負った私が郷里〔神戸〕にやっと辿りついたのは、それから一週間ほどしてからであった。そして二、三日するとあの15日の終戦の詔勅、25日には父の死、何という悲劇の連続であったことか。……〔中略〕

「9月、大学を卒業、広島女高師に就職、11月、吉田町〔県北〕に赴任、つづいて12月、学校は安浦町〔県南〕に移転、私はこのような心の空白の中に八ヵ月ほどを過ごしたが、次第にかかる空白が耐え難いものとなってきた。私は本棚の片すみに捨てられてある『無力抄』を取り上げた。『続・無力抄』の名のもとに、私は再び私の「人間の意志に対する信仰」の獲得への闘争をつづけようと考えた。この無力の闘争は無力であり無益であるからといって、無価値なのではない。この無力、無益な闘争こそ、人間の過去の一切ではないか。

「砂に書く文字は波に消される。しかも人はそれにもこりずに、文字を書きつづける。人間の執念深さ、そこにこそ人間の意志はあるのではないか。この意志を信じよう。波に消されることは分かっている。否、文字さえ書き得ないことも分かっている。しかも私は文字が書けなければ、一掻きでもいい、砂に印をつけたいのだ。これだけ無力な人間が無力から超脱しようと努力した印を残そうとするのは、牢獄につながれた囚人が、血だらけの爪を以て、冷たい石の壁に脱獄への無力な努力を残そうと考えるのと同じ位、人間の悲痛な意志への闘争を表現するものではないか」

以上は原爆投下の日を境に中断していた日記（『無力抄』）を半年あまり後に、再び書き始めた『続・

無力抄』の最初の部分である。そこに書かれているように、私は昭和20年9月、大学を卒業、女高師（附属）に就職したが、戦災で全壊したこの学校は翌年4月、新1年生を迎えて、正常の授業に復帰することができた。

私は1年1組の学級担任を命じられ、バラック建ての校舎兼寮の中で、生徒と起居を共にしながら、教育、学級経営に打ち込んだ。物心両面、極度の悪条件のもとでの初めての教員生活、生徒との共同生活は、私の長い人生の中でも最も思い出深いものである。

２　60年前の学校

学級通信『ひまわり』

見てきたように60年前、ケタちがいのトラウマ（という語は当時、知られていなかったが）の中で、24歳の青年教師（私）と12歳の女生徒たちとが、どんな学校生活を送ったかをありのままに伝える資料が、たまたまこの日記の中にはさまれて残っていた。それを紹介して、教育の原点、本質をかいま見ることにしたい。

それは今でいえばB４判のザラ紙の両面に、謄写版（ガリ版）で印刷された「学級通信」である。タイトルは『ひまわり』(向日葵）第一号、昭和21年7月、広島女高師附属高女、第一学年一組、学級会報となっている。私が手書きの鉄筆で四段にわたって、ぎっしりと清書した多くの記事を編集している。

まず巻頭に私自身の「創刊の辞」が載っているが、私の学級経営方針の宣言とでもいえるものなので、次にそのまま再録してみる――。

「この広い世界で何かの縁に結ばれ、時と処とを偶然一致させて、諸君と私はこの学校で共に生活することになった。敗戦後の私達の周囲は暗く苦しいかもしれない。この苦難の世界で一番必要なもの、明るさと楽しさの光は一体何処に見えるか。私達がその光を探そうとするのは愚かなことだ。何故なら、その光は外に探すべきものではなく、内に作り出さねばならないものだからである。

「一人の内から出た光はやがて十人の心を明るく温め、やがてその十人がそれぞれ十の光を出して、百人の心を明るく温めるだろう。百人から千人、千人から万人。――私達は心の内に光を育もうではないか。せめて最初にこの組を光に満ちた明るく温かいものたらしめようではないか。「世界がぜんたい幸福にならなければ個人の幸福はあり得ない」と宮沢賢治は言った。私達が属する世界、この組を幸福にしようではないか。私は心に光を抱く人を尊敬する。心を豊かに持て。決して不平を言うな。ねたんだり、ひがんだりするな。人間や社会の醜い、暗い面ばかり見ようとせずに、明るい、美しい面を見るよう努めよう。楽しむときには共に楽しみ、苦しむときには共に苦しもう。おのずから諸君の心に明るい光が生まれてくるだろう。その光を生むためのこの組の努力の一つが、この『ひまわり』となることを望むのである」

別のコラムには「夏休みにすすめたい本」として漱石の『吾輩は猫である』『坊ちゃん』、藤村の『千曲川のスケッチ』『生ひ立ちの記』、三重吉『桑の実』、中勘助『銀の匙』、ホーソン『ワンダ・ブック』、バーネット『小公子』、アンデルセンとグリムの『童話集』が、「図書室の中からすすめたい本」として沢潟久孝『万葉集講話』、木枝増一『児童の国文学』、三重吉『古事記物語』、鷗外『山椒太夫・高瀬舟』、『坪田譲治集』、中谷宇吉郎『続・冬の華』、『ピーターパン物語』、『ナンセン伝』などがリストアップされている。

この学級会報の記事から当時の学校生活を知るいくつかの情報が得られる。夏休み帰省先の表からは、この学級の生徒数が41名であり、その半数は寮生であることが分かるし、「一学期の行事表」からは天長節、音楽会（巌本真理演奏）、講演会（南薫造講演）、映画鑑賞会、学芸会、体育大会などの他、田植作業などが行われたことも知られる。

また二人の生徒の反省文が載っている。その一人は「長い戦争も終り、平和な春が来て、私達も生徒の本分をつくすため一心に勉強して来ましたが、まだまだ足りない所がたくさんあります。先生に心配をおかけした時もあり、約束を守らずに注意されたこともありました。試験でいい成績を取らず泣いた人もいました。組の中がうまく行かず、にらみ合ったようなこともあります。けれど私達は反省すべきことを努力して直すことを知っています」と述べている。もう一人は（一）土足厳禁、（二）下駄箱の整理、（三）通学生は花を持参して教室に飾る、というクラスの三つの約束を守って「皆が級を明るくするよう、今後、先生に心配をかけないで組全体が仲よく自律的に活発に進んでいきましょう」と訴えかけている。

生徒と教師の文学作品

以上二つの反省文は学級会での話し合いをもとにしているが、当時学級担任としての私が、師弟同行の共同生活の中で折にふれて指導したのは、芸術、特に文学教育である。その一端は『ひまわり』創刊の辞における宮沢賢治の引用や、推せん図書のリストからもうかがえるが、こうした文学作品の鑑賞だけでなく、美的感覚、さらには人間性を養うための創作を、私は意識して奨励した。学級会報には、二人の編集委員と私とが選んだ作品が収められている。作者名はここでは伏せるが、ジャンル別に整理すると、次のようになる。まず生徒の作品――

○詩　「ツクシの学校」

ツクシの学校のぞいたら
みんなそろって行儀よく
おふでを持ってお手習ひ
イロハニホヘト書いていた
ツクシの学校のぞいたら
みんなそろって行儀よく

はかまはいて並んでた
一、二、三、四とお体操

○短歌

・青空に仰ぐ白日　田も道も
　焼けるが如き　夏は来にけり
・ふと見れば　垣根隣に　鮮やかな
　ぼたんの花の　咲きそろひけり
・梅雨晴れの　静かな朝の前庭に
　のうてんかづらの　花赤く咲く
・初夏の海見渡すかぎり　さざ波の
　みどりの小島　うるはしきかな
・田植え済み　きれいになりし
　田の中に　小雨そぼ降り　蛙鳴くなり
・植え終り　人影もなき田の中に
　そよ風おほふ　初夏の夕ぐれ

・おぼつかぬ　手にて植えにし　馬鈴薯を
　掘りてほほ笑む　わが一家かな
・夕暮れに　遙かかなたの空見れば
　恋ひし思ひの　あかね雲かな
・もう十日　あと九日と　ことごとに
　指折り数へ　待つ夏休み
・さまざまの虫の音聞けば　思ひ出す
　ああなつかしき　お国なりけり
・なつかしき　我がふる里を　かへりみて
　遠く離るる　我が心かも
・自転車に　始めて乗れしうれしさに
　母よ母よと　駆け回るかな
・帰り途　堤の上を　すいすいと
　ほたる飛び行く　三つ四つ群れて
・朝もやの　かかりし海を見渡せば
　沖の小島に　白衣着るなり

・春の夜　青く澄みたる大空に
　ただひとりのみ　月ぞ輝く
・弟の幼心も可愛くて
　叱りし後も　微笑するかな

○俳句
・夕風や　松の梢を　吹きすさぶ
・入梅や　あじさい咲きぬ　雨上り
・野道来て　思ひ出のある　あやめ草
・せせらぎに　椿の花の　舞を舞ふ
・山路に　露草一つ　淋しそう
・そよそよと　麦の穂なびく　田や畑
・初夢に　我が里を見て　涙かな
・秋の夜は　風のノックに　驚かれぬる
・夕涼み　あたりに響く　下駄の音
・春の空　白雲かけて　地図に似る

・青空に　山月眺め　夏おぼゆ

若干、複数の作品の作者もいるが、学級全員のうち25名の作品が選ばれている。もちろん巧拙はあるにしても、12歳の子どもの半数以上が詩歌の創作を試みるまでになったのだ。私自身、学級担任として、また校友会の文芸班の顧問として、自ら多くの作品を生徒に紹介したが、それが刺激となり、モデルにもなったように思う。『ひまわり』にも自選して、次の幾つかを載せている。

○詩「おとめごに寄す」

おとめごよ　おとめごよ　おとめごよ
おとめごよ　おとめごよ　おとめごよ
なれはまた　山に行き　その涙
双《ふた》の眼《まなこ》に　緑のもとに　我はしらねど
涙して　高らかに　何時の日か
何をか思ふ　歌を歌へよ　風に乾《かわ》かむ
おとめごよ　おとめごよ　ああおとめごが
おとめごよ　おとめごよ　若き日の

野に行きて　海に行き　若き涙を
黄金《こがね》の琴を　白砂原に　流す日の
清らかに　転《ころ》びては　思ひを誰か
奏《かな》でむかなや　空を見つめよ　知るべきや

○短歌

・さびしさの　極みの果てに大いなる
　希望《のぞみ》のありや　我は知らなく
・幸いは　何処《いずこ》にありと日ねもすに
　考へたれど　幸いは来ず
・風よ吹け　吹き吹きて　わが淋しさを
　極みの果てに　吹き送りてよ
・吹く風に　乗りて行かばや　淋しさの
　極みの果てに　一人行かばや

現代への教訓

以上は60年前、終戦直後における一青年教師の学級経営、生徒指導の記録である。あくまで一つの事例にすぎないし、当時と現在とでは時代は一変してしまっている。しかしそれにもかかわらず、この記録が教えてくれる本質的なものがあるように思う。実際、その内容や認識度は全くちがうにしても、現代の日本は当時の日本と同じように深刻な危機や課題に直面している。60年前の日本の若者や教育が、それにどう対処したかを学ぶ必要がある。

そこでは極度の窮乏のもとでも希望や明るさを失わず、知識や美への渇仰、仲間との連帯や協力の重要性が一段と自覚されたことが示されている。ハングリー精神というが、飢えていればこそ、奪われていればこそ、獲得したい、豊かになりたいという意欲と努力が育つ。その後の日本で「生きる力」「心の教育」が唱えられたが、60年前すでにそれが実践されていたのだ。

特に強調したいのは道徳教育、生徒指導、学級経営などにおける教師と生徒との共同生活、師弟同行、あるいは教師の提示する実践モデルの役割、また芸術、中でも文学の鑑賞と創作の有効性である。これらは何れも心の「琴線」に触れ、「感動」を呼び起こすのに大きな効果をもっている。教育の本質、醍醐味が60年前、「純粋」「純真」な青年教師と若い女生徒たちとの交流の中に見い出せると思うのである。

コラム２　戦後60年に想う

（『風土』２００５年12月号）

戦後60年の課題

今年はあたかも戦後60年。この節目の年を迎えて、歴史を正確に認識し、歴史から学ぶことが、国の内外から広く求められているが、この60年を身を以て体験した人たちは今や還暦を迎え、定年退職して職場の第一線から離れつつある。戦後二、三年経って外地、疎開先、軍隊、軍需工場などから「復員」して家庭にもどったり結婚したりした人たちの間にベビーブームが起き、その結果、後に「団塊の世代」と名付けられた大量の純戦後派の大群が生まれた。この人たちは成長するにつれてやがて「ひしめく40代」となり、さらに「ひしめく50代」となって間もなく60歳を迎える。

焦土と化した四つの島に閉じ込められ、言語に絶する貧窮、虚脱の中で生まれ育ったこの人たちは純戦後派である。この人たちの中には戦災孤児や集団就職した人、受験戦士や企業戦士になった人も数多く含まれていた。必死になって働いた彼らは、戦後日本の復興、成長を支えてきた中心戦力である。戦後60年を生き抜き実体験してきたこの人たちの貴重な経験、知識、技倆、徳性などがその定年退職とともに、職場から失われかねない。その伝承、後継者の育成、また彼らの再雇用、社会的活用などが差し迫った政策的課題となるが、平均寿命の伸張、高齢化の進行、退職後の「余生」の延長、元気一杯の「新老人」の増加、高齢者の福祉、年金問題なども緊急に取り組まなくてはならない。大量の「団塊の世代」が退職し始める「07年」問題が起きるのだ。この世代に対する再教育、リカレント教育、キャリア教育などは、この問題への教育的対応の例である。

60歳定年制が広く定着している企業や官庁でこの07年問題は特に深刻だが、それは学校、中でも公立学校にそのまま当てはまる。最近20年間、特に過疎地域では少子化の影響を受けて教員需要が急減したが（その急減は前述のベビーブーム世代が就学するにつれて教員需要が拡大していたので顕著だった）、ここ数年、大量の定年退職教員の補充によって、教員の年齢構成がいびつになりつつある。07年問題は教員個々人にとってだけでなく、学校経営、ひいては子どもたちにとっても切実だ。

この「団塊の世代」の教員も戦後生まれだから、戦前、戦中のことはもちろん知らないし、戦争直後のことさえ幼少期だったから、はっきりとは覚えていない。まして彼らより後の教員はすべて「戦争を知らないこどもたち」として育った。彼らの教え子はさらにきびしさや貧しさとは縁遠い時代の中で成長した。戦後は遠くなりにけりとでもいえる社会、もはや戦後ではないといわれた時代に生れた教員や子どもたちにとって、戦後60年の歴史を認識することは容易ではない。

60年前の終戦を境に、あらゆる面で日本は革命的ともいえる変化を遂げたし、戦後もサンフランシスコ条約によって独立と主権を回復する前と後では、また経済の急成長によって「ジャパン・アズ・ナンバーワン」といわれる段階に到達する前と後では、国民の意識と生活は一変した。歴史を風化させず歴史に学ぶことが必要だといわれても、この60年間のように激しく変化する時代、世代間の相互理解はますます困難となる。

しかし変化が激しいという事実は、どんな時代にも（いやこの60年間を見ただけでも分かるように時代が下がれば下がるほど、したがって今後はますます）強まる。変化にいかに対応したかを知ることは、変化にいかに対応するかを知る上で大きな示唆を与えてくれるはずだ。例えば敗戦後の日本が直面した危機と現在の日本が直面している危機とは、その内容や自覚度こそ全く異なるにしても、深刻さ、重大性を共通にしている。どちらの時代の日本も、いかにしてその尊厳と独立を維持するかという問題に直面し、これからの日本はどうなるのか、どうあるべきかという不安、課題解決に頭を悩ましている。――このように考えると、戦後60年を身を以て体験した人たちが急速に社会の第一線から去っていく現在、歴史の「生き証人」「語り部」の証言はますます貴重だというべきであろう。

60年前の「自分史」

以上のような文脈の中では、私自身、「戦後60年」に特別の感慨を覚えざるを得ない。全くの偶然といってよいが私にとって60年前の昭和20年という年は「自分史」における決定的な節目の年である。終戦直後のこの年の9月29日、私は旧制の広島文理科大学教育学科を卒業（当時は戦時中の非常措置で半年繰上げ卒業の制度が行われていた）、翌日付で文部大臣から「広島女子高等師範学校勤務を命ず」という辞令を受け取った。この学校は文理大同様、後に昭和26年発足した新制の広島大学の母体となった学校であり、私はその附属高等女学校教諭として教員生活のスタートを切ったのである。その一月あまり前の昭和20年8月6日、大学卒業直前、私は広島市内で原爆に遭い、倒壊した下宿の近くで数日間、野宿した後、郷里の神戸の自宅にたどりつき、終戦を迎えた。

つまり60年前の昭和20年、終戦と時を同じくして、私は学生から教員へと身分を一新したことになる。ついでながら戦後60年の今年が私に特別の思いを抱かせるのは、今年の4月、私は60年間の教員生活（その前半40年間は広島大学に、後半20年間は武庫川女子大学に奉職した）を終えたという節目のゆえである。今も武庫川女子大学で嘱託研究員、非常勤講師として研究室を与えられ、「生涯現役」の「新老人」たる気もちを抱いているが、私にとって大きな節目となった戦後60年目の今年、教育の実践と研究に打ち込んだ記録をいくつかまとめた。一つは私が過去20年、所長を勤めた武庫川女子大学教育研究所の紀要に載せた『わが研究の軌跡――ある教育研究者の〝自分史〟』であり、もう一つは『新堀通也の日本教育歴年史』（安東由則編、北大路書房）であり、もう一つが最新刊の『新堀通也歌集　戦中・戦後青春賦』

（文芸社）である。紙面が許せば具体的にいくつか紹介したいと思うが、この歌集は戦中・戦後の６年間、私の生活や心情を歌った千首あまりの短歌と詩歌を編集したものである。

終戦直後、24歳の青年であった私が始めて教師になった女高師ももちろん原爆で焼失し、教員も生徒も仮校舎で共同生活を送った。あらゆる面で極度に不自由だったが、私にとっては初めての教職体験であるだけに思い出多き世界であった。生徒も教員も、保護者も住民も、いや全国民のほとんどすべてが戦中・戦後の苦難の中に投げ込まれていただけに一種の連帯感、共通のハングリー精神を共有していた。今から10年前、阪神大震災を機にＰＴＳＤ（心的外傷後精神障害）なる語が広く用いられるようになった。60年前の敗戦（いやそれ以前の戦争）は規模においても程度においてもケタちがいのトラウマであったにもかかわらず、人びとの間にはそれに比例したＰＴＳＤは見られなかったように思う。一方ではその日その日をいかに切り抜けるかに精一杯で、心的なストレス障害など、「ぜいたく病」に悩む余裕さえなかったかもしれないし、他方ではトラウマがすべての人に共通していただけに、その克服が共通の課題として認識されていたからかもしれない。私が初めて教壇に立った学校も原爆という窮極のトラウマを受けたにもかかわらず、教師も生徒も学業の再開を心から歓迎し、明るい将来に夢を託した。

私の歌が詠まれた戦中・戦後６年間の前半と後半とでは権力が日本政府から米占領軍に、公式の道徳が国家主義から民主主義に移動するなど１８０度の変化があったものの、物質的、経済的な極限状態は共通していた。きびしさ、苦しさ、貧しさは一貫しており、個人はその前でほとんど無力であり、その中にあって生きる目標や喜びや支えをどこに見出すかは、特に本来、多感で理想主義であるはずの青年には本質的課題だった。

戦争末期、「昨日今日、敗報しきり至るまま血涙しぼり物言はずけり」と詠んだ私にとって愛国や憂国の情、死への覚悟がその答えであった。「共に征き共に死なばや君と我　共に学びし男の子なりせば」「日の本の国はよき国　この国を敵に触らすな汚き敵に」「世に在る日あと幾ばくぞ君と我　この碧玉《へきぎょく》の酒の色かな」など作品にそれが示されている。

さらには戦中、「今の世は苦しかりけりロボットとなりゆく我が身考ふるとき」「苦しみを苦しみといへざる苦しみ耐へ難きかな　いとしき我が身」と詠み、戦後は「魂の空虚《うつろ》を充たすものや何　淋しさ癒すものは何ぞや」「人の世の悩みの根元《もと》を衝かむとの悲願起こしてよりや幾年」と悩みつづけ、「青き花求めて秋の風の吹く野に漂泊《さすらひ》のここに幾日」「淋しさの果てなむところ我を知る人ありなむと思ひたくとも」と迷いつづけた私は永遠に手の届かぬ無限のかなたにある学問、芸術、音楽、教育、人間などへのひたむきな愛を夢み、それを短歌の創作に表現した。そのいくつかを掲げる。「歌詠めば苦しきことも憂きこともすべて愉しくなると知らずや」「死するまで学びの道を歩むとき心の凪は得らるるものか」「荒狂ふ心の凪を得むとして学びの道を我は選びぬ」「今の世の濁れるさまをいとへども音楽聴けば憂さを忘るる」「この我を慕ひて来たる子もありと思へばしばし忘る淋しさ」など。

第2部　教育研究60年の自分史

はしがき

60年にわたる教育の実践と研究を総括する機会として、私は自らの歩みを回顧、整理し、後世、後生への「伝言」にもしたいと、ひそかに念願しここに掲げた三つの論文を書いたのである。

その第一は、武庫川女子大学大学院臨床教育学研究科開設10周年を記念して書いた論文「臨床教育学の課題―研究歴をふまえて」である。臨床教育学の学的性格と今後の課題とを、私の研究歴をふまえつつ整理した論文である。

第二は「わが研究の軌跡―ある教育研究者の自分史」は私が教育学を志して以来、65年あまりを主として大学教員として教育の実践と研究に打ち込んできた歩みを、自分史風に回想、整理したのが、この論文である。

そして第三が、「教育研究の60年―分析図表の提唱」である。これは最終講義を補正整理して文章化したものである。教育研究60年の経験をもとに、研究のコツとでもいえる明快単純な図表を作成することが有効ではないかと論じ、具体的に多くの図表を提唱した。

これら三つの論文の前に、いわば序論的に「教育社会学と私」と題する一文を載せた。そこで述べたように、紫綬褒章受章に伴って求められてまとめたものである。重複するところもあるが、敢えて収録した。

Ｉ　教育社会学と私

（日本学術振興会『学術月報』１９９８年３月号）

１　学者のアンビバレンス

　後で述べるように私は科学社会学に関心を持っているが、この学問の第一人者で私自身多くを教えられたマートンは、学者に謙虚と傲慢、卑下と自信といったアンビバレンスを認めている。事実、学者は自らの研究が多くの先人に負うていること、未知の大海を前にすれば自らの発見など取るに足りないものであること、優れた先人や同僚に比較すれば自らの力量や努力はその足許にも及ばないこと、たとえどんな業績を上げたところでやがてそれは反駁され乗り越えられる運命にあることを知っている。その意味で謙虚や卑下は学者にとって自然な感情であり、科学が要求するエトスである。

　ところが他面、学者は自らが取り組む研究ほど意味あるものはないと信じている。この自信がなければ研究への没頭は生まれ得ないであろう。科学のエトスの一つは組織的懐疑であり、批判精神である。研究の価値は独創にあるが、独創とは歴史的概念であり、今まで明らかでなかった知識を新しく付け加えることである。この独創の承認を求めて学界における先取権争いが起きる。批判や懐疑や独創の尊重はその担い手たる自己自身の尊重と自信、さらには傲慢さえ生み出すであろう。しかし同時に、批判や懐疑のほこ先をさらに自己自身に向けるなら、再び謙虚や卑下が生まれるに違いない。研究費を申請する際、最も典型的に示されるように、学者は研究の独創的価値を「宣伝」しなくてはならないが、それは謙虚とはおよそかけ離れた厚顔であり、「無知の知」を自覚する学者の到底なし得るところではないであろう。

昭和62年春、受章した紫綬褒章の対象となった業績を中心に、という依頼だが、これに答えようとすれば、上に述べてきたようなアンビバレンスに陥らざるを得ない。受章理由は「教育社会学の研究」における業績とされているので、特定の業績というより、今までの研究をトータルにとらえての業績と解するのが適当であろう。今までの歩みを振り返ってみるとき、文字どおり「日暮れて道遠く」、功少なくて助けられるところのみ多かったという思いに駆られる一方、業績の説明という以上、その独創性を「宣伝」せざるを得ない。自信を通り越して自己弁護、自己美化、自己宣伝、合理化などの臭みを以下の文章の中に感じ取られる読者も多いに違いない。

2　制度先行型の若い学問

我が国で教育社会学が制度的に確立したのは戦後、特に新制の大学院ができた昭和30年以後と言ってよい。教育社会学の講座が生まれ、専任の担当者が任命され専門の研究者養成が行われるようになってからである。

実態として専門研究者が生まれ、その業績が社会的に評価された結果、その学問が制度化されるのとは異なり、制度が先にできるというこの「制度先行」型は日本の大学や学問の特徴であり、それはいわゆる「追いつき」型の反映であろう。

この「制度先行」には長所と短所がある。米国から半世紀も遅れて出発した日本の教育社会学は今日、その専門研究者数において世界でも一、二を争うまでになっている。しかも日本の教育社会学者は自らを教育社会学者と規定しているので、いやでも教育社会学研究に集中せざるを得ない。多数の研究者がいるので専門の学会も組織されるし専門書の出版も容易であり、研究テーマは細分化される。専門研究者は早くから養成され、最先端の業績の吸収や共同研究に参加する。こうした種々の要因が重なって日本の教育社会学は短期間のうちに効果的にその全般的水準を高めることができた。

しかし他面、柔軟性に乏しい「制度先行」の下では、教育社会学が狭いタコツボの中に入ってしまい、研究後継者を自花受精しやすい。先進国に追いつくには効果的だが、研究の独自性や独創性や学際性にとってはマイナスである。日本だけではない。教育社会学は世界的に見ても誕生後一世紀にも満たない若い学問である。そして学問が若いということは研究者にとって、幾つかの点で有利である。

第一に短期間にその学問の歴史と現状を知ることができ、そのため未開拓の研究対象を容易に見つけだすことができる。学問が若ければ未開拓の分野も大きく、極端に言えば何を研究したところで独創を誇り得る。

第二は学問上の競争にハンディが少ないという点である。国内で言えば今まで専門研究者がほとんどおらず、制度化とともに一斉に研究に乗り出すのだから、年齢のいかん、大学のいかんにかかわらず、皆が同じスタートラインから走り出すことになる。国際的にいってもその学問の先進国との差が小さく追いつくことが容易である。つまり国内的にも国際的にも競争の機会が比較的平等なのだ。

以上二点とも若干関係するが、第三に若い学問は有能な野心家を引き付ける可能性が大きい。威信と伝統を持つ古い学問では多数の「老大家」がひしめき、多数の輝かしい業績が上げられており、価値ある分野は研究され尽くされているように思われるので、そこで頭角を表すことは容易ではない。頭を抑えられた有能な研究者は新天地で思う存分活躍したいと考える。

この移住者たちは母国、すなわち古い学問の中で育ってきたので、言わば二重国籍を持ち、二つの学問に通じることになる。一つの学問の中で生涯暮らすのとは違い、彼らは広い視野、異なる方法論、フレッシュな感覚を持つことができる。こうした現象をベン・デービッドは科学における「役割交配」という概念で説明した。ジルフィランが基本的な発明はアウトサイダーによって、些細な発明はインサイダーによって行われるというのも、この説に似ている。学問の細分化に対して学際化の重要性が主張されるが、若い学問では学際化が行われやすいかもしれない。

もちろん若い学問がどんな人間を引き付けるかについては、全く逆の説と事実がある。古い学問で頭角を表すには並々ならぬ才能と努力が必要なので、自らに絶望してそこから逃げ出そうとする者、「落ちこぼれ」の烙印を貼られて棄民される者、せいぜい誇大妄想的な自惚れを持つ野心家のたまり場になるというのである。私など、さしずめそのいずれかのような気がするが、自ら望んでせっかく選んだ教育社会学というフロンティアの利点を最大限に生かしたいと考えた。

3　教育社会学基礎論の構築

私の学問上の母国は教育学であった。戦前の教育学はほとんど教育哲学と西洋教育史とに限られていたと言ってよいが、そこで訓練された哲学的思考は物事の本質を主体的、全体的、徹底的に追求するという態度だった。私が卒業論文のテーマに取り上げたのはルソーの教育思想だが、個人と社会、教育と政治の関係を中核とする彼の思想は教育社会学の基本問題に連なるものがある。私のルソー解釈は後に『ルソー』(昭32、牧書店)、『ルソー再興』(昭54、福村出版）として出版された。

教育学という母国で受けた哲学的訓練は移住先の教育社会学に影響を与え続けたように思う。私は絶えず教育社会学の基礎理論の構築から逃れることができないでいる。対象から言えば教育学の一部であり、方法論から言えば社会学の一部である教育社会学は連字符科学、ないし学際的、境界領域的科学として、その若さのゆえもあって、あいまい性をもち、自らの独立性、独自性を問われるが、「学論」はこうした学問にたずさわる者にとって不可避かつ魅力的な関心である。この学問の歴史と現状を整理し、自分なりの理論、構想を打ち出すことは、重要にして未開拓の研究対象を見いだして、「独創的な」業績を挙げるためにも必要である。

教育社会学基礎論への手掛かりとして最初に取り上げたのは、デュルケームである。この大社会学者は自ら教育社会学という名称こそ使ってはいないが、彼の教育理論と教育研究は教育社会学のパラダイムとモデルを提供していると言って過言ではない。こうした観点から彼の理論体系を再編成しようと試みたのが、『デュルケーム研究』（昭41、文化評論出版）である。

それと並行して、また一定期間をおいて、私は教育社会学の歴史と現状のレビューを意識的に繰り返した。特に外国で発表した重要なものは次の二つである。

世界的に見てこうしたレビューの代表的なものは、１９５８年に出たハルゼー＝フラウドのレポートとブリムのレポートであるが、その後の状況についてはこの二冊に匹敵するほど体系的なレビューがほとんどない。私は折あれば、その続編とでもいうべきものを、と考えていたが、幸いにもその機会を得た。

西ドイツ、ハンブルクに所在するユネスコ教育研究所（ＵＩＥ）は著名な機関誌ＩＲＥを年４回出版しているが、そのうち2回は特定のテーマの特集号となっており、その編集をテーマに応じた専門家に依頼する制度を採用している。１９７２年の特集号の一つは“Notion of Modern Educational Sociology”とされ、その編集者に私が任じられた。依頼されたのはその2年ほど前のことであり、編集の方針と構想を立て、各国の第一人者に執筆を依頼し、原稿に目を通す作業は苦労とともに思い出多きものだったが、私は基本方針として前記二つのレビューに続く一九六〇年代の世界的動向を明らかにしたいと考えた。そして私自身、この書物の巻頭論文（“Educational Sociology or Sociology of Education?”）で60年代の動向を五つに整理して全体の序論的性格を持たせた。

この論文は1977年、西ドイツで出版された教育社会学序説とでもいうべき書物（B. Gotz und J. Kaltschmid, hrgb., Erziehungswissenschaft und Soziologie）に独訳されて収録された。この書物の第2部は教育社会学の動向を「教育的社会学から教育の社会学へ」ととらえ、後者の立場をとる論文としてデュルケーム、ガイガー、フィッシャー、マンハイム、ブルックオーヴァ、ズナニエッキ、ベルンスドルフといった著名な社会学者と並んで、私の上記論文を収めている。

それから約10年後の1979年、IREは創刊25周年記念として過去25年間の世界の教育事象と教育理論の動向を展望する二冊の特集号を出版した。教育理論の号の編集者はオーストラリアのボーエンであるが、私はそのうち「教育の社会学」の章の執筆を依頼された。この論文の中で私は70年代の動向として「新しい教育の社会学」を指摘した。この論文は最近出版された International Encyclopedia of Education, 10vols.,（一九八五）教育社会学の項の中で何度か引用されている。

デュルケーム研究や動向研究に基づいて、私は自らの教育社会学基礎論を打ち立てようと努力した。その努力は自らの専攻する学問並びにその研究者としての自己自身のアイデンティティ追求、自己反省、自己批判の表現だと言ってもよい。各種の視点から教育社会学の基本性格を論じたその全体構想を詳論することはできないが、教育社会学は教育を社会事象として把握し、教育と社会との相互関係を研究する科学だから、「社会としての教育」「社会から教育へ」「教育から社会へ」という三つの大きな研究対象を持っているというのが最も基本的な考えである。

4　学閥の研究

こうして私は教育社会学についての基礎理論の構築に絶えず努めてきたが、それと並行して、またそれに基づいて実証研究に取り組まねばならないことは、実証科学としての教育社会学の当然の要請である。そして実証研究のテーマ設定の見通しを得るに当たって、最大の契機となったのは1959年、フルブライターとしてシカゴ大学に留学したことであった。

私が希望し受け入れ先となったのは、同大学比較教育センターであった。このセンターはその前年、C・A・アンダーソンを所長として開設され、社会学的アプローチをとるユニークな研究所である。留学中に得た基本的な考えは、帰国後（昭37）、「ネポティズム社会学の構想」という論文で整理した。そこでは研究テーマ発掘の原理としてアチーヴァビリティとアクセシビリティの二つを挙げ、教育社会学の歴史的展望の下で、この二つを兼ね備えたテーマの一つとして学閥を挙げた。メリトクラシーに対立するネポティズムという概念によって、日本的とも言える学閥を研究することの意味を説いたのである。

私は留学中、現実問題には必ず学問的研究の価値があり、研究を支える理論的枠組いかんによって研究結果の独創的価値が左右されることを学んだ。日本の教育がかかえる最も切実な現実問題の一つは入試だが、その背後には学歴主義という社会の体制がある。学歴主義にはタテ、ヨコ二つが区別され、学閥はヨコの学歴主義の代表である。この未開拓の現象は魅力的な研究対象であろう。

学閥は大卒の間で、特に大学という社会で最も顕著だと言われる。またメリトクラシーとの関係で解釈しようとすれば、業績によって実力の客観的判定が比較的容易な大学教師を研究対象とするのが効果的であろう。こうして私は『日本の大学教授市場―学閥の研究』(昭40、東洋館)で実証研究の結果を発表した。その中では日英米独仏五か国の大学教授のキャリア・パターンを比較し、日本の場合、出身大学が単数であること、大学教師の地位構造がエントツ型であること、早期に終身的地位が与えられることに、大学教授市場の学閥的傾向を生み出す制度的原因があると主張した。

5　学生運動の研究

学閥研究が高等教育の社会学の一部をなすことは容易に理解されよう。最近は変わってきたが、教育社会学では(いや教育学でも)、大学の研究は長らく等閑視されてきた。中でも大学教師の研究は日本ではタブーとされており、学閥研究はそれに挑戦したものであった。

これと並んで大学の「日本的」現象として学生運動が、私の高等教育の社会学の研究対象となった。これは今に至るまで日本ではほとんど教育社会学の研究対象とされていない。私が最初留学した当時、日本以外の欧米諸国では学生運動はそれほど大きな社会問題となっておらず、研究もされていなかった。私はこの「日本的」現象の研究の価値を認めて、帰国後、これに関する論文を米国社会学会(ＡＳＡ)の機関誌 Sociology of Education に、リースマンの推薦を得て二回にわたって連載した。

ちなみに私は留学に際して考えていたことがあった。当時、留学もかなり行われるようになっていたが、どうも日本人は外国から学ぶばかりで、研究成果を外国語で発表し、世界の学界に貢献することを怠っている。特に社会科学や人文科学でしかりだ。そこでせっかくの機会をフルに利用してアメリカで論文を発表したいと考えたのである。幸いにしてセンターのアンダーソンやハヴィーガストは、その希望を聞きいれ、幾つかの論文を米国の学術誌に掲載するよう努力してくれた。滞米中、私と一緒のオフィスを与えられた招聘教授にスウェーデンのフセン、イスラエルのベン・デービッドなどがいたが、こうした学者とのパーソナルな関係もその後、私の国際的な活動に計り知れないメリットをもたらしてくれた。リースマンもまたその一人である。

学生運動はその後、全世界に拡がり大きな衝撃を与えるが、１９６９年、リプセットが音頭をとってプエルトリコで世界最初の学生運動に関する国際会議が開かれた。私が永井道雄とともに日本から招かれたのは、ひとえに先の論文による。ここで発表したペーパーはやがて米国学術会議（ＡＡＡＳ）の機関誌『デダラス』(Daedalus, １９６８)、続いてリプセット＝アルトバック編のStndent in Revolt（１９７２）その他に収められた。昭和47年、日本の国際文化振興会は、私と喜多村和之との編になるHigher Education and Student Problem in Japanという、外国人の日本教育研究者向けの書誌を出版した。

現在に至るまで私はＯＥＣＤやユネスコ主催の学生運動関係の国際会議に何度か招かれ、また海外からしばしば日本の学生運動に関する論文を求められているが、そもそもの出発点となったのは最初の二論文、さらにはリースマンの推薦なのである。個人的交流によるいもづる式の発展を感じざるを得ない。

6　学歴主義と教育病理

連続的発展は研究面にも表れた。学閥研究は当然、その上位概念としての学歴の研究に発展せざるを得ない。学歴は今もなお教育社会学の中心テーマだが、少なくとも『学歴』(昭41、ダイヤモンド社）と銘打った書物は私のものが最初だとされている。この書物の副題は「実力主義を阻むもの」であるが、学歴主義の歴史と現状、原因と影響を多面的に研究したものである。中でも学歴意識は最も焦点的に取り上げた大規模な調査研究の対象であり、日本人の「学歴への意識」と「学歴による意識（の変化)」とを区別し、高学歴者と低学歴者との間に学歴意識の差が大きいことを見いだした。

後に出した潮木守一との共編『高学歴社会の教育』(昭50、第一法規）では学歴主義の変容と将来予測を試みたが、学歴主義の研究は高学歴取得の願望が高校以下の学校や子どもにもたらす影響の研究にも連なった。その際、特に注目したのは影響の中でも、いわゆる「悪影響」であり、教育病理と言われる現象である。そこで社会学における社会病理（学）とのアナロジーから、教育社会学においても教育病理（学）が提唱されてしかるべきだと考えた。

こうして教育病理学の理論枠の構築と実証研究とが私のもう一つの主要な努力目標となった。私は教育病理のうち、教育現場に表れた病理現象を教育的病理と名付け、それは教育自体が病理的であるがゆえに発生するのであり、それを病理的教育と名付ける。教育的病理を生み出す病理的教育の一つが学歴主義に支配される教育だが、もちろん病理的教育はそれだけではない。また病理的教育はさらに教育を取りまく社会自体の在り方（例えば学歴社会）によって条件づけられている。現在は、その中で特に人々の意識を大きく決定する社会風土に注目しており、『「殺し文句」の研究』（昭60、理想社）、『「見て見ぬふり」の研究』（昭62、東信堂）は評論的な書物ではあるが、その重要性を論じたつもりである。

教育病理、特に病理的教育の研究はさらに、学校や教師の考察へと進んだ。一つには大学の付属中・高校長や学部長など管理職を兼務し、組織としての学校に言わば「内地留学」し内側から「現地調査」する機会を得たためである。対立、不信、独善、偽善、事なかれ主義、タテマエ支配などといった病理を今日の学校や教師はかかえている。こうした実態を観察するにつけて、私はこの痛切深刻な問題に研究のメスを入れる必要があると感じざるを得なかった。教師に関する三部作（『教師の権威』、昭47、『現代教師の苦悩』、昭49、『教師の良識』、昭50、いずれもぎょうせい）、二冊の学校管理論（『学校管理職の現実と課題』、昭55、『学校管理の基本問題』昭58、いずれもぎょうせい）は、この線に沿った論考である。

シカゴ大学の比較教育センターで研究したことは既に述べたとおりだが、教育病理学的研究は比較教育学の延長線上にも位置している。比較教育学は伝統的に比較の単位として国を取り上げるが、比較は同一国内で地域を単位としても可能であるはずだ。こうして私は県を単位とする比較を試みることにした。国より県の方が資料、統計、制度など比較のための共通性がはるかに大きいし、民力、県民性、県史などといった、教育を規定する因子に関する研究も進んでいる。こうした考えに基づく教育の県別診断と称する大規模なプロジェクト研究の成果は『日本の教育地図』(昭48、50、55、いずれもぎょうせい) という三冊の大部な書物として公刊されたが、それぞれは「体育・スポーツ」「社会教育」「学校教育」を扱っている。

このうち前二者は法的、制度的規制が少ないので県ごとの特徴も明らかだが、学校教育は全国共通の法的、制度的基準が確立しているため画一化、規格化しやすい。そこで学校教育の県別特性は各県の条件に学校が対応できない点にこそ表れるはずである。教育病理が学校教育の県別比較の際、焦点となると考えられるのである。

教育病理への対応策として教育を学校にのみ委ねることを止める生涯教育が考えられる。それはまた今日のごとき変動社会の基本的要請でもある。私は生涯教育についても昭和40年代から関心を持ち続け、しばしばそれに関する国際会議に出席し多くの著作を発表した。最近出版した『公的社会教育と生涯学習』(昭61、全日本社会教育連合会) はライフの分析を通して生涯教育における学習の必要課題を明らかにしようとしている。

7　科学社会学の開拓

学閥研究から出発した高等教育の社会学は研究機関としての大学、研究者としての大学教授の研究に発展したが、その際、最大の示唆、よりどころとなったのは、研究の研究、科学の科学の代表たる科学社会学である。この学問に私を導いてくれた最初の人はベン・デービッドだったが、それ以来、私は学者、大学教授職、学問的生産性、学界などについて多くの実証研究を行った。しかし科学社会学が対象とする科学が自然科学に限定されることに不満を感じ、社会科学、人文科学までを研究対象に含めようとした。私に最も身近な日本の教育社会学と、最も遠い外国における日本学（日本研究）とを事例に取り上げたのも、著書の一つに科学社会学ではなく『学問の社会学』（昭59、東信堂）というタイトルをつけたのもそのためである。

上記の書物のほか、科学社会学に直接関係する著作としては『日本の学界』（昭53、日本経済新聞社）、『学者の世界』（昭56、福村出版）、『大学教授職の総合的研究』（昭59、多賀出版）、『外国大学における日本研究』（昭60、広島大学大学教育研究センター）、『知日家の誕生』（昭61、東信堂）などがあるが、最も新しいのは『学問業績の評価』（昭61、玉川大学出版部）である。これは学問業績評価の方法としての引用分析と指名分析とに対して冠名分析を提唱し、２万の冠名現象（エポニミー）を多角的に分析した世界最初の試みである。

II 臨床教育学の課題——研究歴をふまえて

序

1 臨床教育学の誕生

武庫川女子大学大学院臨床教育学研究科は、2004年で創立10周年を迎えた。この研究科は筆者自身、絶えず口にする通り、臨床教育学の名を冠する研究科として最初の、かついままでのところ唯一の大学院であり、その授与する「修士（臨床教育学）」「博士（臨床教育学）」という学位もこの研究科に独占されている。制度としての臨床教育学研究科は文字通り「ナンバーワン＆オンリーワン」といって差しつかえない。それだけにこの新しい学問分野の先駆者、開拓者たるの誇りと責任が、本研究科関係者に与えられているといえよう。

しかし本研究科創設以前から、わが国においても臨床教育学という名称はかなり広範に存在していた。臨床医学をはじめ臨床心理学ははるか以前から確固たる市民権を得ており、特に最近、「臨床」という語は一種の流行となり、「臨床の知」「臨床社会学」「臨床哲学」などが広くアピールするようになっている。臨床教育学にしても同様であり、臨床教育、教育臨床、学校臨床など多くの類似語が現われており、それらの名を冠する著作や講義も広く見受けられる。

こうしたなかで、臨床教育学が衆目が一致して認めるだけの固有、独自の学問的性格、存在理由を示すことは容易ではないが、この新しい学問を志す者にとって是非、取り組まなくてはならない課題であろう。

2　若い学問の特権

もっとも臨床教育学は「若い」学問分野であるだけに、その歴史や現状を概観して新しい研究分野を発見することも容易であり、また学問的性格・体系もいまだコード化、定式化されていないだけに、各人がみずから独自の構想を描いて独創性や新鮮味を示すことも容易である。長い伝統をもち、すでにエスタブリッシュされた「古い」学問分野には、多くの「権威」「古典」がひしめいているから、そこに参入して独創的な業績を上げ頭角を表わすことは容易ではないが、新興の学問分野にはそうした壁はない。臨床教育学も「若い」学問の有利な特権を生かして、実績を上げ評価を勝ち得ることが可能かつ必要である。たんに名称が新しいだけでは、羊頭狗肉のそしりを免れないであろう1。

1「オールド・サイエンス」に「ニュー・サイエンス」を対比させて、その長短を私は『日本の学界』(1978、日本経済新聞社、44〜45頁) で説明した。また臨床教育学への「アピール」を『夜間に学ぶ社会人大学院生―博士後期課程の完成を記念して』(2000、武庫川女子大学大学院臨床教育学研究科、69〜75頁) で開陳した。

以上の考察から、ここでは臨床教育学の歩みを回顧しつつ、今後開拓すべき新天地、将来の研究課題を私なりに大胆、簡明に指摘、提唱したい。

1 臨床教育学史の研究

1 学的性格の追求

何よりもまず臨床教育学という新興、萌芽的段階にある学問分野の性格や体系についての見取り図、青写真を描く必要がある。特にこの学問の専門研究者を志す人、自任する人にとっては然りである。それによって研究を実践する際のよりどころを得ることができる。みずからの専攻する学問がいかなる性格、特徴、意義をもつかを自覚しなければ、自信や希望をもって研究に打ち込むことはできない。

研究者を志さない人にとっても、実践の裏づけとなる固有の学問的背景があってこそ、確固たる理論と信念をもって実践に当たることができるであろう。臨床行為に対して臨床理論、またそれから導き出された臨床技法がいかなる臨床家にとっても、高度な専門職を志し自任する限り、必要である。臨床教育学がその学的性格を追求するため、まず求められるのは、その学説史研究である。

2 学史研究の必要

すでに述べたように臨床教育学は他の多くの伝統的な「古い」学問とは異なり、いまだ「学史」と呼ばれるほどの研究もなければ、一般に承認された「概論」「教科書」もない。臨床教育学は誕生後間もないだけに、その歴史研究、現状分析も容易なはずである。それを体系的に行うことによって、臨床教育学の特徴、業績を知ると同時に、残された問題、研究すべきテーマを見つけ出すことも可能となる。個別のテーマを取り上げる際にも、他の関連科学がそれぞれの仕方で同じテーマを扱ってきたなら、臨床教育学史研究を通して、相互の差異相互の協力の仕方を知ることができるであろう2。

2私自身、臨床教育学史研究を『臨床教育学の体系と展開』(2002年、多賀出版、第Ⅰ章「臨床教育学の概念の成立」3～112頁)で行った。

2　臨床教育学の精神

1　臨床教育学の特質

臨床教育学の存在理由、アイデンティティ、独自性などの自覚とその理論的根拠は、この学問の研究者を志す人にとっても、それを基礎にして教育実践に携わる人にとっても、研究活動や実践活動への没頭にとっての前提となるであろう。前述「臨床教育学史の研究」が臨床教育学（および臨床教育や教育臨床など近似概念）の内部において、その歴史と現状の吟味を通してさらに新しい対象、理論を発見するために必要だとすれば、ここで扱う「臨床教育学の特質」は、臨床教育学と関係の深い隣接科学、たとえば教育学（特に教育社会学、生徒指導論、学級経営論など）、心理学

（特に臨床心理学、異常心理学、教育心理学など）、社会学（特に犯罪社会学、家族社会学など）など、臨床教育学を取り巻く諸学問分野との関係や差異を知ることによって、固有の研究テーマや操作概念や基礎理論を探し出すのに有効であろう。

それはまた臨床教育活動に携わる専門家を養成する教育にとって、固有のカリキュラムを構想するための理論的枠組みを提供することになろう。

まず臨床教育学の本質、出発点ともいうべき精神を挙げねばならない。臨床教育学に限らず、臨床はその定義からも、最大の関心を臨床の現場における「病人」「患者」の救済、診断、治療、回復においている。臨床医は来院、入院して病床にある患者に向かい合い、もてる医学的な専門の知識や技術を駆使して健康の回復に努力する。

この基本的パターン、すなわち「現場」「現実」「実践」「クライエント」の重視は、あらゆる臨床活動に共通しており、それを支える学問や理論も同じ精神によって研究されなくてはならない。臨床教育学もまったく同様であり、教育における理論と実践との統合、研究者と実践家との協力を基本的に要請している。

2　臨床の知

「臨床の知」という語が広く用いられアピールしている。臨床という等身大の生きた人間がかかわり合い、ぶつかり合う「現場」にあって、研究者や実践家が相手をたんなる研究材料、被験者、被調査者とながめるなら、相互の間の温かい人間関係、信頼関係は失われる。しかしもし相手の人間の中に入り込み、相手の立場に立つなら、冷ややかで尊大な「科学の知」では得られない真の理解が得られるだろう。そうした研究の蓄積によって、普遍的な「人間に関する知」が得られるかもしれない。

こうした「臨床の知」の追求は、すでに文化人類学における現地調査や文化的相対主義、哲学における現象学や解釈学や生命哲学によって行われてきたが、「臨床の知」はこの「臨床による知」とともに、「臨床のための知」を求め生み出す。つまり「臨床の知」は「科学の知」では得られない知をもたらすと同時に、相手の理解や治療に貢献する知となる（あるいはそうした知を求める）。それは臨床行為をより効果的にし、相手に少しでもプラスになる行為のための知となる。

3　臨床の技

こうして「臨床の知」は、「臨床の技」と表裏一体の関係にある。臨床教育学でいえば、教育の「現場」で、教育上の「病人」と直接接触し、そこに存在、潜在する「問題」を発見するとき、その「問題」解決を願うのは当然である。こうして問題解決の方法、手段が模索、追求されるが、すでにいままで同じ問題に立ち向かった多くの先例もあるし、「臨床の知」から導き出されたアイデアもあるかもしれない。臨床のための手法や技術が伴わなければ、特に臨床の実践家には満足をもたらさない。こうして「臨床のための知」は必然的に「臨床の技」を要請するのである。臨床教育学は臨床技法の開発の研究を主要な関心とする。

臨床教育学と最も関係が深いのは臨床心理学だが、臨床心理学は臨床教育学よりずっと以前から独自の「臨床の技」

を開発してきた。いや臨床心理学という名称が登場する前に心理学は知能テストをはじめ、能力、適性、性格など多くの面での診断、測定のためのテストを開発してきた。深層心理学、精神分析学が発達するにつれて潜在的、無意識な心理を明らかにするための方法が開発された。臨床心理学を基礎とするカウンセリングが発達するにつれて、数え切れないほどの心理療法が生まれた。これら広い意味での臨床的な技法、療法の一覧表を作れば、膨大なものとなろう。

他方、教育学の領域でも、教育方法、生徒指導、ガイダンス、特殊教育などの下位分野で、子ども、なかでも特別な配慮を要する子どもの鑑別、診断、指導の方法の開発が求められ、何々メソッドなどと呼ばれる技法が数多く提唱、実験されてきた。

臨床教育学もこれら心理学や教育学などが開発してきた技法から多くを学ばなくてはならないが、さらにみずから固有の技法を開発しなくてはならない。「臨床の知」は「臨床の技」の裏づけがあってこそ、臨床行為に具体化することができる。特に臨床家にとって専門性は「臨床の技」を欠いては成立もせず承認もされない。

こうして多くの分野で各種の臨床的技法が開発され普及するにつれて、それら技法を習得していることが臨床家、実践家のもつべき専門性を担保する資格要件となる。専門職（プロフェッション）にはその職業遂行のため高度な知識と技術が必要とされるが、それを与える教育は大学、さらに大学院に制度化されるので、専門職の基礎資格として高度な学歴が求められるようになる。

またそれぞれの専門職もみずからの社会的地位や威信を高めるため、同業者団体を作って職業加入資格として高度な学歴を要求するし、団体自体がみずからの社会的勢力を利用して、大学や大学院に対してそれぞれの専門職が求める資質の養成を要求し、カリキュラム編成に影響力を行使する。

専門学部卒業という学歴だけでなく、それぞれの専門職に関する資格認定団体の行う認定試験（国家試験である場合もある）に合格しなければその専門職に加入できなくなる。そこで大学や大学院は一定の専門職養成を目標にするなら、資格認定試験の「予備校」的な教育を行わざるを得ず、教育の自由がそれだけ制約されることになる3。

3こうした事情について私は『大学教授職の総合的研究』（１９８４、多賀出版）の第Ⅰ章「アカデミック・プロフェッションの社会学」で説明した。

専門職として臨床家を志願する人も、「職業」として選択する限り、特に就職前あるいは就職後、金銭的報酬や社会的地位に無関心ではあり得ない。臨床的行為の前提であるクライエントへの純粋な人間的受容感情（「初心」）をもち続けることは容易ではないし、資格取得のために必要な膨大な「臨床の技」の習得だけで精一杯となり、その学習と資格取得が自己目的となって、みずからの「臨床の知」はもとより「臨床の技」の創造、開発は忘れ去られる。些細で断片的な知識や技術の学習、暗記、応用に関心は集中し、肝心のクライエントとの人間関係は希薄化し、末梢主義（トリビアリズム）、技術主義に走る「マニュアル人間」になりかねない。

しかも都合がわるいことに資格とそれに対応する地位を得るとともに、みずからを（また周囲の人々も）「専門家」と見なすようになるので、専門家特有の傲慢、うぬぼれ、尊大、自信過剰、権威主義が生まれやすい。「専門家扱い」されるため、「専門家気取り」に陥りやすい。たとえば「心の専門家」を自称、借称する臨床心理士、なかでもその養成や認定に当たる人々の中に真に他者の「心」を理解しているかが疑われるような人が存在することは、必ずしもまれではない。こうした人たちに限って「信者」を集め、「徒党」を組み、素人、部外者、クライエントには難解で、もったいぶった「業界用語」、なかでも外国語をカタカナに直した術語を振りかざして得意になっている光景も見受けられる。「臨床の技」におぼれるとき臨床家は臨床屋になってしまう。

ウエーバーは『職業としての政治』『職業としての学問』という古典的名著を書いた。それにあやかれば「職業としての臨床」の研究が必要であろう。純粋に私的な場でボランティア活動として行われる臨床的行為と、職業としての臨床との間には、大きな差がある。

4 臨床の心

それゆえ、「臨床の知」も「臨床の技」も大事ではあるが、さらに本質的に大事なのは「臨床の心」である。「臨床の知」も「臨床の技」も「臨床の心」を欠くなら、「仏作って魂入れず」ということになろう。武道やスポーツで「心技体」というのもこれに似ているし、医学教育における臨床教育（臨床医養成教育）で教育目標分類学（タクソノミー）の観点から知的能力、技術的能力と並んで最も重要な領域として情意的能力（人間性、対患者の態度、倫理、マナーなど）を強調することも大きな示唆となる。

「臨床の知」「臨床の技」「臨床の心」が三位一体の関係にあることは、臨床教育学にとっても、臨床教育活動にとっても、そのまま当てはまる。その認識、自覚こそが臨床教育学の精神だといってよい。すべての人間はかけがえのない個としての人格と一回限りの人生をもつ存在として、価値と尊厳をもつという認識、そしてまたそれを自覚することころがクライエント当人にとっての幸福であり、それを自覚させることこそ臨床教育のねらいであり喜びであるという意識が、基本的に求められるのである。実存哲学や生命哲学、ホリスティック教育などが大きな示唆を与えてくれる4。

4こうした考えを私は初期の著作『特殊教育概論』(1952、柳原書店)、『教育愛の問題』(1954、福村出版)などで展開した。

3　自己分析

1　現地調査と「自分史」

臨床教育学に限らず、臨床という名を冠する研究や実践にとって、「現場」「実地」「現実」「クライエント」が最も重視される対象であり、その対象への働きかけが努力の焦点である。したがってその研究者にせよ実践家にせよ、最も身近な「現場」はその職場であり、最も身近で不断、持続的に観察し得る人間とは自分自身である。臨床研究にとっても臨床活動にとっても、まずメスを入れなくてはならないと同時にメスを入れやすい対象、アクセスし理解しやすい対象は、自己とその「現場」(職場) だといってよい。自己観察、自己分析、自己反省を通して、臨床教育（学）の本質、特徴、困難などが明らかになるにちがいない。「自分史」は有力な手がかりとなる。

さらに視野を拡大するなら、同学、同業者、同僚の人たちとの日常的な接触や観察、「内部から」の「現地調査」

を通して臨床教育（学）にとって最も重要な事実、問題の理解、ひいては研究課題の発見がもたらされるであろう[5]。

5私自身の研究歴でいえば、前任校広島大学における学生課長（併任）として学生運動の対応に当たったことを大きな契機として『学生運動の論理』（１９６９、有信堂高文社）を、同大学附属中学校・高等学校校長（併任）として学校管理職の経験に刺激されて『学校管理職の現実と課題』（１９８０、ぎょうせい）、『学校管理の基本問題』（１９８３、ぎょうせい）を、本学教育研究所所長・教授としての経験から『私語研究序説』（１９９２、玉川大学出版部）、『大学評価』（１９９３、玉川大学出版部）などの著作を発表した。その他、大学という現場に籍をおいたため、大学、大学教授、大学生などについて国内外で多数の著書、論文を発表したが、臨床教育学研究科の創設運営に携わった経験から『夜間大学院』（１９９９、東信堂）において、「自分史」の研究を取り上げた。

自分史ではないが、特定の人物を研究することによって、多くの本質的知見が得られる。エリクソンはガンジーやルーテルという個人の研究を通して大きな業績を上げた。私もルソーとデュルケームの教育理論を、その全思想体系の中に位置づけて解明しようとした。思想体系は思惟様式の産物であり、思惟様式はさらに人格構造の反映であるという仮説に立って、この一見、正反対に見える生涯を送った２人の巨人を研究したのである。『ルソー再興』（１９７９、福村出版）と『デュルケーム研究』（１９６６、文化評論社）とがその結果である。こうした考えを私は初期の著作『特殊教育概論』（１９５２、柳原書店）、『教育愛の問題』（１９５４、福村出版）などで展開した。

2 臨床家の誕生

すでに前節でもふれたが、医師、看護師、教師、カウンセラーなど対人援助の臨床活動に携わる実践家がいかなる動機でそれを志したかを調べてみると、すぐれた先人の実践記録、感動的な講演や映画に接したりして、その活動の崇高さに心を打たれたことが契機となった例がきわめて多い。「弱者」「病人」の支援や救済は人道主義、人権尊重の原則からいっても良心や正義感を満足させるし、それに献身している人々の姿は感動を与えるに十分である。

臨床活動の「現場」を訪問して観察、実習を行ってみると、臨床活動への期待や要望が大きく、それがいかにやりがいのある尊いものかを体感することも多い。こうして一種のセンチメンタリズムが臨床家志望の誘因となって、その専門家としての「職業」的地位を獲得し、就職してみると、その「現場」は決して生やさしいものではなく、「3K」的な職場であることが判明する。臨床活動が「成功」することはまれであり、「感謝」されるとは限らない。

それまでいだいてきたイメージや理想と現実との落差が大きいだけに、幻滅、失望、自信喪失も大きくなるが、その克服自体が大きな課題である。学校であれ病院であれ施設であれ「現場」はひとつの組織であって、臨床家はクライエント個人個人に対して働きかけるだけではない。組織の一員として官僚制的な地位構造のなかに組み込まれているし、上司や同僚、さらには組織外の人たちとの連携協力も必要である。

臨床家の形成過程（「誕生」）、変容過程、心理的葛藤（「自分史」）、職場研究（「現地調査」）など、自己分析を通して臨床教育学が取り組むべき研究課題が発見されるにちがいない6。

6「誕生」についていえば、私は「知日家」がいかにして日本に興味をもったか、いかなる性格や能力のもち主が「知日家」となったか、いかなる経験や訓練を受けて日本の研究者となったかなど、その形成過程を研究したことがある。（『知日家の誕生』、1986、東信堂）

4 臨床教育学の特徴

以上、2節、3節の大部分は臨床教育学に限らず、およそ「臨床」という語を冠する学問や活動、理論家や実践家に共通する課題であり特質であるが、そのなかで特に臨床教育学という分野が成立するためには、臨床教育学固有の研究や活動が特定されなくてはならない。臨床教育学が臨床心理学や臨床社会学、実践教育学や教育方法学や生徒指導論などといかなる関係をもち、いかなる点で異なるかを自覚し明確化しない限り、臨床教育学はたんにコトバのいいかえにすぎないとされ、それに携わる（あるいは携わろうとする）人々のアイデンティティや自信を育てることはできないであろう。

もちろん臨床教育学はその歴史が浅く、萌芽的段階にあるので、その固有の特徴、長所についての合意はできていない。しかしそれだけにそれを専門とする人は、みずからの考えにしたがって独自の臨床教育学を構想、提唱することができる。筆者自身、そうした考えに基づいて自分なりに臨床教育学の体系その独自な特徴を整理してきた[7]。特に主張したい要点を以下のように箇条書き的に指摘することにする。

7代表は『教育病理への挑戦——臨床教育学入門』（1996、教育開発研究所）、『志の教育』（2000、教育開発研究所、特に第3章第3節「臨床教育学の登場」）、『臨床教育学の体系と展開』（2002、多賀出版）など。

1　病理的教育の重視

臨床教育学は広狭両義の教育に関係する病理現象を主要な研究対象とする。それを教育病理と名づけるが、教育病理は大きく病理的教育と教育的病理とに分けられる。教育的病理とは教育に現われるさまざまな病理的現象、すなわち健全、正常でなく当人にも周囲の人々にも逸脱、異常、望ましからぬと見られ、苦痛を与える現象をさす。現在、広く注目されている例でいえば、いじめ、不登校、引き込もり、非行、暴力、学力低下、学級崩壊などであり、その診断、治療、予防などが緊急の課題となっており、ふつう教育病理といわれるのは、こうした教育的病理であり、臨床教育的活動が直接、対象とするのは、これら「病気」の「患者」「病人」、あるいはその「被害者」への対応である。

しかし臨床教育学はこれら個々の教育的病理を独立させてながめるのではなく、それら相互の関係やその背後にある教育の全体構造、さらに教育を取り囲む社会との関係にまで視野を拡大する。それなくしては個々の教育的病理の十分な解釈も解決も不可能だと考える。

この視野の拡大から必然的に病理的教育という概念が生まれる。病理的教育とは教育自体が正常、健全ではなく異常、病的であるような状態をさす。病理的教育のもとで教育的病理が生まれるのは半ば必然的、不可避だといえる。前者を「原因としての教育病理」、後者を「結果としての教育病理」と称することもできる。

臨床教育学が特に注目し研究すべきは、ここでいう病理的教育である。この場合、教育はたんに意図的、形式的、制度化された教育（その代表は学校教育である）だけでなく、学校を取り巻く社会全体の教育的風土、社会的風潮までも取り上げなくてはならない。もちろん「病理」の判定、定義、認知、分類、機能などについて多くの理論的、実証的研究が必要である8。

8以上の考えを私は『新教育学大事典』(1990、第一法規、第2巻)、『現代学校教育大事典』(2002、ぎょうせい、第2巻) の「教育病理」の項目で要約した。詳しくは前掲『教育病理への挑戦』『臨床教育学の体系と展開』の他、『教育病理の分析と処方箋』(1977、教育開発研究所)、『教育の病理』(1982、福村出版)、『教育の環境と病理』(1984、第一法規) など。

2　集団の重視

臨床心理学、またそれを基礎とするカウンセリングなどの臨床活動が主として悩みやストレスにさいなまれる特別な個人（「病人」、クライエント）を対象とし、非日常的な特別な空間（たとえばカウンセリングルーム）で、特別な時間に、特別な「専門家」(たとえばカウンセラー) によって行われる診断や治療に焦点を合わせるのに対し、臨床教育学はもっと日常的な「ふつう」の生活場面で行われる教育や指導、なかでも集団への働きかけ、集団づくりに関心をもつ。たとえば学級崩壊や学力低下という教育的病理は、明らかに学級集団の再建なくしては解決できない。臨床教育学が最も得意とするのは、まさしくこうした集団や社会（学級や学校、さらには家庭や地域など）の「教育力」の回復であろう。

したがって臨床教育学はたんに悩みやストレスに陥り、助けや救いを求める子どもだけでなく、カウンセラーを訪れようともしない「困った子ども」「問題の子ども」やその行動、さらには「ふつう」の子どもたちの間に潜む「問題」を発見し、その問題解決に大きな関心をもつ。「問題」の発生、発現後の処理より、その発生、発現を事前、早期に予見、予防することに努力する。巨視的で長期的な視野を臨床教育学は重視するのである。

3 教育の重視

臨床教育学はその概念や名称からも明らかなように、教育という活動を重視する。教育的病理の診断や治療だけでなく、前述したように、その教育自体の「病理性」の解明、改善を志向する。したがって教育の客体である子ども、そのなかでも「問題」の子どもや、子どもの「問題」だけでなく、教育の主体である教師の「問題」や「問題」の教師に注目する。子どもへの働きかけだけでなく、教師への働きかけを重視する。

具体的にいえば教授や指導、管理や評価など、教育の専門家としての教師にとって中核的な業務遂行の能力、教科指導や学級経営の能力、教師の「教育力」の開発が、教育的病理の予防や治療にとって基本的な重要性をもつこと、子どもの学力面での「落ちこぼれ」と集団生活からの「落ちこぼれ」とが密接に関係することを科学的に明らかにしようとする。

臨床教育学の「現場」は教育の「現場」である。教育である以上、たんなる「復元」「回復」「治療」「支援」にとどまらず、教育、指導、訓練、評価などを通してさらなる「成長」「発展」が、マイナスの解消にとどまらず、プラスの成長が目指される。臨床教育学が得意とするのは、教育的病理への対応策にとどまらず、教育への積極的な政策提言となるのは、そのためである。もちろん臨床教育学は学校、子ども、教師という教育関係者に注目するだけではない。学校外の広狭さまざまな社会や集団の及ぼす影響、その関係者との協力、連携を考えない限り十分な効果は期待できない。臨床教育学の特徴がこうした認識にあることは、すでに随所で指摘したが、さらに次項の特徴が導き出される。

4　教育力の限界

教育という視点を重視する臨床教育学独自の課題のひとつは、教育あるいは教育力の限界についての冷静で客観的な研究である。

社会の統一や発展にとっても、個人の自己実現や地位上昇にとっても、教育、なかでも組織的、計画的な教育（その代表は学校教育である）が、決定的に重要であることは歴史と現実が示す通りである。それゆえ、あらゆる国は教育の普及、識字率の向上を最優先事項としているし、多くの親は教育をわが子に対する最大の遺産と見なしてきた。学校が与える学歴や資格はそれ自体、威信の源となり、より有利な学歴や資格を求めての進学競争が広く展開されてきた（「学歴病」という教育的病理の患者が生まれるのも、そのためだ）。教育を独占して専門に提供する学校や教師は、教育の尊さと力を確信、宣伝し、より多くの資源を集めることができた。

しかし皮肉なことに、学校の普及、進学率の上昇に比例して、かえって学校はそれまでの威信、信頼、水準を低下させ、多くの困難や批判に直面せざるを得なくなる。学校の義務化、準義務化にしたがって、学習の意欲も能力も欠いた不本意就学者が大量に発生するし、学歴の価値は低下し、教育に量と質の不均衡が顕著となり、学校への不適応と教師への反抗が公然化する。学校にあらゆる教育が任されるようになって、学校外の教育、たとえば家庭や地域の教育が弱体化し、学校は負担過重に陥る。マスコミや大衆文化が学校や教師以上の魅力、影響力をもってくる。

これら多くの条件が重なって学校の果たし得る役割はますます低下し、学校は機能不全に陥る。学校は学校外の影響に立ち打ちできなくなる。

学校を代表とする意図的な教育、教育専門機関を自称する学校は、決して万能ではない。それにもかかわらず、学校は自信過剰、公約乱発から脱しきれない。意図的な教育は無意図的な教育（影響）に比べて、はるかに無力である。臨床教育の専門家がみずからの無力を体験して幻滅や絶望に陥らないためにも、また「現場」を取り巻く広い社会との協力を得て教育的病理に有効に対応するためにも、意図的な教育の「弱さ」や限界を明らかにする必要があり、それが臨床教育学独自の研究課題となるであろう。

5　独創性の追求

1　科学の生産性

臨床教育学もひとつの学問分野としての地位を公認されるためには、特に大学院博士課程として制度化された現在、独自の研究成果を広く世に示す必要がある。

いうまでもないが、科学、学問の発達は既存の知識に新しい、しかも正確な知識を付加すること、すなわち発明、発見とその公表によって行われる。いままで研究されていなかった未知、未開拓の事実を取り上げて研究すること、いままで存在しなかった新しい理論や方法を開発すること、その妥当性が証明されることによって、科学は進歩する。

その研究成果は公表され、同じ研究者仲間の共有財産になってこそ、相互の批判は可能になるから、公表（publication）は科学の進歩発達にとって不可欠であり、科学者、研究者にとって職業倫理であり、科学の規範、エトスである。こうした発明発見を独創と称する。独創性（originality）の追求は科学、研究に従事する人が最も重んじるところである。独創性を高く評価される価値のある成果、業績をアチーブメントと称するから、彼らはアチーブメントの生産を目指して研究活動に従事する。その際、研究対象、研究テーマの選定、発見自体が、まず決定的な重要性をもっている9。

9こうした問題を私は科学社会学の立場から、前掲『日本の学界』の他、『学者の世界』（1981、福村出版）、『科学社会学の研究』（1981、広島大学大学教育研究センター「大学研究ノート」49号）、『大学教授職の総合的研究』（1984、多賀出版）、『学問の社会学』（1984、東信堂）、『学問業績の評価』（1986、玉川大学出版部）などで取り上げた。

2　研究の見通し

すでに述べた通り、臨床教育学はその性格上、理論と実践の統合、教育における「臨床の知」（臨床による知と臨床のための知）を追求するから、価値ある成果の得られやすさ（achievability）が研究対象、研究テーマ選定のための第一条件となるが、その価値は一方では臨床教育学が対象とする教育病理における新しい事実の発見にあり、他方では臨床教育活動、具体的には新しい臨床的技法や政策の開発にある。つまり臨床教育学の学問的価値と、臨床教育の実践的価値のいずれかを指標、基準とし、それによって価値ある成果（アチーブメント）の得られやすさという見通し、予測をもつことが、実りある研究をもたらす前提となる。アチーバビリティの見通しがあってこそ、研究へのモラールも高まる。

しかし、いかに価値ある成果が得られそうであっても、研究の方法や手段、あるいは対象への接近の容易さ（accessibility）の程度がもうひとつの条件となる。たとえば教育病理の研究にとって、徳川時代や明治時代の教育病理の解明は学問的に大きな価値があるし、米国や中国のそれも同様である。しかし歴史的あるいは地理的にはるか遠い現象に接近することは、資料の点からも研究能力の点からも容易ではない。したがって価値ある成果の得られやすさ（アチーバビリティ）と対象への接近のしやすさ（アクセシビリティ）の二つが、研究テーマの選定に当たっての原理的視点となる。

その点、臨床教育学は、研究者にとって最も身近な「現場」、さらにつきつめていえば自己自身の観察、分析を特徴とすることはすでに述べた通りであり、地理的にアクセスしやすい研究対象をもっている。それを通して理論的あるいは実践的に「価値」「意味」のあるテーマ、事実、現象を見い出す態度や方法（アクセシビリティ）を身につけるなら、独創的な成果（アチーブメント）が得られるであろう。教育病理の解釈や解決にとって、最も重要で本質的でありながら、いままで気づかれず指摘も研究もされなかったテーマを探し出すことが必要かつ効果的であろう。それによって研究は独創性を誇ることができる[10]。

10 ここで述べたアチーバビリティとアクセシビリティという研究テーマに当たっての２つの原理については「ネポティズム社会学の構想」（『現代教育の諸問題』、１９６２、学研書籍、１５５～１８１頁）参照。私自身の研究歴からいえば、学閥、学歴意識、学生運動、県別教育比較、大学教授市場、私語、知日家、エポニミー、学際性、教育ポピュリズム、志などというテーマはいずれもこの２つの原理の適用例である。

6 研究テーマの提唱

そこで臨床教育学にとって、アチーバビリティとアクセシビリティという2つの原理から、重要と思われながら、あまり研究のメスが入れられていないテーマを指摘、例示したい。私自身、余裕と機会があれば理論的、実証的に研究したいと思っているテーマである。要点のみ箇条書き的に記すことにする。

ただし臨床教育学史の研究、臨床教育学の精神を論じた際、いくつかの本質的なテーマは指摘したので、それらについては再論しない。

1 教育病理の社会的・時代的背景

時代や社会にそれぞれ特有、典型的、あるいは「問題視」「問題化」され注目される教育病理が存在する。そうした教育病理の巨視的、社会史的、社会学的な研究が望まれる。教育病理の認知の際、目に付きやすさ（「可視性」、ビジビリティ）は大きな因子となる。教育病理史、社会変動（政治、経済、人口、文化、社会体制、社会的風土、風潮、流行などの変化）と教育、教育病理との関係の研究が興味ある重要なテーマとなる。筆者が特に関心をもつキーワードは、教育ポピュリズム、世代、少子化、バブルなどである[11]。

11たとえば『〝殺し文句〟の研究』(1985、理想社)、『〝見て見ぬふり〟の研究』(1987、東信堂)、『脱・教育ポピュリズム宣言』(2002、明治図書)、「最近4半世紀における日本教育の動向」(武庫川女子大学教育研究所『研究レポート』32号、2004。なお、本書前編はこの論文を基にした)など。

2　学校の制度論・組織論的研究

受験競争、学歴主義、「偏差値」体制、不本意現象、「離れ」現象、学校・教師の特徴、学校への「外圧」と「内圧」、「危機管理」など、教育病理の発生とその解決にとって、学校と家庭や地域との連携と協力や、それへの働きかけ(それは一種の教育活動である)、教師の一致協力、教師とカウンセラーなどとの連携が必要不可欠である。

こうした研究から得られる知見は特に学校経営にとって重要であり、それを大学院レベルでカリキュラム化し、学校管理職およびその候補者に対する学校経営学修士(MSA＝Master of School Adiministration)とでも称し得る学位の創設が望まれる。すでに企業経営に関してはMBA(Master of Business Administration)という修士号が高い評価を得ていることを考えれば、その必要性と有効性は容易に理解されよう12。

12その内容については前掲『学校管理職の現実と課題』『学校管理の基本問題』の他、『校長の帝王学』(上下、1993、教育開発研究所)などで論じた。

3　教育病理の構造的相互関係

すでに述べた教育的病理と病理的教育との関係、教育病理と社会病理との関係などの他、個々の教育的病理相互の関係（たとえば学級崩壊と学力崩壊、いじめと不登校、「自由保育」と「小1プロブレム」、「学級崩壊」と「成人式崩壊」、「勉強嫌い」と「仕事嫌い」、などの関係）、教育的病理の「悪循環」の研究は、教育病理の構造的解釈にとっても、現実的解決にとっても、きわめて重要なテーマである。

たとえばいったん、教育的病理が激化し、その処理に失敗した学校は社会的信用を低下させるので、以後、特に学校選択の自由が制度化されている場合、ますます「よい」生徒や「よい」教師を集めにくくなり、その結果、ますます教育が困難となり教育的病理の深刻化、蔓延化が進行して「ジリ貧」に陥る。「悪い」学校という評判が広まると、生徒は自校への誇りも自身への自信も失って、努力を放棄する。「よい」学校と「悪い」学校という評判は実態に裏づけられるようになるので、両極分化が進行し、「よい」学校はますますよくなり、「悪い」学校はますます悪くなるという「マタイ効果」「デフレスパイラル」が作用する。

他方、教育的病理が激化すると、学級規模の縮少、スクールカウンセラーの配置、施設の改善、監視カメラの設置などの条件整備がはかられる（「焼け太り」効果）。しかしその効果が目に見えて表われなければ、学校はいっそう激しい非難を受けなくてはならない。教育的病理への対応策も「アメかムチか」という両極に分化したり、両極を往復したりする（「振り子現象」）。

4　教育病理の成長過程

特に個々の教育的病理の成長、発達、拡大などの過程の研究が巨視的、歴史的、統計的あるいは事例的な方法によって行われるとき、多くの貴重な事実や傾向とともに、教育的病理の将来予測、ひいては事前予防の方策を見出さしめることに貢献するであろう。

たとえば学級崩壊という教育的病理を観察するなら、初期の段階には少数の子どもの「無邪気」なふざけ、いたずら、おしゃべり、立ち歩きなどであり、それを放置、「見て見ぬふり」しているうちに、しだいに同じような行動に出る仲間が増え、最終的にはその学級全体に及んで授業の不成立、秩序の崩壊となる。あるクラスの学級崩壊は隣のクラスに伝染し、やがて学校全体に蔓延する。ひとつの学校の学級崩壊は他の学校へ、上級の学校へと拡大し、さらには学校外（たとえば成人式）にまで伝染する。

他方、最初の「無邪気」な秩序破壊行為が見逃されて歯止めを失うと、しだいにいじめ、暴力、教室離脱などと悪質化、凶悪化するという傾向（「ナダレ現象」）がある。学級崩壊に限らず教育的病理はこのように一方では拡大（エクスパンジョン）、他方では過激化、悪質化（エスカレーション）という量と質、範囲と程度の両面における成長過程をたどるのである。

教育病理の認知過程における「可視性」「問題視」「問題化」なども重要な研究テーマであることは、すでにふれた13。

13それらについては『老兵の遺言状―現代教育警世録』（1997、東信堂）、『志の教育』（2000、教育開発研究所）、『脱・教育ポピュリズム宣言』（2002、明治図書）などを参照。

成長過程にも関係するが、教育的病理の解釈として広く通用している「氷山の一角」説の検討はきわめて重要である。

5「氷山の一角」説

「氷山の一角」説とは「非例外視」と言い換えてもよい。表に現われた深刻、衝撃的な事件や事例の背後に膨大な「予備軍」がかくれており、教育上の「重病患者」(たとえばいじめ致死事件の犯人)は特別、例外的な子どもではない、「ふつう」の子どもがいつ「重病」にかかっても不思議ではない、という解釈が「氷山の一角」説である。

この解釈は日常の経験からも支持されており、子どもが何か重大な事件を引き起こすと、親も教師もほとんど一様に「まさかあの子が」「ふつうの子だったのに」「まったく気が付かなかった」と弁明する。この「氷山の一角」説はいじめと不登校に典型的に採用されている。どんな子どももいついじめっ子、いじめられっ子になるかわからない。どんな些細ないたずらもいつ深刻で重大ないじめ事件に発展するかわからない。悪質ないじめっ子の背後には膨大な「予備軍」がおり、深刻ないじめは軽度ないじめがたまたま悪質化したにすぎない、つまり「氷山の一角」だというのである。そこで水面下にかくれた膨大な「氷山」に目を配って、事件を未然に防止するよう、いかなるサイン、シグナルも見逃してはならぬと「いじめ総点検」が指示される。これが「いじめさがし」であり、すべての子どもはいじめ「予備軍」として、その行動、持ちもの、心のすみずみまで調べ上げられる。子どもからすれば、いかに善意からとはいえ、こうした疑いの目で自分たちを監視する大人を「うるさい」と感じ、いじめはかえって陰湿化し、カゲで行われるようになる。「いじめさがし」は「いじめかくし」「かくれいじめ」をもたらす。

不登校についても同じで、かつては特別な子どもの「登校拒否」と考えられていたが、調査や研究が進むにつれて、「ふつう」の子どもも何かきっかけがあればいつ登校しなくなるかわからない、登校はしていても学校が楽しくないという子どもはいくらでもいるという事実が明らかとなり、登校拒否という語に代えて、不登校という語が採用されるようになった。

いじめと不登校に適用された「氷山の一角」説は、やがて他の教育的病理にも適用されるようになったが、その影響は監視体制の強化、疑心暗鬼、事なかれ主義、相互不信、表面的接触の優勢など、きわめて広範、深刻である。

6　深層社会心理

道徳的、法的、社会的にいっても、精神的、身体的にいっても、明らかに望ましからず、非健全、非正常と考えられる反社会的、非社会的行為が行われても、これを「見て見ぬふり」で黙認する社会は許容社会と称される。そのなかでは子どもに善悪適否の判断力が育たない。「悪いことは悪い」と親も教師も地域住民もいわない、いやいえないのはなぜか。子どもに対する大人や社会の権威や統制力が次々に剥奪されてきた原因や実態の究明は、教育的病理、病理的教育の解釈と解決にとって基本的な研究テーマである。

しかもこの許容社会はさらに弁護社会を経て謝罪社会へと発展する。

子どもが悪いことをしても子どもが悪いのではなく、そこまで追い込んだ大人が悪い、社会が悪いと子どもを弁護する。事実、教育的病理の原因をさかのぼって研究するなら、子どもの責任ではない素質や環境に行きつく。そこで大人や社会は子どもを責めるわけにいかず、子どもに謝罪し、みずからを責めなくてはならない。精神医学が進歩すると、いままでなら子どもに集中力がない、なまけ癖があるとしかったり、もっとガンバレと励ましていた行為も、実はPTSD、LD、ADHDなどという「病気」の症状と判明する。「病人」を責めるわけにはいかない。

こうして許容―弁護―謝罪という風潮が強まるが、そこには子どもから嫌われたくない、子どもの「味方」「理解者」だという評判を得たいという潜在的なエゴ、すなわち利己心、保身などの意識が働く場合が少なくない。「よい子」「できる子」をほめ高い評点を与えることは子どもの間に序列を付けることだとされ、それを差し控えることこそ人格や人権の尊重だとされ、その原理への違反に対してきびしい監視、告発が加えられるので、それを恐れてますますあの風潮が高まる。ポリティカルコレクトネス（PC）は倫理感を満足させる。子どもの間の「ブリっ子」いじめや、悪貨が良貨を駆逐する「グレシャムの法則」の教育版、「悪平等」などは、こうした深層社会心理に支えられているという一面がある。

7 関係論的研究

深層社会心理の解釈にとって関係論的研究も重要である。個人と個人、あるいは個人と集団との間の関係には、「切っても切れない」程度に強弱がある。特に自立心、独立力ができていない幼い子どもにとって、親や家庭との関係は切っても切れないし、担任教師との関係は最小限1年間、学校との関係も6年間、たとえ登校拒否しても切れない。

その関係がうまく行かないとき、当の子どもはもとより、親や担任教師にとっても耐え難い「地獄」となる。この子がいなければどんなに助かるだろうと心の底で思っていても、親や教師はそれを口に出したり、みずから認めたりできない。それだけひそかに、その子に対する憎悪が生まれる。これが「近親憎悪」という深層心理である。いったん、相手が嫌いになると、その欠点ばかり目に付いてますます嫌いになるが（「坊主憎けりゃ袈裟《けさ》まで」）、いったん、好きになると、よい点ばかりが目に付いてますます好きになる（「あばたもえくぼ」）という愛憎の増幅現象、「相性」は「切っても切れない関係」にある者同士の場合、きわめて切実な意味をもつ。子どもが選ぶことのできない親や教師に比べて、カウンセラーやボランティアの場合、「切っても切れない」程度ははるかに低い。

付言するなら地域や職場などとの関係の密接度は時代とともに弱まる（「切ろうと思えば切れる」）が、国家と国民との間の関係はむしろ強まる傾向にある。また切っても切れない関係にある人間同士が「近親憎悪」に陥らずその関係を何より大事にする場合、「共倒れ」あるいは「心中」という現象が起きる。これらも臨床教育学の研究テーマとなろう。

8　正当化理論の学習

「氷山の一角」説や深層社会心理とも関係するが、臨床教育学にとって重要な研究テーマとして、子ども自身が教育的病理（特に加害的行為）に走る理由づけ（「屁理屈」「居直り」である場合も多い）を、大人や社会、教師やマスコミから学びとる可能性を挙げたい。

子どもが病理的事件を引き起こしても、先の弁護論からその原因や責任は子どもにではなく大人や社会にあると免責、同情、さらには謝罪さえされ、その理由を子どもが知るようになる。教育的病理は何も特別の子どもにだけ起きるものではなく、「ふつう」、一般の子どもにも起こり得ると「氷山の一角」説が唱え、それを子どもたちが知るようになる。「学校を休みたいと思ったことがあるか」「先生を殴りたいと思ったことがあるか」などと質問されたり、アンケート調査をされたりすれば、多くの子どもは「ある」と答え、不登校や対教師暴力に走った子どもの「気もちはわかる」と答える。こうした「誘導尋問」によって「寝た子を起こす」結果、病理的行動の合理化、正当化理論を子どもたちは無意識のうちに学び取る。

以上のような新しいテーマを見つけ出し、その研究を構想し、理論的枠組み、予想的仮説、操作概念などを作るとともに研究方法を開発するなら、独創的な研究成果を期待できるであろう。

さらに教育病理に対する新しい対応策の開発も、臨床教育学的研究に独創性をもたらす。その際、病理的教育の視点からの政策提言、教育自体の病理性とともに教育を取り囲む社会（環境、制度、風土、風潮など）の改革と連携、教育的病理の治療とともにその予防、「被害者」「弱者」「敗者」の支援や救済だけでなく「加害者」「強者」「勝者」への教育や働きかけの重視などの方法を開発することが重要であろう。具体的な対応策、政策提言を筆者自身、いろいろと提案、構想、示唆してきているが、それらについてはいままで注のなかで挙げてきた著書にゆずりたい。

Ⅲ　わが研究の軌跡――ある教育研究者の「自分史」

1　はじめに――本稿の成立経緯

私は本年3月末日をもって、武庫川女子大学教育研究所長、同大学教授の職を辞することになった。これを機に多くの大学でも行われているように、多年にわたる教育と研究の歩みを振り返ることにした。特に本学に着任して教育研究所に籍をおいたこの20年間、研究や思索の結果として発表された著書論文を一覧表に整理するとともに、それらを主たる資料として自らの歩みを分析、回顧、反省することにした。

その結果は、改めて自らの非力と怠慢に恥じ入るばかりだが、活動の場を提供された学院当局を初め関係各位の厚情と寛容に感謝の念を禁じ得ない。この厚情と寛容に報いるだけの活動や貢献をなし得なかったという自己反省と謝罪の念に駆られるが、業績の報告と自己評価は、研究者にとって当然の職業倫理であり、本稿はその表われである。それはまた一研究者の「自分史」として、研究者の研究にとっての資料になり得るかもしれないし、あわよくば、本稿を目にした人にとって研究を志す機縁になるかもしれない。

この「自分史」は、私がいかにして教育を志し、さらには教育研究を志すようになったか、から始まる。私は旧制中学校（神戸一中、現在の神戸高校）に学んだが、高学年になって将来の進路の選択を迫られたとき、担任だった本間源一郎先生の助言と影響を受けて教職への道を選び、卒業後、先生の母校であった広島高等師範学校（英語科）に進学した。ちなみに戦前の旧制時代、広島高師は東京高師と並んで教育界、特に中等教育界のメッカと考えられていた学校であった。

高師は4年制だったが、3年終了後、同じ学園に属する広島文理科大学（旧制）への飛び入学の道が開かれていた。私は高師在学中、教育の理論的研究に興味を抱き、文理大の教育学科に進んだ。当時、文理大の教育学の教授に稲富栄次郎先生がおられたが、この先生も広島高師の出身（大学は東北大学）で、一時、神戸一中で教えられたことがあり、その御縁から、私は先生を慕って文理大に進学したのである。私はこの両先生から（その他にも多くの師に出会ったが）、大きな影響を受けると同時に、公私ともいろいろお世話になり、教育や教育学への関心、師弟関係の意味を開眼させられた。

太平洋戦争が始まったのは高師（第2学年）在学中だったが、戦時中の非常措置によって在学期間が半年短縮され、私が文理大に入学したのは、昭和17年（1942年）10月1日である。その後、戦局は急速に緊迫、苛烈化し、大学の最終学年（第3年次）のほとんどは勤労動員で広島市近郊の工場で兵器（といってもチャチなものにすぎなかった）の生産に従事しており、とても研究や勉強どころではなかった。

そして昭和20年8月6日の原爆。私はたまたま、その日が月一度の休日に当たった班に属していたため、市内の下宿にいて被爆した。その数日前、空襲による延焼をくいとめるための建物強制撤去で市の中心部にあった下宿から、市内ではあるが周辺部の牛田町に移っていた。もしそれまでの下宿にいたなら、恐らく即死していたであろうし、その日が出勤日であったなら、工場への通勤途上で被爆していたはずだった。事実、その日が出勤日だった仲間の動員学徒の多くは被爆死の運命に遭っていた。

私はたまの休日で、下宿で蚊帳の中で寝ていたので、直接、大きな被害を受けずにすんだ。偶然の運命、紙一重の差が生死を分けることを体験した私は、それ以外にもそれに近い経験を何度か味わって、一種の運命論者になる一方、不運にも命を失った多くの仲間の霊を慰めるためにも力一杯、生きなくてはならないと決意した。戦中戦後の私の日記は今も手許に残っており、当時の生活や気もちが詳細に記録されている。

こうしたわけで、私が広島文理科大学教育学科を卒業したのは、昭和20年9月29日である。戦時下であるものの大学には規程通り3年間在学したことになっているし、卒業論文（題目は「ルソー教育思想の研究」であった）も提出していた。しかし卒業したのは終戦直後であり、校舎も戦災で焼失していたし、教授や学生も各地に散らばっていたので、とても卒業式どころではなかった。卒業証書も郵送されてきたように思う。

翌日の日付で、私は文部大臣から「広島女子高等師範学校教諭を命ず」という辞令を受けとった。当時はまだ旧制だったので、教員養成系の大学や学校の卒業生は、採用試験などを経ず、教員に採用され勤務校を指定されていたのである。

私が最初に赴任した広島女高師は広島文理大や広島高師その他の高等教育機関とともに後の新制・広島大学の母体となった学校である。戦時中、広島市内にあった私立の山中高等女学校が国立に移管され、これを母体に国立の広島女高師が出来、山中高女はこの女高師の附属となったのである。広島女高師が生まれたのは昭和19年であったため、女高師には第一期生しかいなかったが、附属高等女学校の前身は長い歴史をもっていたから、附属には1年生から5年生までの生徒がそろっていた。もっともこの附属も広島市の中心部にあって全焼したので、女高師と附属は県内各地に仮校舎を求めて転々と渡り歩いていた。

私が赴任した女高師は、県北の吉田町、つづいて県南の安浦町に所在した。教員も生徒も粗末な建物で起居を共にしたが、しばしば食料不足のため休校を余儀なくされた。私は教諭として女高師の附属高女で1年生の担任を命じられると同時に、女高師でも授業を担当した。人生最初の教員生活でもあり、また極度の困窮状況のもとでの共同生活でもあったため、極めて思い出多い体験であった。

1年後、母校、広島高等師範学校助教授を命じられ、ここでも似たような生活を送ることになった。高師は当時、乃美尾村という寒村に仮住いしていたが、軍隊や工場からの復員、外地や疎開先からの引き揚げ、閉鎖された陸士や海兵からの転入学などによって、改めて高師に入学してきた若者たちが、敗戦後の困窮と混乱の中で、新しい知識や理想の追求、教育立国の同志的信念に支えられて、熱心に学んだ。戦時下、中断を余儀なくされた研究を再開できるようになった教授たちとの間には、師弟同行の精神と実態が存在した。食料難や設備施設の不備によって、学業や研究には多くの制約があったものの、こうした生活は教育や研究の魅力を私に痛感させてくれたように思う。それは若き日への感傷的ノスタルジーとは片付けられない。

何れにしても昭和20年、終戦を境にして私は学生という身分から、教員という身分へと変身した。24歳にして旧日本から新日本へと、一変した国家に移り、戦前の教育を受けた私は、戦後の教育を授ける立場に移った。戦後もしばらくの間、教育制度は旧制のままだったが、教育の理念や内容は米国占領下で一変し、その消化や理解には多くのとまどいがあった。

その後、私は現在に至る60年間を学校（大部分は大学）の教員として、また教育の研究者、教育学者として、教育を身近かに実践、観察、分析、研究してきた。そしてその60年間の前半40年間を広島大学（その前身たる女高師、高師を含めて）で、後半20年間を現任校たる武庫川女子大学で過ごした。前半は国立の共学大、後半は私立の女子大で生活したことになる。

この一見、平凡で単調（ある意味では順調）な一生にもいろいろなことがあったし、研究の方向や対象もいろいろ変化したし、その成果や自説をいろいろと発表してきた。ここでは、こうした生活に一応、形式上の区切りとなる今年を期に、主として私の研究歴を資料とする「自分史」を書くことにした。研究者としての「自分史」は、私が本学に奉職して２年目、昭和62年（１９８７年）４月、教育社会学研究によって紫綬褒章を受章したことを期に、日本学術振興会から依頼されてその機関誌「学術月報」（41巻３号、１９９８年３月、12—17頁）に寄稿した論説「教育社会学と私」にまとめたことがある。したがって、そのほとんどは私の広島大学時代の研究歴を整理したものであるので、本稿ではそれをベースにしつつも、それ以後、私が武庫川女子大学に移ってから現在に至るまでの研究歴を付け加え

て叙述することにした。（本書、第2部、はしがき、参照）

2　新天地の開拓——オリジナリティの追求

すでに述べた通り、私が正式に教育学の講義を担当するようになったのは、昭和21年広島高等師範学校助教授に任じられたのが最初である。当時は教育学自体、細分化されておらず、教育哲学、教育史、教育行政学など、大まかな区分があるにすぎなかった。私も高師では主として教育哲学と西洋教育史の講義と原書講読を担当した。

昭和26年、新制大学が発足し、広島高師と広島文理大（教育学科・心理学科）とは新制の広島大学教育学部の母体となったため、当時、高師の教授であった私も、新制の広島大学教育学部助教授に配置替となった。

新制大学の教育学部教育学科は米国の制度をモデルに、多くの下位分野に細分化されることになった。昭和30年、いくつかの旧制大学教育学部と同時に、広島大学にも大学院教育学研究科が発足したが、その際、私は自ら進んで新設の教育社会学の講座に末吉悌次教授のもとに助教授として所属した。そこにはそれまでわが国の教育学にはほとんど知られていなかった教育社会学という新しい分野に魅力を感じ、この新天地に挑戦したいという知的好奇心とフロンティア精神とが強く働いていた。

教育社会学という名称が公認され、それが教育学（やがては社会学）の下位分野として制度的に確立したのは、20世紀初頭の米国においてであり、教育社会学自体、新しい学問分野だといってよいが、わが国ではさらに新しく、戦後、新制の大学院が発足した昭和30年以後だといってよい。教育社会学の講座が生まれ、専任の担当者が任命され専門の研究者養成が行われるようになってからである。

その後も、後述の通り、教育病理学、科学社会学などと称される新しい学問分野の開拓に関心と意欲を抱いてきたが、特に本学赴任後、大学院臨床教育学研究科の創設と運営に深くかかわったためもあって、臨床教育学という新しい分野の体系化に力を注いだ。

この大学院は、臨床教育学の名を冠する研究科として、わが国で最初の、かつ今までのところ唯一のものであり、その授与する「修士（臨床教育学）」「博士（臨床教育学）」という学位もこの研究科に独占されている。臨床教育学やそれに類似する名称（例えば臨床教育、教育臨床、学校臨床など）もかなり広く見られるようになっているし、臨床医学や臨床心理学など臨床という名称はすでに確固たる市民権を得てはいるが、臨床教育学研究科が大学院段階で初めて制度化されたのは、11年前、本学においてである。

こうした歴史的経緯を背景に、私は臨床教育学という新分野の開拓に打ち込んだ。関連する著書や論文は5で述べるが、最近、本研究科創設10周年を記念した紀要では「臨床教育学の課題——研究歴をふまえて」（「臨床教育学研究」11号、1―15頁）で私の考えを率直に開陳した。

こうした新しい学問分野の開拓と並んで、あるいはその一部として、私は重要でありながら、未開拓と思われる現象やテーマを見付け出し、その研究の意義、仮設、方法などを指摘、構想、実践することに努めた。新天地の発見と開拓にこそ、研究の独創性が端的に表明されると考えたからである。

もちろん、その研究に着手してみると、すでに多くの先人が研究を手がけていたこと、関連する発表物や資料も膨大であることが分かる。完全に未開拓の新天地といえるテーマはほとんどないが、既存の研究や資料を新しい角度から検討、整理し、理論化することには大きな意味がある。日常的に広く用いられる単語、広く見られる現象が実は重要な意味や価値をもっており、貴重な研究テーマになり得ることが多い。

そうしたテーマとして私が取り上げた代表例としては、学閥、学歴意識、学生運動、知日家、見て見ぬふり、殺し文句、私語などがあるが、ネポティズム、エポニミー、ポピュリズム、PC（ポリティカル・コレクトネス）、インターディシプリナリティなどの英語を研究上の重要な操作概念、説明概念として注目したことにも若干のオリジナリティが潜んでいるかもしれない。

この学閥や大学教授市場の研究にも見られるように、研究の見取り図を予め描くに当たって、私が常に留意したのは、その研究のもつ意味、研究対象の定義と分類、研究を計画し結果を解釈するための仮説、研究の結論から得られる政策提言などである。学歴主義をタテの学歴主義とヨコの学歴主義に分類し、学歴意識を学歴への意識と学歴による意識（の変容）に分類し、学歴意識、学歴コンプレックスは学歴主義が制度化されている社会や職場でより鋭敏になるという予想的仮説のもとで、学歴意識の調査を行い（『学歴――実力主義を阻むもの』、昭和41年、ダイヤモンド社）、教育病理を教育的病理と病理的教育に分類して両者の相互関係を研究し（『教育病理の分析と処方箋』、昭和52年、教育開発研究所）、知日家を日本に関する知識や理解の広狭・深浅という二つの軸によって四つに分類し、それぞれが生まれやすい環境、パーソナリティ、教育を見付け出し（『知日家の誕生』、昭和61年、東信堂）、私語を公的な場における私的な言語行動と定義して分析し（『私語研究序説――現代教育への警鐘』、平成4年、玉川大学出版部）、社会人のリカレント教育機関として夜間大学院を昼夜開講制大学院と比較して、その特徴を明らかにした（『夜間大学院――社会人の自己再構築』、平成11年、東信堂）などが、その代表例である。

比較教育学の国内版として教育の県別比較を行い、そこで得られた資料を用いて、基礎条件が似た県同士（例えば東京都と大阪府、広島県と静岡県など）をペアと称して比較し相互の共通点と相違点を見い出すという研究方法を開発したのも（『教育の県別診断――あなたの県の教育を採点する』、昭和52年、大阪教育図書）、また、「新・比較教育学」と称して、学校を他の組織、例えば病院・刑務所・会社・工場・鉄道・農場・社会教育施設・レジャーセンターなどと比較することによって、学校の特徴と困難を明らかにしたのも（『校長の帝王学（下）――学校の活力』、第1章、平成5年、教育開発研究所）、研究や解釈に新しい方法を提唱したかもしれないとひそかに考えている。

3　本質と体系の追求――哲学的探求

前に述べた通り、私は大学卒業後、女高師に赴任し、若き日の情熱を教育に注ぎつつ、研究や思索の対象を教育の真髄、本質に求めようとし、それを教育愛に求めた。私の最も初期の著作『教育愛の問題』(昭和29年、福村出版）は後に『教育愛の構造』(昭和46年、福村出版）と改題して再刊されたが、その「あとがき」の一部には「本書は二〇数年前、私が大学卒業直後（それは同時に終戦直後の窮乏と混乱の時期であった）、はじめてある中等学校の教師として教壇に立ち、寮に起居して若い生徒たちと生活を共にしながら、書き始めたものである」（218頁）という回想が書きしるされている。愛の類型をエロス、アガペー、フィリアの三つに求め、教育愛をその総合と解し、教育の本質をこの教育愛に見い出した純粋に哲学的な考察を行ったものである。

教育愛が最も具体的に表われる教育として、私は後に特殊教育に関心を抱き、昭和26年、東京教育大学（附属盲学校）を会場とする教育指導者講習（IFEL）の「特殊教育」に参加した。3ヵ月間、米国から派遣されたスタントン博士を主任講師とするこの講習会で私は集中的に広く特殊教育の歴史と、その下位分野毎の教育の理論と実際を学び、広く関係文献を渉猟し、翌年、その成果を『特殊教育概論』（昭和27年、柳原書店）として出版した。

私は機会ある毎に教育社会学の性格や体系について整理、主張してきた。概論的テキストの形をとった書物としては、木原健太郎との共編『現代教育社会学』（第2章「教育社会学の性格」執筆、昭和42年、明治図書）、末吉悌次との共編『教育社会学』（第2章「教育社会学の発達」執筆、昭和45年、福村出版）、片岡徳雄との共編『教育社会学原論』（第1章「教育社会学とは」執筆、昭和52年、福村出版）、加野芳正との共著『教育社会学』（昭和62年、玉川大学出版部）などがあり、論文としては「教育社会学の性格」（日本教育社会学会「教育社会学研究」33集、昭和53年）、「日本的教育社会学」（中国、「華東師範大学学報」9号、1985）などの他、日本教育社会学会編『新教育社会学辞典』（昭和61年、東洋館）では「教育社会学」の項を担当した。

本質の探求という哲学的な視点、さらに学論、学史、概論、レビューなど、特定の学問分野の全体構造、性格、体系の自分なりの把握と基礎理論の構築は、以上のように教育社会学に典型的に表われているが、私はさらに科学社会学や教育病理学、臨床教育学など、私が新しく関心を抱いた学問分野についても同じような努力を注いだ。それらの説明は項を改めて行いたい。

本質に迫り、体系的、構造的、批判的に解釈しようとする姿勢や研究態度は、ある時期、急速、広範に主張、注目されるようになった、特に教育政策上のスローガンについても適用された。そのそれぞれに意味と重要性はあるものの、それらが無条件的に拡大解釈され金科玉条視されると、思わぬ事態が生じる可能性がある。『ゆとりある教育の探究』（昭和52年、ぎょうせい）や『「生きる力」の探求』（平成9年、小学館）などは、そうした教育的スローガンにメスを入れた著作である。

4　大学研究——高等教育の社会学

私が日本的ともいえるほど痛切、深刻な問題現象として入試競争、受験準備教育に関心を抱いてきたことは初期の著作『大学進学の問題』（昭和30年、光風出版）にも表われているが、その背景に学歴主義、学歴偏重、学閥、学歴社会などといわれる制度や慣行があり、それとの関係で日本人には鋭敏な学歴意識、学歴信仰、学歴コンプレックスなどの心理が働いている。学歴の頂点に立つのは最も上級、高等と考えられる大学、中でも最も威信が高い大学が与える学歴であるから、学歴研究は必然的に高等教育、大学の研究に連なる。

大学の研究を教育社会学の一環として取り上げるとき、高等教育の社会学の範囲はもちろん広範多岐にわたるが、大学の二大人的構成要素は学生と教授である。大学教授の研究として、私が最初に手がけたのは、前述の通り、大学教授市場に働く学閥の研究（『日本の大学教授市場』前出）である。大学の研究はわが国ではあまり行われてこなかったが、中でも大学教授の研究はほとんどタブーとされてきた。この書物はそれに挑戦したものであった。

これと並んで大学の「日本的」現象として学生運動が、私の高等教育の社会学の研究対象となった。これは今に至るまで日本ではほとんど教育社会学の研究対象とされていない。私が最初留学した当時、日本以外の欧米諸国では学生運動はそれほど大きな社会問題となっておらず、研究もされていなかった。私はこの「日本的」現象の研究の価値を認めて、帰国後、これに関する論文を米国社会学会（ＡＳＡ）の機関誌 Sociology of Education に、リースマンの推薦を得て二回にわたって連載した。

学生運動への関心は以上のような経歴を背景に、昭和42年、勤務する広島大学で学生部学生課長の併任を拝命したことによって現実体験の裏付けを得るようになった。それは上記、学生運動に関する国際会議への出席に引きつづいて欧米各国の大学事情を視察して帰国直後のことであった。当時の広島大学は学生運動が最も激化した大学の一つであり、大学はしばしば過激派学生による「解体運動」の標的となっていた。学生部はこうした運動への対応の最前線に立たされた。その実態と背景を私は「団交物語」と題して「朝日新聞」（昭和43年1月13日）で、つづいて第二団交物語を「中央公論」（昭和43年5月号）で報告した。この二論文は学生運動に関係する研究論文とともに、『学生運動の論理―スチューデント・パワーと新しい大学の展望』（昭和47年、有信堂高文社）に収めてある。

大学は学生時代から教員時代にわたって、私が人生の大部分を送った生活の場であり、私にとって最も身近な社会であったため、私の主要な研究対象であった。本学に赴任後も、教育研究所の主要な役割の一つは大学教育の研究とされるので、私は大学教育に関係したテーマを次々に取り上げた。大学生に関する研究の代表は『大学生―ダメ論を越えて』（昭和60年、至文堂）と『私語研究序説―現代教育への警鐘』（平成4年、玉川大学出版部）である。特に後者は科研費を得て行った大規模な調査を資料として教育研究所の紀要「研究レポート」4号（平成2年）に発表した「私語研究序説」と題する論文を中心とした著作である。『大学生』と並んで今日の大衆化した学生気質や大学の風土にメスを入れたものとして注目された。なお現代の大学の変容については、本学赴任の前年、本学に招かれて行った講演を記録して出版された『大学教育の未来』（武庫川学院「武庫川教育叢書」第3号、39頁、昭和59年）で述べた。

他方、学生と並ぶ大学の主要構成員たる教授の研究は、学閥との関係に焦点をおいた前出『日本の大学教授市場』（昭和46年）を初め極めて多面的に行われた。大学教授は教育者、教師であるとともに研究者、学者であり、大学は教育機関、学校であるとともに研究機関、研究組織であるから、そうした点から大学人や大学の研究に進まざるを得なかった。

学閥研究から出発した高等教育の社会学は研究機関としての大学、研究者としての大学教授の研究に発展したが、この際最大の示唆を与え、よりどころとなったのは、研究の研究、科学の科学の代表たる科学社会学である。この新しい学問に私を導入してくれた最初の人はシカゴ大学で同じオフィスで暮したベン・デービッドである。その縁から私は後に彼の論文集を『科学と教育』（昭和59年、福村出版）というタイトルで監訳編集した。また科学社会学の歴史と体系は『日本の学界―〈学勢調査〉にみる学者の世界』（昭和53年、日本経済新聞社）の巻末「補説〈科学の社会学〉」（169

—183頁）でまとめた。こうして私は学者、大学教授職、学問の生産性、学界などについて多くの理論的、実証的な研究を重ねた。

しかし科学社会学が対象とする科学が自然科学に限定される傾向があることに不満を感じ、社会科学、人文科学にまで研究対象を拡大しようとした。私が最も身近かな日本の教育学（中でも教育社会学）と、最も遠い外国における日本学（中でも日本研究）とを事例に取り上げたのも、著書の一つに科学社会学ではなく『学問の社会学』（昭和59年、東信堂）というタイトルを付けたのも、そのためである。

上記の書物のほか、科学社会学、研究機関としての大学、研究者としての教授に関係する社会学的研究の成果には『学者の世界』（昭和56年、福村出版）、『科学社会学の研究』（広島大学大学教育研究センター「大学研究ノート」49号、昭和56年）、『大学教授職の総合的研究』（昭和59年、多賀出版）、『外国大学における日本研究』（広島大学大学教育研究センター「大学ノート」60号、昭和60年）、『学問業績の評価――科学におけるエポニミー現象』（昭和60年、玉川大学出版部）、『知日家の誕生』（昭和61年、東信堂、なおその関係書としては『知日家人名辞典』昭和59年、東信堂がある）などがある。

これらの大部分は広島大学在任中の研究成果であるが、武庫川女子大学着任後に手がけた研究の代表は、先に挙げた『私語研究序説』につづく『大学評価―理論的考察と事例』（平成5年、玉川大学出版部）、「学際性」（『教育病理への挑戦』、平成8年、教育開発研究所、第2章「方法としての学際性」）、『夜間大学院――社会人の自己再構築』（平成11年、東信堂）の三つである。このうち『大学評価』は500ページの大作であって、私が執筆した第1部「大学評価の理論的検討」は大学評価要請の根拠（これは平成15年、大南正瑛編『大学評価・文献選集』、エイデル研究所、に再録されている）、アクレディテーション、ファカルティ・ディベロップメントなどを多方面的に扱っている。また学際性の研究は、このテーマに関するOECDのセミナーに日本代表として参加したことを契機に取り上げたものであり、学際性の理論、歴史、種類などに関してわが国ではほとんど本格的に行われてこなかった研究である。『夜間大学院』も私が深くコミットしてきた本学の臨床教育学研究科の体験に誘発されて始められた夜間大学院という新分野に研究のメスを入れたものである。これについては、後で再説するが、最近作、江原武一・馬越徹編『大学院の改革』(平成16年、東信堂）の第8章「夜間大学院の現在」はその要約である。

5　臨床教育学――教育病理への挑戦

2で述べた通り、本学に着任後、私が特に力を注いだのは、臨床教育学という新しい分野の開拓、その基礎理論の構築であったが、それは教育研究所を母体とする大学院、臨床教育学研究科の創設と運営と密接不可分の関係をもっていた。全国でも初めての臨床教育学という名称を冠する夜間の独立研究科が構想されたのは、開設認可の約2年前であり、その制度的形態、教育課程、設置目的、社会的要請などを明文化し、施設設備、新教授陣、事務組織などを整備するとともに、認可申請に向けて学内外、特に文部省、設置審、地元教委などとの折渉に当たった努力の結果、この研究科の制度化が実現することになった。

そこで研究面での私の関心の焦点は臨床教育学という新天地の開拓、すなわち臨床教育学の体系的理論の構築と実践に置かれた。研究科の紀要「臨床教育学研究」創刊号（4―36頁、平成7年3月）に掲載した論文「臨床教育学の構想」、翌年の著書『教育病理への挑戦――臨床教育学入門』（平成8年、教育開発研究所）、平成12年に発表した二つの論文（「臨床教育学の登場」〈『志の教育』第3章第3節〉、および「臨床教育学の概念」〈武庫川女子大学教育研究所「研究レポート」、25号〉）、特に平成10～12年度、文部省科研費による研究をまとめた『臨床教育学の体系と展開』（平成14年、多賀出版）、さらに最近、本研究科紀要10周年記念特別号に載せた「臨床教育学の課題――研究歴をふまえて」などで、私は自らの臨床教育学論を展開するとともに、臨床教育学史を展望した。

詳しくはこれらの著書、論文にゆずるが、私は臨床教育学の研究対象を教育病理に、研究方法を学際性に求めた。

このように考えて振り返ってみると、私が臨床教育学という新しい名称をもつ学問分野に、到達する以前、すでに教育病理を意識的に取り上げ教育病理学を構想し、さらにそれより前、教育病理という名称こそ使わなかったにせよ、実質的に教育病理の一部と考えられる現象に関心をもち、その研究や考察に打ち込んでいたことが分かる。いや別に私でなくても、教育に各種の困難、不満を感じ、それを批判、告発した人はいくらでもいるから、そうした現象を教育病理と称するなら、実態として教育病理への関心は常に存在していたはずである。あたかもいくつかの水源から発した支流が集まって、教育病理学という本流となり、さらにその教育病理学が臨床教育学という大河になっていったと、比喩的に描くことができる。

最初の源流は大学進学の問題としての受験戦争、入試地獄、それを支える学歴主義、学歴社会、学歴意識、「学歴病」患者など、学歴にまつわる問題情況への関心とその研究である。

第二はそれと極めて密接な関係にあるが、大学研究の流れであり、4で述べた問題がそこでは浮び上がった。大学教授市場における学閥、研究からの逸脱、学生運動、不本意就学、私語などがその例であり、私はすでに「大学の病理」という項目を『教育経営事典』(昭和47年、ぎょうせい）において担当した。また3でも述べた教育社会学の歴史的発展を扱った論文（IRE、1979）では60年代を「教育危機の時代」と名付け（この命名はユネスコによる)、危機の象徴として大学運動による大学の解体状態を指摘した。事実、当時の大学は物理的にも機能的にも解体されたのであり、「学級崩壊」などの語はなかったにしても、はるかに徹底的な崩壊が実現していた。その後、大衆化した大学の教室で蔓延した「私語」も大学における「学級崩壊」をもたらした。学級崩壊は教育病理の典型例と考えられているが、大学は最も早く、また最も激しく、学級崩壊を実現していたのである。大学がトロウのいう「ユニバーサル」段階に入ることによって、就学の義務化、準義務化に伴う不本意就学という難問をかかえざるを得なくなるにつれて、新しい危機に直面することは、容易に理解できるが、その問題は大学より早く初等中等教育でいろいろな形で顕在化していた。

教育病理に至るもう一つの支流は、私の比較教育学的研究である。私はすでに述べたようにシカゴ大学比較教育センターに留学したが、比較教育学は伝統的に比較の単位として国を取り上げるが、比較は同一国内で地域を単位としても可能であるはずだ。こうして私は県を単位とする比較を試みることにした。国より県の方が資料、統計、制度など比較のための共通性がはるかに大きいし、民力、県民性、県史などといった、教育を規定する因子に関する研究も進んでいる。こうした考えに基づく教育の県別診断と称する大規模なプロジェクト研究の成果は『日本の教育地図』(昭和48、50、55年、いずれもぎょうせい）という三冊の大部な書物として公刊されたが、それぞれは「体育・スポーツ」「社会教育」「学校教育」を扱っている。

このうち前二者は法的、制度的規制が少ないので県ごとの特徴も明らかだが、学校教育は全国共通の法的、制度的基準が確立しているため画一化、規格化しやすい。そこで学校教育の県別特性は各県の条件に学校が対応できない点にこそ表れるはずである。教育病理が学校教育の県別比較の際、焦点となると考えられるのである。

この研究から得られた資料を用いて、前に述べたように『教育の県別診断』（昭和52年、大阪教育図書）が書かれたし、『教育病理の分析と処方箋』（昭和52年、教育開発研究所）では教育病理学の歴史と体系が叙述された。

それより前、潮木守一との共編『高学歴社会の教育』（昭和50年、第一法規）では学歴主義の変容と将来予測を試みたが、学歴主義の研究は高学歴取得の願望が高校以下の学校や子どもにもたらす影響の研究にも連なった。その際、特に注目したのは影響の中でも、いわゆる「悪影響」であり、教育病理と言われる現象である。そこで社会学における社会病理（学）とのアナロジーから、教育社会学においても教育病理（学）が提唱されてしかるべきだと考えた。

第四の流れとして、当時ようやく教育社会学の内部でも教育病理という名称が広く用いられ市民権を得るようになったことが挙げられる。それは一方では教育病理的現象の研究が教育社会学の世界で広く取り上げられるようになったが、断片的であったため包括的体系や基礎理論が欠けていたこと、他方では社会学の内部で社会病理の概念と研究がすでに長きにわたって定着していたためそれとのアナロジーから、また社会病理の一部として、教育病理が考えられるようになったこと、という二つの事情の反映であった。

具体的にいえば、昭和50年、日本教育社会学会はその機関誌「教育社会学研究」（30集）を「教育における社会病理」特集号とした。この号では私の「現代教育の病理」の他、二関隆美「教育病理の概念化について」、高橋均「教育病理研究の方法」、渡辺洋二「高学歴社会の病理」、大橋薫「進学競争にみる教育病理」の五論文が収められている。

こうしたいくつかの流れが合流して、教育病理という概念が次第に定着するようになった。私自身、教育病理をタイトルとした著書として、前掲、『教育病理の分析と処方箋』の他、『現代日本の教育病理』（昭和51年、ぎょうせい）、『教育の病理』（昭和57年、福村出版）、『教育の環境と病理』（昭和59年、第一法規）、『教育病理への挑戦』（平成8年、教育開発研究所）など、教育専門辞典の担当項目として『教育学大事典』（昭和53年、第一法規）に「学校の病理」を、『新教育学大事典』（平成2年、第一法規）、及び『現代学校教育大事典』（平成5年、ぎょうせい）に「教育病理」を執筆した。

こうして教育病理学の理論枠の構築と実証研究とが私のもう一つの主要な努力目標となった。私は教育病理のうち、教育現場に表れた病理現象を教育的病理と名付け、それは教育自体が病理的であるがゆえに発生するので、それを病理的教育と名付ける。教育的病理を生み出す病理的教育の一つが学歴主義に支配される教育だが、もちろん病理的教育はそれだけではない。また病理的教育はさらに教育を取りまく社会自体の在り方（例えば学歴社会）によって条件づけられている。現在は、その中で特に人々の意識を大きく決定する社会風土に注目しており、『「殺し文句」の研究』（昭和60年、理想社）、『「見て見ぬふり」の研究』（昭和62年、東信堂）は評論的な書物であるが、その重要性を論じたつもりである。そうした線に沿った社会風土、教育風土を明らかにすることは、教育病理の解明にとって極めて重要である。その認識はその後、現在まで変わることなく、つづいており、『老兵の遺言状』（平成9年、東信堂）、『志の教育』（平成12年、教育開発研究所）、特に『脱・教育ポピュリズム宣言―迎合のツケ、誰が払う』（平成14年、明治図書）などに受け継がれているし、私が編集した6巻のシリーズ「教育大変な時代」は多方面的に教育を支配する風土や風潮を扱っている。

教育病理、特に病理的教育の研究はさらに、学校や教師の考察へと進んだ。一つには大学の附属中・高校長や学部長など管理職を兼務し、組織としての学校にいわば「内地留学」し内側から「現地調査」する機会を得たためである。対立、不信、独善、偽善、事なかれ主義、タテマエ支配などといった病理を今日の学校や教師はかかえている。こうした実態を観察するにつけて、私はこの痛切深刻な問題に研究のメスを入れる必要があると感じざるを得なかった。教師に関する3部作（『教師の権威』、昭和47年、『現代教師の苦悩』、昭和49年、『教師の良識』、昭和50年、いずれもぎょうせい）、二冊の学校管理論（『学校管理職の現実と課題』、昭和55年、『学校管理の基本問題』、昭和58年、いずれもぎょうせい）は、この線に沿った論考である。また『教員養成の再検討』（昭和61年、教育開発研究所）、『教師　その人間力・行動力』（昭和61年、ぎょうせい）、『校長の帝王学』（上下、平成5年、教育開発研究所）は本学着任後の著作である。学校という組織自体に潜む問題的特質、教師という地位や役割がかかえる苦悩や矛盾を明らかにしない限り、教育病理の解明は困難であるという認識がその底流にある。

6　生涯教育――夜間大学院の研究

教育病理への対応策として臨床教育学の立場から、いろいろな政策提言が可能であり、また実践的療法も提唱できる。それらについては、今まで挙げてきた私の著書の中で述べているが、教育システム全体でいえば、生涯教育を指摘できる。教育を学校にのみ委ねることを止めることは生涯教育の要請であるが、それは今日の如き変動社会、すなわち文化の陳腐化が急速な社会で特に強い要請となる。学校や子どもの間に発生する教育病理は単に学校の改革や努力だけで解釈も解決も不可能だし、子どもに対する臨床心理学的対応だけでは大きな限界がある。学校外の社会や教育（社会教育や家庭教育）、また学校と地域や家庭との連携協力なくしては、教育病理は解決できない。伝統的に人生の初期にある青少年にだけ教育を集中し、しかもその教育を学校という組織にだけ委せるなら、学校が普及すればするほど学校は負担過重に陥らざるを得ない。

こうして学校教育中心主義への反省が起き、社会教育や家庭教育を包含し、人生の全体にわたる生涯教育が戦後、ユネスコなどによって広く主張されるようになった。私が生涯教育に特別な関心を抱いた直接の契機は、昭和43年、広島大学助教授に併任のまま、文部省に招かれその社会教育官に任命されたことである。最初2年間の約束だったが、1年延長、昭和46年まで文部省を主たる職場とすることになった。社会教育官は文部省の社会教育局におけるブレイン的スタッフの役を果たし、社会教育審議会の裏方的役割（私は昭和46年に出された有名な答申「急激な社会構造の変化に対応する社会教育の在り方について」、俗に社会教育の46答申と称され、生涯教育の理念を表面から打ち出した答申の原案作りを担当した）、国立社会教育研修所その他、各地の社会教育関係の研修会などにおける指導講義、社会教育政策立案への助言などを主要な業務とした。そうした地位から社会教育に関する国内外の動向や情報、社会教育の全体構造や理論へのアクセスも容易であり、また自らの考えを求められる機会も多かった。

それが機縁となって、出版した著書には、『社会教育』(昭和45年、玉川大学出版部)、『社会教育の方向』(昭和45年、ぎょうせい、平成13年、「日本現代教育基本文献叢書・社会・生涯教育文献集」Ⅲとして日本図書センターより復刻)、『社会教育学』(昭和56年、有信堂高文社)、『公的社会教育と生涯学習』(昭和61年、全日本社会教育連合会)、『生涯学習体系の課題』(平成元年、ぎょうせい)、『「生きる力」の探求』(平成9年、小学館)などがあり、翻訳としてはラングラン『世界の生涯教育』(昭和47年、福村出版)がある。生涯教育は学校教育と学校外教育（家庭教育と社会教育）との統合を主張するとともに、生涯にわたる教育を主張するが、その際ライフという生涯教育のもととなった英語を日本語に訳したとき、生命、生涯、生活という三つ側面があり、そのそれぞれに対応する教育と学習が要請されるというのが、これら私の著書を一貫する主張である。

学校、中でも義務教育段階以上の学校、特に大学や大学院を一般成人、社会人に開放して生涯学習機関とする制度は、OECDなどによってリカレント教育と名付けられるが、社会変動の早さ、職業の専門化、寿命の伸長などの条件によって、リカレント教育への要請が高まりつつある。最も高度なリカレント教育の典型を夜間大学院に見い出すことが可能だが、本学の臨床教育学研究科はまさにその実例である。私はこの研究科の創設と運営に深くコミットしてきたので、夜間大学院という新しい分野自体を研究対象に取り上げ、その成果を『夜間大学院』(平成11年、東信堂)として発表した。そこでは本学の夜間大学院を事例として多方面的に分析している。

Ⅳ　教育研究の60年――分析図表の提唱

はじめに

ここでは退職記念の最終講義というので、「教育研究の60年」とタイトルを付けることにした。全くの偶然だが今年は戦後60年、私自身、教職に初めて就いたのがちょうど60年前、終戦の年である。私は戦後60年間、教育の現場にあって戦後の教育を実践、観察してきたし、そのほとんどを大学において教育の研究に没頭してきた。

この60年間の前半の40年間は主として広島大学（ならびにその前身校）で、後半の20年間はここ武庫川女子大学で過ごした。この20年間、上述のように教育研究所所長の職に在ったが、そのうち最後の10年間は新設された大学院臨床教育学研究科の教授を勤めた。60年前、私は広島で原爆に遭い、その直後、大学（旧制、広島文理科大学）を卒業、広島女高師教諭に任じられて初めて教職の道に入った。また今から10年前には阪神淡路大震災に遭い、その直後、本学臨床教育学研究科創設と同時に、その教授となった。このように歴史の節目と符号して私の人生も大きく変わったように思われるが、教育研究に全力を傾けたことは60年間、一貫している。（もっとも教育学を志したのはそれより早いが。）

その間、研究の対象、内容、関心には変遷や発展はあったものの、教育の本質、真実、現実に迫る研究を通して成果を上げようと努力してきたつもりである。ここではこの60年間の教育研究の経験を通して得られた研究の在り方、進め方についての「コツ」「ヒント」を提言として、私の研究の実例に即しつつまとめてみたいと思う。

結論を先走っていえば、副題に掲げた通り、研究に当たって「分析図表」、つまり分析のための枠を図表化することが極めて有効だと主張、提唱したいのである。いかなる研究であれ、研究の対象の明快、単純な定義、分類、その単位相互の対照・比較、定義から得られる研究のための予想的仮設などが重要かつ有効であることは、デカルト（『方法序説』）、デュルケーム（『社会学的方法の規準』）、シュプランガー（『生の形式』）、ウェーバー（『プロテスタンティズムと資本主義の精神』）などなどによって、たえず主張されてきた。それは教育研究についても当てはまるにちがいない。

もう一つ、特に臨床教育学に関心をもつ多くの教育実践家や教育研究者に付言したいことがある。臨床教育学は教育に関係する各種の問題や病理の解明、解釈、さらには解決、対応を志向するが、当然のことながら教育実践家、教育研究者自身が多くの心理的、社会的な問題をかかえている。臨床教育学と極めて近い関係にある臨床心理学、それを基礎とするカウンセリングは数多くの「療法」を開発してきた。しかし例えばカウンセラー自身が自らのカウンセリング活動において直面する多くの挫折や困難にメスを入れ、カウンセラー自身に対する療法はあまり注目されない。教育の実践家にせよ研究者にせよ、自らがかかえる多くの問題、それに由来する苦悩を解決するための療法として、自らの問題や苦悩自体を研究対象とし、それを客観的に分析することが必要かつ有効なのである。

自らの職業（例えばカウンセラーや学校教師）や自らの職場（例えば心理クリニックや学校）がかかえる問題に研究のメスを入れることは、当人自身にとってだけでなく、その職業や職場にとっても痛切、切実な意味があり、それだけに研究への興味や意欲を育て、そのことが当人にとっての心理療法となる。特に実践家にとっては、自己分析、自己観察自体が療法的役割を果たすであろう。

例えば教師には子どもに対する、教育におけるカウンセリング・マインドが必要といわれるが、教師が自己や自らの職業、職場に対して研究者の精神、いわば研究者マインドを以て研究を進めるなら、それは身近かで興味と意味のある活動となって大いなる満足感を生み、研究者として、開拓者としての喜びをもたらすであろう。その研究成果が客観化され公表され、広く高い評価を受けるなら、その喜びはますます大きくなる。こうしてカウンセリング・マインドとのアナロジーから、リサーチ・マインドをもつことを、苦悩する教育実践家に提唱したいのである。

さらに一言、社会人を対象とするわが臨床教育学研究科に関連して付言したいことがある。教育実践家（いや、ほとんどすべての職業人、社会人）は日常多くの困難や苦悩に直面せざるを得ないが、そこから逃避したり、マンネリズムに陥ったり、あるいは挫折したりしがちである。しかしその困難や苦悩、あるいは逃避、マンネリズム、挫折など自体に研究的関心をもつなら、教育と研究そのものに新たなる意味が思い出されるようになる。職業や実践に新たなる意味を見い出すなら、それに対する新鮮な意欲が沸いてくる。それは自らのストレスの解消、教育と研究の面白さの発見、生きがいの創出、若さの維持などに連なるにちがいない。高齢化する社会において、高齢者やその予備軍が研究者マインドをもつことは、彼ら自身にとっても、社会にとっても大きな意味がある。職業人にとっては定年はあるが、研究者には定年はない。研究者マインドをもつ人は、研究を通して社会に貢献する可能性を秘めるとともに、いつまでも若々しく生涯現役でありつづけることができる。この研究科はそうした人を育てるという機能をもっていると思う。

1 研究の研究

1 研究の研究（research on research, science of science）

教育研究、その一部としての臨床教育学ももちろん研究、いわゆる科学の一つである。中でもわが研究科は研究科という その名称が示す通り、研究を志向し、本質的機能としている。したがって臨床教育学も研究としての性格や価値をもたなくてはならず、科学として承認、評価されなくてはならない。

そこで研究とは何か、科学とは何かという、研究や科学自体を対象とする研究や科学、すなわちresearch on researchないしscience of scienceが要請され成立する。実際、人間の知的好奇心、探究心はありとあらゆる現象や事実を対象として研究し、その活動と成果は科学と称されてきた。しかし奇妙なことに研究や科学自体を意識的に研究対象として取り上げてきた科学、特に体系的、実証的な専門領域の誕生はおくれた。もちろん科学の目的や本質が真理の追求、発見にあるとすれば、真理とは何ぞや、真理はいかにして明らかにできるかなどという真理論は長い歴史をもっている。科学の科学の歴史的源流は、科学哲学、特に真理論と認識論の中に見出すことができる。

しかしこうした科学哲学の流れの中で、特に自然科学、実証科学がそれまでの伝統的、古典的な「哲学」と区別されて科学のモデルとなるようになるにつれて（「近代科学」の成立）、科学自体を実証的、客観的、いわゆる科学的に研究しようとする動きが現われ始めた。その代表は科学史である。科学の発達を確実な史料、資料に基づいて叙述、分析、説明し、新らたな歴史的事実や歴史的法則を発掘、発見しようとする科学が、歴史学の一部として出現した。科学全体にわたる科学史と、科学の下位分野（例えば物理学や心理学）等の科学史、世界全体からみた科学史と特定の国における科学史、通史と時代史、制度史と人物史など、その範囲や性格は多種多様だが、それぞれの学問分野や大学の研究者の間で科学史的研究が行われ、数多くの基礎資料が蓄積されてきた。トマス・クーンは科学史のパラダイムを樹立した。

科学の科学、研究の研究のもう一つの下位分野は科学者心理学である。もちろん心理学の内部で専門分化、細分化が進み、職業心理学や発達心理学など、直接ある職業または職業群に従事する人がいかなる動機でその職業を選ぶか、就職後いかなる心理的問題に直面し、いかなる成長を遂げるか、いかにして職業上の問題を解決するかなどといった職業に関係する心理学が発達する。この心理学は職業にたずさわる個人（職業人）にとっても、職業準備教育を行う学校にとっても、極めて痛切かつ有用な研究分野である。

職業の一つとして研究者、学者、大学人などがあり、その予備軍としての学生、院生が存在する。どんな人間がどんな動機で研究者の道を選び、科学や研究に引き付けられるのか、彼らはいかにして研究者として訓練され評価され選抜されるか、「職業としての学問」（ウェーバー）にはいかなる問題が潜んでいるかなどが、職業の一つとしての科学者の心理学の研究対象である。これまた当人にとっても、職場や学界、社会や国家にとっても、極めて重要かつ興味ある問題である。こうした科学者の形成過程、誕生、研究活動にまつわる心理的問題に焦点を合わせるのが科学者心理学である。この方面の代表者の一人、エイデュソンは科学者はなぜ研究するかを論じて「幸福の追求」(pursuit of happiness) と「追求の幸福」(happiness of pursuit) とを区別した。地位や名声や利益などという「幸福」を追求することが研究への動機付けとなっているのが前者であり、真理や真実の追求が研究を駆り立てるのが後者である。「利のための知」と「知のための知」との対立といいかえてもよい。「職業としての学問」には、前者への誘惑が常に存在することを警告している。

科学の科学、研究の研究にとって最も重要な成果を上げてきたもう一つの学問領域は科学社会学である。社会学自体、その名称の出現後、一世紀あまりしか経っていない若い学問だが、その下位分野たる科学社会学はさらに若い。科学は知識の一種だから、科学社会学の前身は知識社会学である。その歴史的発展と学的性格については、拙著『日本の学界』(一九七八、日本経済新聞社、特にその補説〈科学の社会学〉を見てほしいが、私は科学社会学は次の三つの主要な研究対象をもつと考える。一つは「科学から社会へ」(科学の社会的機能) であり、第二は「社会から科学へ」(科学の社会的規定)、第三は「社会としての科学」(科学の社会体系) がそれである。

特に最も新しく発達した重要な分野はこのうち第三であり、科学者が形成し所属する学界は独自の社会的地位構造、評価基準、行動規範、価値体系、コミュニケーション・ネットワークなどをもっており、その基準や規範を科学のエトスと称する。これを提唱したのは科学社会学の第一人者マートンである。彼は科学のエトスを分析してＣＵＤＯ

Sと要約した。CUDOSとは、communality（共有性）、universalism（普遍主義）、disinterestedness（無私性）、organized skepticism（組織的懐疑）の四つの原理の頭文字を取って略称した語である。少し詳しく説明すれば次のようになる。

研究の成果は私蔵されるべきではない。公共の共有財でなくてはならない。さもなければ研究の結果得られた知識は埋もれたまま知られざるままになるので、科学的知識の蓄積、伝達、発達、相互批判もあり得ない。科学とは公的（public）な知識であるから、公表、公開、公刊（publication）は、科学者にとって第一の行動規範である。これが公共性、共有性（communality）、頭文字でC.と表わす科学のエトスに他ならない。

第二の普遍主義（universalism）は特殊主義あるいは個別主義（particularism）の対語である。科学や科学者の評価は国籍、人種、年齢、性、職位などといった賦与的な属性、特殊で個別的な基準によって行われるべきではなく、客観的で普遍妥当的な基準、証明、真理によって行われるべきであると主張する。

第三の無私性あるいは没利性（disinterestedness）のエトスに従えば、研究は先に述べた「幸福の追求」、すなわち個人の私的な名誉や世俗的な幸福を求めて行われるべきではなく、真理の探求、真実の発見、学問の進歩という公的な活動であるべきである。

そして第四の組織的懐疑（organized skepticism）とは、研究は迷信、世論、伝統、既存理論、制度的権威などに対して理性的、体系的、批判的な懐疑の念から出発するべきだと主張する。そうした懐疑からこそ真の新しい知識は得られるというのである。

以上が科学の四つのエトスであるが、それに従えば学者、研究者の最も重視、尊重するのが独創性（originality）であることは、容易に理解できる。四つのエトスを満足させ、学界から正当に評価されるためには、既存の科学的知識に新しい知識を付け加えること、すなわち新しく、しかも普遍的な評価に耐え得る事実や理論を発見、発明することを、科学者、研究者は求める。独創性とは歴史的概念であり、先取権、一番乗り（priority）の争いが研究者の間で常に起こるのもそのためである。

それ故、研究者は自らの専門とする学問分野、あるいはそれに近接、関連する分野で、今までいかなる研究が行われ、いかなる業績が上げられてきたかという歴史に通じるとともに、自らの専門分野がいかなる性格、構造、体系をもつかという概論を学び、かつ自らの概論を構想する必要がある。さもなければ自らの研究の独創性を確認することも、自らの研究の独創性を示す研究計画、研究構想を立てることもできないからである。

2 研究の見通し

研究者はいつの日か自らテーマを見付け、実際にそのテーマに沿った研究に取りかからなくてはならない。そのテーマを研究する意義や価値を認識、自覚し、いかに研究を進めるか、その設計、研究計画、研究の青写真を予め立てなくてはならない。さもなければ燈台や海図やレーダーのない航海のように、研究へのモラール、研究の道すじを欠いて無駄な漂流をつづけることになろう。たとえ大きな研究の一部を分担する場合でさえ、その研究の全体、また分担する部分の意義や価値を自覚し、その役割遂行の方法を理解していなくてはならない。

具体的にいえば一つの研究論文、例えば学位論文を書いたり、研究費を申請したりする場合、その研究の目的、方法、手続き、価値などに関する見通し、見取り図、青写真を描かなくてはならない。ザッカーマンのノーベル賞受賞者の研究（『科学エリート』）によれば、ノーベル賞受賞者の約半数は若き日、ノーベル賞受賞者のもとで研究しているが、その師からは「問題解決」(problemsolving) ではなく、「問題発見」(problemfinding) の重要性を教えられたという。つまり研究の価値ある問題を発見し、これを研究テーマにすることが何よりも重要だというのである。

そこで研究の成否の鍵は研究テーマの発見にあるといってよいが、そのためには研究の見通しをもつことが第1条件となる。それを図表化したものが、表1である。この考えは私がシカゴ大学に留学して、C・A・アンダーソン教授の指導を受けたとき到達したものである。上述の如く研究に値するテーマを見付け出すこと（「問題発見」）が研究に当たってまず求められるが、その価値は大きく学問的（アカデミックな）価値、すなわち科学のエトスを満足させるに足る新しき知識を既存の科学に付加して科学の進歩に貢献するというアカデミズム（純粋な学問研究）の立場からみた価値と、現実の問題の解明、解決にとって有用、有益であるという実践的価値（これにも現実的、実用的、実学的な価値、すなわちプラグマティズムの立場から肯定される価値と、人間、人類の幸福や福祉というヒューマニズムの立場から肯定される価値との二つが大別される）とが区別される。「知のための知」、または「役に立つ知」としての価値のある成果、業績が上がると予想されるのが、ここでいうアチーバビリティ（価値ある業績の上がりやすさ、その予想）の原理である。

（表1）

- achievability
  - 学問的価値（アカデミズム）
  - 実践的価値
    - プラグマティズム
    - ヒューマニズム
- accessibility
  - 物理的接近（身近さ）
  - 方法的接近（研究法）

しかしどんなに学問的あるいは現実的に価値のある研究対象であっても、それに接近することができなければ、実際に研究を進め成果を上げることはできない。つまり価値ある対象への接近の方法が研究者に備わっていないなら、画に描いた餅、手の届かぬ宝にすぎない。対象への接近のしやすさ（accessibility）がこうして、研究テーマの選定、発見にとってのもう一つの原理となる。この接近の可能性、難易度は、物理的あるいは地理的な身近さと、方法的あるいは技術的な力量とに大別できる。時間的、空間的に身近かな現象は接近しやすい。最も身近かな現象とは、現在の自己自身であるし、現在所属し生活している組織や集団である。しかし研究の価値があってもそれに接近し、それを研究する方法や技術を欠いているなら、これまた研究すること、まして研究の成果を上げることは望み得ない。例えば遠い外国、遠い過去に研究するだけの貴重な価値があることは分かっていても、その国の言語を知らず、古文書を解し得ず、その国に行くことができないなら、研究は至難である。研究法を身に付けていなければ、研究は実行できない。こうしてアチーバビリティとアクセシビリティとの二つが、研究テーマの選定、問題発見にとって二大原理となる。

もっと具体的にいえば、自分にとって身近かで痛切な問題、日本人の場合でいえば独特の日本語や「日本的」現象には、外国人に気付きにくく、研究しにくい貴重で未知な問題や現象が多数かくされている。事実、「甘え」「義理」「和」「閥」「根性」「志」「けじめ」「意地」「知日家」「私語」など、外国語には訳しにくい独特な日本語を通して日本社会や日本文化の特徴、さらにはもっと普遍的な現象を理解、解釈するのに極めて価値の高い研究対象が数多く存在し、またそれを研究して高い評価を得た学者も内外に多数存在する。そのさい類似概念による比較や比喩、直観やアイデアの果たす役割も忘れてはならない。

3 研究者のアンビバレンス

こうして研究を志す人、研究を実践する人にとって、最も身近かな存在は自己自身であり、また自らの属する社会、すなわち学界や学会、自らの職場、すなわち大学や研究機関である。研究者自身にとって深刻、痛切な問題がそうした身近かな場にかくされているはずである。自己観察、自己分析の重要性が研究の研究からの結論となるが、そうした観点から研究者の心理的矛盾、あるいは葛藤を明らかにした一例として、科学社会学の第一人者たるマートンのいわゆる研究者のアンビバレンスを挙げることができる。彼はその論文（“On the Shoulders of the Giants”）の中で、研究者には次のような両面感情（アンビバレンス）が潜在すると主張した。あえて私なりに整理すれば表2のようになる。

（表2）

（i）	erudition	vs.	ignorance
（ii）	sagacity	vs.	stupidity
（iii）	elegancy	vs.	vulgarity
（iv）	humility	vs.	arrogance

第一に研究者、学者は一方ではその役割の性格からいって当然、一般の人たちより、はるかに博識である。中でも自らの専門とする学問分野については、同じ研究者、学者仲間の中でもはるかに知識が豊富である。ところが専門分化が進めば進むほど「木を見て森を見ず」「専門バカ」などの俗語が示す通り、研究者はますます「世間知らず」「常識はずれ」になりやすい。つまり研究者は一方では博識、学識を、他方では無知、無学を特徴とする矛盾、両面性をもつことになる。しかもこの矛盾は学問の細分化、専門化の進行とともに大きくなる。

第二は、それとも関係するが、学者、研究者は高度な知識活動にたずさわるから、当然、賢明を特徴とする。簡単にいえば頭脳、知能にすぐれていなくては学者にはなり得ない。中でもすぐれた学者は同時にすぐれた知能のもち主である。高度で複雑な知識を学びとり、細かな推理を働かせることは彼らの特技、特権である。ところがこの「頭」のよい彼らも、学者、研究者としてすぐれた業績を上げ高い評価を受けること、つまり「成功」することがいかに困難かを知らない。あるいは誇大妄想的な「うぬぼれ」に陥り、あるいは指導者（「恩師」）の「おだて」に乗って、困難極まりない研究者の道を選ぶ。彼らはその現実、自らの能力を無視、誤認するほど「愚鈍」であり「お人好し」である。苦心して研究し、その成果を発表したところで、その論文が専門家仲間からさえほとんど読まれないことは、アコフ＝アルバートの研究やアメリカ心理学会の調査によって明らかにされたが、この事実に気付かないほど、研究者は「愚鈍」なのである。科学社会学は「マタイ効果」「知名度」「可視性」「選択的リーディング」「多重発見」などの概念によって、特に「無名」の研究者（それが大部分であり、中でも「若手」研究者はほとんど全員）に待ち受けている現実のきびしさを明らかにしている。

第三は上品、優雅と下品、意地悪との併存である。学者、研究者は現実から一歩離れた場（大学や研究所）で研究という超俗的、脱利的な活動に従事する。一般の常識的な人びとからみれば、いかにも羨しい生活を送っている。また彼ら自身も自らを上品と考えている。しかし他方、彼らはその外見上、あるいは自ら考えているように「上品」であるとは限らない。実際、研究はかくされた真実、気付かれざる本質を徹底的にあばき出そうとする精神に支えられているから、「暴露趣味」的で、「アラさがし」、「あげ足取り」に長じている。「上品」どころか「下品」である。「お人好し」ではなく「人がわるい」。

第四に謙虚と傲慢の併存。マートンの論文のタイトル（「巨人の肩の上」）が示す通り、学者、研究者は「無知の知」を自覚しており、先人や同僚と比べるなら自らの無力、卑少を痛感している。たとえどんな業績を上げても、それが多くの先人、巨人の業績に負うていること、すぐに後輩によって乗り越えられることを知っている。その意味から謙虚は学者の徳であるとともに自然の情である。しかし他方、彼らは自らの研究ほど価値のある研究はない、いや研究ほど価値のある活動はないと信じている。そこには謙虚とはほど遠い傲慢、自惚れ、誇大妄想などが働いている。この傲慢は高く評価され高い地位を得た学者、研究者に広く見られる特徴である。「タレント学者」「有名大学教授」「学会のボス」と称される人たちがその例である。

４ 研究者の類型（生産性による）

研究者は科学のエトスに従って研究成果を発表し、それが同僚、同じ専門領域の研究者仲間や学会から高く評価されることを求める。業績の生産競争、その中での先取権、「一番乗り」争いが起き、パブリケーション爆発が起きる。この科学上の生産性（scientific productivity）の研究は科学社会学や科学史が好んで取り上げてきたテーマである。プライス、フルトン、トロウ、クーン、スノウなど。科学の生産性は生産物（業績）の量と質によって測定できるが、その組合わせによって、コール兄弟やライトフィールドなど科学社会学

（表３）

量	質	類　型
＋	＋	prolific
＋	−	mass producing
−	＋	perfectionist
−	−	silent

者は表3のように、科学者を類型化した。改めて説明するまでもないが、生産物が多いと同時にそれらの質も高い科学者を「多産型」(prolific) と呼び、量は多いが質の劣る「大量生産（マスプロ）型」(mass producing)、量は少ないが質の高い「完全主義（完璧主義）型」(perfectionist)、量も質もマイナスの「沈黙型」(silent) の四つに分類した。彼らの実証研究によると圧倒的に多いのは第4の型であり、また最も少ないのは第1の型である。しばしば「沈黙型」は自らを「完全主義者」と称して逃げ口上とし、沈黙、寡作の口実にする。なお業績の質の評価については、7で取り上げる。

5　研究者の類型（科学のエトスによる）

科学のエトス、CUDOSについてはすでに1で述べた通りである。この枠組に従って科学社会学では多くの興味ある実証研究が行われたが、それを用いてコットグローブとボックスは研究者を表4のように分類した。分かりやすくいえば、ここでいう公的科学者とは制度的に研究機関として公認された場で、同じように研究者として公認された科学者が研究を実践する場合、これを公的科学者と称する。典型は大学に所属する研究者、すなわち教授並びにそのスタッフたちである。この人たちは科学のエトス四つをすべて信奉かつ許容される。したがって彼らには科学の要請、エトスとの葛藤は少ない。これに対して私的科学者とは制度的に公認された研究機関、例えば近代的大学の出現以

（表4）

		科学のエトスに示す重要度			
		共有性	没利性	組織的懐疑	普遍主義
科学者の類型	公　的	＋	＋	＋	＋
	私　的	−	＋	＋	−
	組織的	−	−	±	−

前の研究者であり、彼らはいわば在野の学者として、私宅で研究を進めた。その研究成果は私蔵され秘密、秘伝のままにせいぜい弟子に伝えられるにすぎなかった。組織的科学者とは現代、次第に増加しつつある研究者であり、官庁や企業の中で組織の要請に基づいて研究を進める。研究のテーマも研究費も研究設備も官庁や企業から与えられ、その成果も学界にではなく、組織に帰属し、研究者名が単独に公表されることはない。こうした点でコットグローブたちによれば、今日官庁や企業は研究や調査を重視せざるを得なくなり、それだけ内部に研究部局や研究要員を多くかかえるようになっているが、科学のエトスとの葛藤により多くさらされるのは、この組織的科学者なのである。しかし実は大学も研究規模が巨大化し、チーム研究が多くなっているため、大学で働く科学者たちも公的科学者というより、組織的科学者としての葛藤が多くなる。研究者や科学者、またその志願者や候補生は自己反省、自己認識のためにも、こうした科学者の類型論に学ぶ必要がある。

6　業績生産のパターン

科学社会学が中心的関心をもつのは科学の生産性であることはすでに述べた通りである。また科学者自身、研究の成果たる業績を志向し、業績によって評価されるから、業績とその生産に関心をもつのは自然である。業績生産に関する研究も多種多様であるが、ここでは興味深い研究として次の三つを挙げておきたい。

（i）年齢の上昇と業績生産

グレッグによれば四つのパターンがある。すなわち「城壁型」(rampart)（初期に業績が上がるが、その後は急激に生産が低下したまま研究者としての生涯を終える)、「高原型」(plateau)(最初から最後まで平均して生産性が高い)、「晩成型」(lateblooming)(大器晩成型、生涯の終期に急に生産性が高まる)、それに「漸次上昇型」(slowcrescendo)(年齢とともに次第に生産性が高まる)。

(ii) 年齢と業績

最も有名なのはレーマンの研究である。第1級のすぐれた業績が生産される平均年齢は研究分野によって大きな統計的な差がある。一般的にいえば人文科学、社会科学、自然科学の順に最高傑作が生産される年齢は低くなる。例えば哲学、史学などでは「古典」は晩年に書かれるが、数学、物理学、化学などでは画期的な理論は30歳前後の若手によって提唱される。スノウも二つの文化を提唱し、いわゆる理系の学問と文系の学問とでは世界が異なり、前者では若手が、後者では長老が主導権を握ると主張した。学問だけでなく、文学やスポーツなどでも分野別に受賞者の平均年齢は異なる。

(iii) 業績生産の条件

年齢の他にも業績生産に作用する条件は数多い。主として科学社会学が明らかにした条件としては、次のような概念が挙げられる。①マートンのいわゆる「マタイ効果」(Matthew effect)(富める者はますます富み、貧しき者はますます貧しくなるという聖書マタイ伝に由来する現象をいう。一旦、すぐれた業績を上げ高く評価された研究者にはすぐれた弟子、裕福なパトロン、高い地位が集まってくるので、ますますすぐれた業績が上がるのに対し、すぐれた業績が上がらず注目されない研究者はますます無視、薄遇されるのでますますウダツが上がらなくなる。こうした両極分化の傾向がマタイ効果である。「貧しき者」にとってはデフレ・スパイラル、悪循環、再生産などのメカニズムといってもよい。それは個人だけでなく、大学などの研究機関についても当てはまる。）②マートン、ラザースフェルトなどのいう「予言の自己実現」（selffulfilling prophecy）（「予想的社会化」ともいう。自ら、あるいは他者から、高く評価され、前途有望と予想する者はますます理想実現性を信じて積極的に努力するので実際に成果を上げ成功するが、逆に「どうせダメ」と予想する者は意欲も努力も放棄するので予言通り成果が上がらない。）③「ゲートキーパー、レフェリー・システム」（学術雑誌への投稿論文採否の決定権を握る審査委員、すなわちレフェリーは、学界の門番、ゲートキーパーの代表だが、このゲートキーパーに誰がなるかは、たとえ審査論文が著者の名前を伏せて行われるにしても、極めて大きな影響をもつ。こうしたレフェリーだけでなく、研究費の採択、研究職への採用や昇進に当たっても、「誰に知られているか」という「誰」が決定権を実質的にもっている場合が多い。純粋に学問の客観的価値ではなく、人脈や学閥がモノをいうのであり、科学のエトスからの逸脱といってよい。）④クレインのいう「見えざる大学」（invisible college）（学会や学界全体で最上位にある「ボス」「権威」がパーソナルな関係を結び、実質上、例えば科学政策や研究費配分に大きな影響力、政治力を行使する場合がある。これを「見えざる大学」という。）⑤マートンのいう「41番目の席」（fortyfirst chair）（業績あるいは実力と地位あるいは定員との関係を示す概念。フランス最高の文人・学者を会員とするアカデミー・フランセーズの定員が40名に定められていることから、文運盛んな時代には実質的に会員になりうる資格をもつ者が多数いるのに、定員が限られているため41位以下の人は会員にはなれないが、文化衰退の時代には定員充足のため会員たるにふさわしからざる人も会員に任じられるという不公平が生じる。この問題は定員制のある社会では不可避だというのである。）⑥老人支配（gerontocracy）対若者支配（juvenocracy）（社会変動、科学発展が急速な時代、また伝統や長期の学習が業績を上げるために必要な学問・芸術の分野では年齢による地位決定の度が異なる。例えば長い伝統をもち古くから確立している old science では老人支配が、新興の new science では若者支配が起こりやすい。）

7 研究の質の評価

すでに述べたように科学のエトスから、科学者、研究者は自らの研究の成果を公共財とするため新しく得られた知識を発表、公表して学界の承認、評価を得ようとする。その承認、評価の基準は科学の進歩に寄与する発明、発見にある。発表物の単なる量は問題ではなく、質こそが問題であることは改めていうまでもない。独創性（originality）こそが科学で高く評価される。独創性とはそれまで明らかにされなかった真理や事実の発見、解釈や解明のための理論や技術、方法の発明に表明されるから、歴史的な概念であり、単なる創造性（creativity）とは異なる。

こうした点から科学社会学では研究業績の質の判定、評価自体が大きな研究上の関心となり対象となっている。この問題に関する私の研究は、大学、大学教授への関心の中心として大学教授市場における学閥、アカデミック・プロダクティビティ、科学社会学、学界の人口構造などの研究として若いころから連続しているが、特に研究の質の問題に理論的、実証的なメスを入れた研究成果の代表は『学問業績の評価——科学におけるエポニミー現象』(玉川大学出版部、一九八五）である。エポニミーとは、冠名語とでもいうか、ある特定の人名を冠した単語や用語を指す。ニュートン力学、マルキシズムなどの単語、ワット、キュリーなどの単位名などがそれだが、このエポニミーのもとになった人名をエポニムという。こうした例からも直ちに明らかなようにエポニミーは単にそれぞれの学問分野だけでなく、広く一般社会からもエポニムを広く記憶させ、その影響力の大きさを示している。エポニミーはもちろん科学だけでなく、芸術、地名、その他各方面に大量に存在するが、科学におけるエポニミーを網羅的に蒐集して編集した辞典が出版された。（J. A. Ruffner, ed., Eponyms Dictionaries Index、１９７７）この辞典は科学以外の文学、宗教、スポーツなどの分野におけるエポニミーおよびエポニムを分類、体系的に収録している。エポニム数は約1,300、エポニミー数は約20,000であるが、これを主たる資料として多方面的に学者の質的評価を行おうとしたのが、上掲の書物である。

これまで科学や科学者の評価、特に質的評価として科学社会学が最も精力的に取り組んできたのは引用分析（citation analysis、あるいはcitation countsともいう）である。その最大の資料となったのは、自然科学におけるＳＣＩ（Science Citation Index）である。自然科学における国際的な専門雑誌（学会機関誌等）に掲載された論文の中で誰が何回引用されたかを網羅的に知り得る資料であるが、これを分析することによって同僚から評価される程度を客観的に知り得るとされる。価値のある業績ほど引用される回数が多いはずだからである。ＳＣＩによる引用分析が数多く行われているが、それによると引用される研究者の数は極く少なく（まして論文を発表しておらず、投稿しても採用されなかった研究者はさらに多いはずである）、科学で質の高い研究成果を発表する学者の分布は極端なピラミッド状をなすこと、また科学の寿命（ライフサイクル）は短かく、少し年数が経てばすぐに陳腐化して引用されなくなること、など多くのことが明らかとなった。自然科学におけるＳＣＩの分析の流行に刺激されて、社会科学の分野ではＳＳＣＩ（Social Science Citation Index）、人文科学の分野でもＡ＆ＨＣＩ（Arts and Humanities Citation Index）が発行されるようになり、被引用回数による各研究者のランキングが広く全分野で行われるに至っている。また国別、出身大学別、勤務大学別のランキングも同様な方法や資料に基づいて行われる。

引用分析は学術論文の中で先行研究が同じ専門家仲間（著者）によって引用される回数を分析するが、個々の学者、研究者の歴史的地位や全体的業績などトータルな評価を行って、標準的な教科書、学史、専門辞典などの中に指名され、独立項目としてその名が記載される場合がある。特に人文、社会科学などで画期的な業績を上げ、大きな影響を与えた古典的な権威、いわゆる巨人の場合、引用分析という最新の専門的分野の学術論文には引用されないが、クーンのいわゆる科学革命をもたらしたパラダイムの樹立、確立を行ったのであり、その名は不朽のものとして記憶される。歴史的評価における広い合意による業績の全体的な質の判定は、先に述べた通り標準的な教科書や学史を資料として行われるが、標準的な国際的な専門辞書や科学者人名辞典が発行されるに及んで（Dictionary of Scientific Biography 及び World Who's Who in Science）、これら人名辞典に独立項目としてエントリーされる人物ならびにその分量によってそこに登場する学者の業績全体の質が評価される。こうした質の判定を私は指名分析（nomination analysis）と称したが、これは広い意味での引用分析に数えてもよい。私が冠名分析（エポニミー分析）として新しく開発した科学的研究の質の評価の方法は、上掲ＥＤＩを主要な資料とするが、これは引用分析と指名分析の限界を補うものであり、エポニミーに各種の類型と成層があることに着目するとき、多くの興味ある事実が発見されたように思う。なお各種の賞の受賞の研究もこれら三つの分析と密接な関係をもっている。また何れの評価にしても、評価主体、評価基準、評価の手続きなどが、学界におけるゲートキーパー、レフェリー・システムの研究として科学社会学が好んで扱うテーマである。

8　学際性（interdisciplinarity）

研究の研究の一例として、私が取り上げたテーマに学際性（interdisciplinarity）がある。学際性という日本語自体、私の造語である。学際的（interdisciplinary）という形容詞はすでに我が国でも一般に広く使われてきた。学際的という訳語は、国際的（international）という語との類似語であり、いくつかの学問（discipline）の相互関係を表わす語である。そのため国際的という日本語に倣って学際的という語が定着してきたが、この形容詞を名詞化したのがinterdisciplinarityという英語である。学際的な研究や教育の性格や方法や視点を示す語がこれであり、その出現は1960年代後半といわれる。この語を構成するdisciplineはラテン語のdisciplinaに由来するが、ふつう数学、物理学、天文学、心理学、教育学など、日本語でいう～学を意味する。そのディシプリンが複数、相互に関係する研究や教育を行うのが学際的なやり方である。この学際的な研究や教育の原理や方法自体、すなわち学際的な研究や教育の本質的、体系的な研究の必要性が認識されるに及んで、学際性の概念が確立したのである。学際性の研究に最も大きな契機となったのは、1970年、フランスのニース大学で開催されたOECD／CERI主催の国際会議であり、またこのセミナーの『学際性』と銘打った報告書である。以後、学際性研究にOECDは主導権を担ってきた。

私自身もこれに強い関心を抱いていたが、たまたま「学際性再訪」というテーマのもとに、OECDが主催して開催した国際会議（スウェーデン、リンシェピン大学、1984年）に日本代表として出席したこと、またその後、武庫川女子大学に夜間制の大学院、臨床教育学研究科を立ち上げたことが大きな刺激となって、学際性自体の研究を手がけた。この臨床教育学という新しい分野自体、教育学、心理学、福祉学という三つのディシプリンの学際的協力を要求すると解されたため、私は臨床教育学の方法として学際性自体の研究を手がけた。臨床教育学入門という副題をもつ私の著書『教育病理への挑戦』（教育開発研究所、１９９６）の第一部、第2章（「方法としての学際性」）ではこの学際性の歴史や本質的分析、根拠を論じている。そのさい、学際性の概念を明らかにするため類似する概念の比較を行った。すなわち multidisciplinarity, pluridisciplinarity, crossdisciplinarity, transdisciplinarity の四つと対比して interdisciplinarity の特徴を明らかにすることに努力した。そこで私が明らかにしたように学際性の専門的研究の発達に大きく貢献したのは前述のＯＥＣＤ／ＣＥＲＩの国際会議、一九七九年に組織された総会研究学会（AIS, Association for Integrative Studies）、翌年、組織された学際研究国際協会（INTERSTUDY, International Association for the Study of Interdisciplinary Research）である。INTERSTUDYは１９６０年代の人工衛星に代表される大規模で複雑な技術の要請に答えるためのほとんどすべての科学技術の総合的協力体制が国家的政策として求められ、それに対応する研究組織の研究を目的として成立した。つまりこの組織は巨大で複雑な問題解決のための学際研究に関心をもつ専門家の集まりである。これに対してＡＩＳは特に大学の教養教育担当者の組織であり、学問の発達、細分化、専門化によって、かつて哲学が担っていた諸学問の統一、総合大学の理念が失われたことに対する反省から、諸学の再統合、ひいては大学や教養の総合を目指す教育として学際性に注目する。このことから分かるように学際性は問題研究（問題はすべて単一のディシプリンによっては解釈も解決もできない、特に巨大プロジェクト、政策研究、地域研究など）と、科学、教養の統一や総合への要求という二つの主要な時代的要請に答えて成立、発展した。科学社会学からいえば、ベン・デービッドのいう役割交配（rolehybrid）の理論が説明するように、異なる二つの学問が研究方法や理論を交流することによって新しい発明発見が行われるし、異業種交流や産学共同のように学問と一般的、実践的活動との交流によって新しい研究や産業が発達し、ヴェンチャー企業が生まれることもある。

このような学際性の研究を通して、臨床教育学の特徴が知られるにちがいない。教育上の病理や問題は理論と実践、関連諸学の協力を抜きにしては解釈も解決も不可能だし、教師とその他の職業人とがともに学び合うという教育研究の組織、大学院が有効であることが理解できるだろう。

2　教育の研究

1　教育の全体像

学際性とも関係するが、特に問題研究あるいは臨床教育学などにとって個別の現実的問題の解釈や解決を目指すとき、単に「重箱の隅」をほじり、「木を見て森を見ざる」弊を避ける努力や視点が必要不可欠であることは、いうまでもない。大局的、総合的、全体的、構造的に個別の問題や現象を眺め広い視野から位置付けることが必要である。ともすれば現実の目前にある問題、個別的現象に注目するあまり、広い視野から本質に迫り、抜本的な解決を求めることが忘れられやすい。教育、中でも臨床教育学には教育の全体像、構造的把握がこうして必要となるが、私はそれを次のいくつかの図式化、類型化によって説明しようとしてきた。

（i）教育の本質的分類

教育には教育の主体と客体、すなわち教育者と被教育者とが必要である。教育とは一つの行為であり、他動詞的行為であるが、そのさい教育主体（すなわち教育者）の側に相手を教育しようとする意思が存在するか否か、また教育客体（すなわち被教育者、すなわち学習者）の側に教育主体から学習しよう、すなわち教育者の教育を受け入れようとする意思、すなわち学習意思が存在するか否か、を区別することによって教育に四つの段階が考えられる。もちろん教育という以上、すべて教育効果、すなわち学習成果が上がっていなくてはならない。教育の本質的分類として教育意思と学習意思との有無による組合せを作って、表にしたのが表5である。それによって、教育がいかに広範であるか、また学校教育など、意図的、計画的な教育がいかに部分的、あるいは無力であるかが分かると思う。学校は社会あるいは創設者が明確な教育意思をもって設立、維持し、そこで働く教師が明確な教育意思をもって専門的に教育に当たる教育機関である。この学校に入学してくる子ども（生徒、学生）の側に明確な学習意思、学習意欲があり、学校や教師の教育を積極的に受け入れようとする気もちや学校や教師への信頼、尊敬の念がある場合、その教育効果、学習成果は高まる。江戸時代の「私塾」に見られるように、そこでの教育や学習はいわば「理想的」ともいえる段階にあり、表ではこれを「狭義の教育」と称している。密度の高い師弟関係がそこには存在し、

（表5）

		教育主体（＝教育者）の教育意思	教育客体（＝被教育者＝学習者）の学習意思	教育効果（＝学習成果）
社会化	狭義の教育	＋	＋	＋
	訓　練	＋	−	＋
	修　養	−	＋	＋
	影　響	−	−	＋

全人格的な教育、それによる人間的成長が巧まずして実現している。

これに対して今日、義務化、準義務化が進んだ学校ではもちろん教育意思をもった専門家たる教師が教育を行うが、そこで学ぶ子どもの側には積極的な学習意思は必ずしも存在しない。いや教師でさえ「サラリーマン化」が進行し、積極的な教育意思に基づく使命感や向上心に欠ける場合も少なくない。この段階の教育を訓練と称する。学校、少年院、企業内教育、軍隊などではこの段階の教育が広く行われている。それが効果を上げるためには、被教育者の学習意思をいかにして育てるか、また教育主体の教育力、教育技術をいかに高めるかなどの工夫、方法の開発、すなわち教育主体への教育が重要となる。

今日の教育や教育研究（教育学）で忘れられがちなのは、表でいう第三の段階、すなわち修養、あるいは自己教育である。「我以外すべて我が師」といい、「子どもから学ぶ」、「自然から学ぶ」といい、「反面教師」「試行錯誤」などの語もある。人間は心がけ次第、心のもちよう次第で教育意思をもたない人間、いや自然や経験や歴史など、あらゆる存在、事物から、各種の学習を行い成長を遂げる。悪人、罪人、過失、失敗などをバネとして教師として、悪や罪を否定し、弱者や敗者への同情を学習する。手取り足取り、何から何まで「教育的」な支援を行う教育には、この修養と名付け得る教育が不足しているように思われる。逆境や失敗に打ち負かされず、そこから教訓を得て立派に成長するという自己教育、修養の役割を再認識する必要がある。

さらに第四の段階の教育、すなわちここでいう影響は社会化という広義の人間形成、教育において極めて広範、基礎的で大きな役割を果たす。例えば人間にとって最も基礎的な言語や行動形態や価値・規範などを学習して社会化を行うのは、教育意思をもつ親や教師の意識的な教育活動の結果ではない。赤ん坊や幼児はもとより、すべての人間は環境、歴史などから無意識の間に自然に社会化の基本を学び取り身につけていくのである。家庭や学校での教育も意識的なしつけや授業などという活動によってだけでなく、いやそれ以上にそれぞれの家庭や学校の人間関係、物理的・社会的条件、慣行や雰囲気、さらに家庭や学校を取りかこむ社会や時代から決定的な影響を受ける。例えば現代の子どもは少子高齢化や経済的豊かさやマスコミやケータイなどから、その行動や意識を大きく条件付けられている。影響の与え手も受け手も、無意識の間にこの広義の教育・学習を行っていることになる。

以上四つの層から成る教育の全体像に注目しなければ現実の教育やその問題を解明することはできない。

(ii) 生産活動の類型

教育、中でも臨床教育の専門家としての教師にとって最も必要なものは教育や人間に対する愛であり、教育愛の本質の究明は私の最初からの関心事であった。最も初期の私の著書『教育愛の問題』(福村書店、１９５４)、『特殊教育概論』(柳原書店、１９５２) はその成果であるが、前者では愛の三類型をエロス、アガペー、フィリアとし、教育愛をその総合と解し、後者は教育愛の具体的、典型的表現が特殊教育に見られるという観点を採用した。臨床教育学の開拓に従事してからは教育への献身やその基礎にある教育の固有な価値の認識が要請されるという見地から、教育を生産活動としてとらえて、その独自性を見い出すことに努力した。実際、教育は「人づくり」、「人間形成」といわれる通り、生産活動の一つだが、教育という人間を対象にした生産活動は独特な性格、本質を秘めている。それを私は次の二つの視点から説明した。

一つは教育を「無形の財」の生産と解するという視点である。無形の財という語はドリーベンが用いたが、私は教育とは無形の財を相手の子ども、人間の中に作り上げること、また無形の財をもつ人間を作ることであると解し、その無形の財には次のような特徴があり、またそれ故に教育にユニークな価値があると主張した。無形の財とは有形の財とはちがって手で触れ目で見ることのできない財である。例えば知識。知識は有形の財たる書物の中に盛られてはいるが、知識自体は頭の中に蓄えられ生み出される無形の財である。教育とは知識や性格など無形の財の生産であり、この無形の財には次のいくつかの特徴がある。すなわち①公共性（無形の財の移動は所有権の移動を意味しない。モノやカネや土地など有形の財とはちがって、知識や性格など無形の財はその所有者の私有財であるだけでなく、すべての人にとっての公有財である。教師が自らのもつ知識を子どもに与えても、その知識は教師からなくなるわけではない。教師と子どもに共有されるのである。）②永続性（無形の財が有形の財と異なるもう一つの特徴は、相続や譲渡が不可能だという点である。学者の子どもは親の蔵書を相続できるが、親の知識は相続できない。一夜にして大学者や大人格者はできない。その代わり知識や性格は一度び手に入れれば、これを捨て去ることはできない。有形の財はいつ失われるか分からないが、無形の財は永続する。無形の財は一方では公共財であるとともに、他方では最も確実な私有財である。）③無限性（有形の財には一定の限界があるのに対し、無形の財は無限である。流通するカネは有限だから、ある人が金持ちになれば残りの人たちは貧乏になる。地球上の土地は有限だから、ある国が地理的な大国になれば、他の国は小国にならざるを得ない。無形の財はちがう。ある人が大学者になったからといって、残りの人が無知にならざるを得ないわけではないし、ある人が大人格者になれば残りの人が非人格者にならざるを得ないわけではない。すべての人が平等に無形の財をもち得る可能性をもっている。無形の財は無限だから、大学者ほど自らの無知を自覚し、大人格者ほど自らの至らなさを知っている。無形の財が要求する無限の努力自体、無形の財である。）④平等性（教育は「無形の財」の生産だから、「有形の財」のように「持てる者」と「持たざる者」、「勝ち組」と「負け組」に分かれることを目指さない。無形の財の生産を援助する教育に卒業はなく、教育は生涯の過程である。）⑤基礎性（無形の財は有形の財より基礎的な重要性をもつが、その無形の財のなかでも重要度に大小がある。知識や技能という無形の財はある点で有形の財と同様、量的比較が可能だし、その獲得には先天的な能力差が大きくものをいう。また知識は悪魔の道具にもなるし、技能は人殺しの道具にもなる。最も重要なのは態度、徳性、良心、人格などと呼ばれる無形の財である。その生産はすべての人間に平等な可能性として開かれているし、すべての子どもの教育が目指すべき目標である。）

　生産活動として教育を考えるさい、第一の視点として「無形の財」の生産という視点が必要、有効であり、

（表6）

<table>
<tr><td>対　象
（素材）</td><td colspan="4">（その特性）</td><td>産業
・利潤・効率
・手段としての対象
・品質管理、製品の規格
・大量生産、流れ作業
・労働</td><td>芸術
・製作者の設計・目標の先行
・創造のよろこび
・作品の個性
・少量生産、手づくり
・仕事</td></tr>
<tr><td>物　質</td><td colspan="4"></td><td>工業
（製造）</td><td>工芸
（創作）</td></tr>
<tr><td>植　物</td><td rowspan="4">生命・自己成長力</td><td colspan="3"></td><td>農業
（耕作）</td><td>園芸
（栽培）</td></tr>
<tr><td>動　物</td><td rowspan="3">感覚・行動能力</td><td colspan="2"></td><td>牧畜
（飼育）</td><td>サーカス
（調教）</td></tr>
<tr><td>人　間</td><td rowspan="2">人格・人権</td><td></td><td>人材養成・教育産業
（訓練）</td><td>教育
（人格形成）</td></tr>
<tr><td>自　己</td><td>自覚</td><td></td><td>自己教育・学習
（修養・「自分さがし」）</td></tr>
</table>

その「無形の財」の本質的特徴を五つに分析したが、第二の視点として、生産活動をその対象（素材）と目標や過程（性格）とに分けて分類、比較を行うことを私は提唱した。それを図表化したのが前頁の表6であり、これは『「生きる力」の探究1「生き方」と「心の教育」』（小学館、一九九七）において発表したものである。詳しくは同書にゆずるし、また本表を綿密に眺めてもらえばおよその理解は得られると思うが、教育は「人づくり」といわれ、望ましい人格、知識、有為な人材をつくるのが教育だから、教育は一種の生産活動だ。しかし生産活動は他にもいろいろある。その中で教育は極めて独自な生産活動であり、無形の財の生産として説明したが、さらにこれを他の生産活動と比較したのである。ここでは生産とは対象（材料、素材、原料）に働きかけ加工し、それをより価値のあるものに改造、変革あるいは創造する行為だといってよい。人づくりの他にモノづくりやコメづくりなど、多くの生産活動がある。この表から教育には他の生産活動、特に例えば農業などと共通する点があるとともに、他の生産活動には見られない特徴があることが知られる。特に最終的には自己が自己に対して働きかけ新しい自己をつくること、自己教育、修養、自己形成こそが教育が究極的に目指していることをこの表は示そうとしている。

(iii)　教育の内容

教育の全体像を学校教育に代表される意図的、定形的な教育だけでなく、広く時代、社会、環境などからの無意図的影響や無意図的な学習までを包含してとらえるとともに（上記ⅰ）、時間的に生涯の営み（生涯教育、生涯学習）としてとらえ、また「生きる力」を養う営みとしてとらえるとき、こうした全体像から私は教育の内容、カリキュラムの新しい枠組みを図表化するに至った。それが次の表7である。この表は、生涯教育、生涯学習についての研究と、「生きる力」の分析とから得られた考えを整理したものである。

「生きる力」でいえば、その内容分析に当たって、「生きる」(live) という動詞の名詞 (life) に日本語訳として生涯、生活、生命の三つがあることに注目した。生涯とは文字通り誕生から死までという人間の一生を指す。時間的、時系列的なライフ、タテのライフといってよい。赤ちゃん、乳児、幼児、少年、青年、壮年、熟年、老年などというライフサイクルを辿って生涯が形成される。このライフサイクルを形成するライフステージ、つまり生涯の各時期に特有な学習課題（成長課題、発達課題ともいう）がある。また空間的、社会的なライフ、ヨコのライフが生活と訳されるライフである。タテのライフとも密接に関係するが、人間は同時にいろいろな生活空間（社会）に所属し、そこで生活する。最も広くいえば人間はすべて世界、地球という社会の一員、人類、世界市民として生活するが、やや範囲を狭めれば国家、さらに地域、職場、学校、家庭などの一員として各種の社会で生活する。こうした社会で生活するためには生活課題の学習が必要である。生活課題の分析枠は次項（iv）で示す（表8）。ライフの第三の訳語は生命である。表7でライフ・レベル（ライフの層）と称しているが、生命には肉体的生命、精神的生命、社会的生命、霊的生命など多くのレベルがある。生命の充実感、生命の尊厳、不滅の生命、生きがいなどを考えるとき、「生きる」とは何か、「生きる力」、「生き方」の教育がいかに重要かが知られるだろう。

（表7）

ライフ	ライフの次元	個人のライフ	社会のライフ
生　涯	タテのライフ（ライフサイクル）	発達課題	歴史課題
生　活	ヨコのライフ（ライフスペース）	生活課題	地域課題
生　命	ライフの層（ライフレベル）	人格課題	文化課題

さらにこの表が強調するのは、社会のライフという視点の重要性である。個人のライフがいろいろな面で疎外、分裂、自己喪失、アイデンティティ危機などに直面し、その克服と価値あるライフの創造という課題をつきつけられているが、その個人が所属する社会自体のライフも各種の危機と課題に直面している。社会のライフも、タテ、ヨコ、レベルの三つの次元から分析することができる。環境、貧困、差別、葛藤、対立その他、数え切れない危機が世界、国家、地域、企業、学校、家庭など各種の社会、集団に存在、成長し、その存続、平和、安全、発展などが脅やかされている。社会のライフをタテの面からいえば歴史や伝統であり、ヨコの面からいえば広狭さまざまの地域であり、レベルからいえば社会の文化、規範、道徳、連帯など、最も基礎的で高度な精神的なものが挙げられる。現代の社会のライフが提出する課題を認識し、それを克服する態度や能力を養う教育が考えられなくてはならない。

(ⅳ)　生活課題の分析枠

以上の考察を発展させ、個人的ならびに社会的なライフが提出する生活課題を体系的、網羅的に明らかにしようとしたのが、表8である。この表は前に述べた通り、表7における生活課題の概念を敷衍したものであり、現代の教育の全体像を個人と社会の生活課題に適用してカリキュラムの枠組みを提唱している。個人は同時に（あるいは順次）、意識すると否とにかかわらず左

（表8）

個人の地位	生活空間	生活課題	社会的条件
世界市民	世界	国際的教養	国際化
国民	国家	国民的教養	高齢化
市民	地域	市民的教養	都市化
職業人	職場	職業的教養	情報化
学生・生徒	学校	基礎的教養	高学歴化
家族	家庭	家庭的教養	核家族化
純粋な個人	余暇	人間的教養	成熟化

欄に掲げたような各種の社会的地位をもち、各種の社会に所属している。そしてその社会（生活空間）はそれぞれその成員に表でいう教養（生活課題）を要求する。ところがこの七つの生活空間（社会）にはそれぞれ社会的条件で挙げた現代的な特有な変化がある。それが最右欄に挙げた七つの～化という変化である。そしてこの変化に応じて、必要な生活課題（教養）が生まれる。例えば人間の社会の中、最も広範な社会は世界だが、現代の世界の基本的かつ最も重大、顕著な変化は国際化、グローバル化である。しかも個人はこの世界とますます密接な関係をもつようになっている。ボーダレスの時代、地球規模の人類全体にとっての問題として国際紛争、南北問題、テロ、資源、環境など数えきれないほどの国際的問題が続出、深刻化しつつある。世界市民、地球人、人類の一員として、すべての個人はこうした国際化から生じる問題への関心、知識、責任などを学習しなくてはならない。以下、同様にして個人はこの表で示されるように七つの地位をもち、七つの社会（生活空間）に所属しており、それぞれの社会は七つの現代特有の課題をかかえている。その七つの変化がいかなる課題を提出し、いかなる教養を要求するかを知ることによって、現代の教育、中でも生涯教育のカリキュラムを体系的に構成できるであろう。

（v）学習の類型

次に教育の客体としての被教育者（その場合も表5で主張した通り学習が行われていなければ教育は実現しないし、教育の主体と客体が一致する自己教育、自学自習では被教育者と教育者が同一の学習主体の中に並存する）の側における学習の類型を全体的に理解、把握するため表9と表10とを提唱する。表9は学習の過程、表10は学習の形態を類型化し、その全体像を探ろうとしている。デューイは「なすことによって学ぶ」という有名な句によって、その経験学習の原理を述べた。しかし「なすことによって学ぶ」という学習過程は唯一のものではない。「なすこと」だけではなく、表9の左欄が示すように「話すこと」、「書くこと」によって学ぶという学習があるし、右欄が示すように、自らが「なす」「話す」「書く」のではなく、他人が「なす」「話す」「書く」事を「見る」「聴く」「読む」ことによって学ぶ場合がある。実際、他人の行為、講演、著作を観察、聴取、読書することによって新しい知識や深い感動を得る学習の方がはるかに多い。表9が示す通り、「なす」「話す」「書く」は学習者個人の能動的行為であり、「見る」「聴く」「読む」は他者の能動的行為を受けとるという受動的行為である。また書く、読むは記号・抽象の、なす、見るは映像・具体の内容に関係する。したがって、この六つの「〜によって学ぶ」という学習過程による分類図表によって、「なすことによって学ぶ」だけが学習でないこと、他の学習にもそれぞれ適当、得意の学習があることが理解できるだろう。

（表9）

記号・抽象	書く	――	読む
	話す	――	聴く
映像・具体	なす	――	見る
	能動	――	受動

次に表10は、学習をその形態から分類したものである。主として意図的な学習だが、学習者が個人で単独に、すなわち他の学習者仲間とは関係をもたずに学習するという個人学習、あるいは自己教育と、仲間といっしょに集まって共通の学習をするという集合学習、あるいは相互教育との二つが大きく区別され、そのそれぞれは媒体学習（活字媒体あるいは電波媒体、すなわち出版物あるいはテレビ、ラジオ、インターネットなどを利用する学習）と施設学習（こうした媒

（表10）

自己教育（個人学習）	媒体学習
	施設学習
相互教育（集合学習）	集会学習
	集団学習

体を体系的に整理提供する施設、例えば図書館や博物館などを個人が独立して利用する学習）と、集会学習（学習者がグループを作り、学習会や講演会などの集会に参加して共通の学習を行う場合）と集団学習（必ずしも一定の場所に集会せず、グループ学習、話し合いや発表によって相互の意見、情報を交換する場合）とが区別される。これら四つの学習形態は峻別できるものではなく、現実には適宜、利用される。学校教育でも社会教育でも、四つの学習形態が随時採用されているが、それぞれの学習形態には独特の機能、長所がある。

(vi)　意図的教育の種類

すでに表5で教育を教育の主体の側における教育意思の、客体の側における学習意思の有無の組合せによって四つに分類することによって、教育の全体像を図示した。社会であれ個人であれその成員（ないし将来の成員）に対する教育意思をもって設立する組織ないし実行する行為が意図的な教育であるが、そうした意図的な教育においても潜在的、無意図的な教育が広く行われており、また意図的な教育以外に表5でいう影響という広義の教育が広範に行われている。表11で、この意図的な教育を生涯教育の視点から分類した。生涯教育はタテの統合として生涯の各時期の教育の統合を、ヨコの統合として学校教育と学校外教育との統合を主張するが、この表はこのヨコの統合の点から教育主体の側に教育意思のある意図的教育を分類している。この表で特に

（表11）

- 教育
  - 学校教育
  - 学校外教育
    - 家庭教育
    - 社会教育
      - 民間社会教育
      - 公的社会教育
        - 他部局関係の社会教育
        - 教委関係の社会教育
          - 学校の行なう社会教育
          - 学校以外の社会教育

強調したかったのは、公的社会教育に固有の役割があり、生涯学習、特に生涯教育では学習者の要求課題だけでなく必要課題に注目した内容が提供されなくてはならないということである。そしてこの役割が公的社会教育に与えられる、というのが私の主張である。この考えは『公的社会教育と生涯学習』（全日本社会教育連合会、１９８６）、『生涯学習体系の課題』（ぎょうせい、１９８９）などで詳しく説明してある。

(vii) 選択権からみた組織

意図的教育の代表は学校教育である。社会の教育意思によって制度化されたのが学校教育であり、教育の重要性が広く認知されるにつれて、そのための専門機関としての学校が制度的に義務化されるようになる。義務化された学校には学習意思や学習能力を欠いた子どもも就学せざるを得ない。中でも学区制が採用され、居住する地域（学区）には一つしか学校が存在しない場合、子どもには学校を選択する権利がない。こうした選択権という指標からカールソンは組織を四つに分類し、学校の特徴を明らかにしようとした。彼の主張を分かりやすく図表化したのが、表12である。組織をタテ軸に、その組織が受け入れ相手とするクライエントをヨコ軸に、それぞれの選択権の有無を＋－で示すとき、この表のように四つの組織が類型化される。組織の側にクライエント（顧客など）を選択する権利が与えられるとともに、クライエントにも組織を選択する権利が与えられている組織として教育機関を例にすれば第一象限に挙げた大学、私学がこれに当たる。学生生徒の側（クライエント）には希望する学校を

（表12）

		クライエント	
		＋	－
組織	＋	大学 私学	軍隊 企業内研修
	－	社会教育施設 商店	刑務所 公立小中

選ぶ権利があるし、学校側にも入学試験などによってどの学生生徒を選抜するかの権利がある。軍隊や企業内研修では組織（軍隊や企業）の側には兵士や受講者（クライエント）を選択する権利があるが、兵士や社員には軍隊や企業内研修を選択する権利はない。最も不自由なのは第四象限にある刑務所や公立の義務教育段階の学校である。刑務所や公立の小中校には受け入れる相手を選ぶ権利がないし、受刑者や子どもの側には刑務所や学校を選ぶ権利がない。学校はどんな子どもでも校区内の子どもである限り受け入れなくてはならないし、子どもも一つしかない学校に入る他ない。今日の学校を刑務所、強制収容所になぞらえた脱学校論（deschooling）には一理がある。

選択権の有無、広狭とは自由裁量権の強弱といいかえてもよいし、制度上の柔軟性といいかえてもよいが、そのような点から教育機関を表13のように分類することができる。各機関の自由裁量の幅の大小によって、それぞれの形態と内容の両面からハード（自由裁量の幅が小さく、制度的にはっきりとした枠、制約が加えられているハードな機関）とソフト（逆に自由裁量、自己選択権が広く、柔軟性が大きく多様性が許容されているソフトな機関）という軸を作ってみると表のように四つの類型が区別される。機関毎、教師毎に自らの方針によって教育の形態や内容を自由に変えることができる柔軟性の大きいものと小さいものとがある。例えば学校教育は形態的にハードであり、就学年限や教育課程が制度的、法的な枠によってしばられているのに対し、社会教育機関は各機関毎に自由裁量権が大きく、それだけ多種多様である。そのそれぞれには、理論的、理念的な根拠

（表13）

形態＼内容	ハード（基礎教育・職業教育）	ソフト（教養教育・一般教育）
ハード（学校教育）	義務教育 大学校	幼稚園 大学
ソフト（社会教育）	専修・各種学校 企業内教育	公民館 カルチャーセンター

と、欠点や短所とがあることを忘れてはならない。

2 学校の特徴

すでに1．教育の全体像の随所で、学校の特徴をいくつか指摘してきた。例えば学校教育は学校外教育（すなわち社会教育や家庭教育）と並んで教育全体を構成するが、両者を比較することによって、学校の特徴が知られるし、学校を他の社会的な組織、あるいは他の教育機関と比較するとき、学校特有の特徴が知られるし、その学校の中でも義務教育段階の学校とそれ以外の学校とを比較するとそれぞれの学校類型の差が知られる。ここではさらに別の角度から学校を社会的単位としてその組織や活動の全体的な構造の中で特徴を明らかにし、また学校の内部における諸活動や学級、教科の全体像を分析する図表を提唱している。

(i) 学校の発達段階

最も有名なのはトロウ・モデルと称されるものである。もともとは高等教育について提唱されたが、その三段階説はあらゆる学校にも適用できるとされて広く用いられている。それによれば学校は表14が示すように、エリート的段階からマス的段階を経て、ユニバーサルな段階へと発達するが、それぞれの段階には特徴と問題点とが存在する。エリート的段階とは学校の門戸が階級的、能力的など何らかの意味でめぐまれた少数のエリートにのみ開かれ、

（表14）

段　階	特徴	問　　題　　点
エリート的	特権	不平等
マ　ス　的	権利	水準低下（量と質、平等と卓越の葛藤）
ユニバーサル	義務	不本意就学

その内容や目標も将来のエリート、支配者、指導者を養成するところにある。この段階の学校は少数のエリートの特権であり、その問題点は教育機会や社会的地位配分の不平等にある。こうした不平等が意識されるとともに、社会の発達による教育への要求が高まるにつれて、学校は大衆（マス）に開放され、広く一般の人びとにとっての権利となる。その問題点としては学校の大衆化、水準低下、量と質、平等と卓越の葛藤が指摘される。学校がさらに発達すると、就学は単にすべての人にとっての権利にとどまらず、義務と意識され制度化される。権利は行使しなくても差支えないが、義務となると、就学が制度的、心理的、社会的に強制されるようになる。義務教育段階の学校は文字通り就学を強制するが、それ以上の段階でも学校は「準義務化」するにつれて、学習の意欲も能力も欠く者も就学しなくてはならなくなるし、学校や教師もそうした子どもすべてを受け入れなくてはならぬ。この「不本意就学」「不本意受入れ」がいかに厄介な問題であるかは表12でも説明した。そのためもあって、トロウは述べてはいないが、さらに第四段階として、私は「教育を受けざる権利」が意識され行使される段階の到来を指摘したい。教育の普及とともに一般に人びとの権利意識が高まる傾向がある。教育義務化のため希望する学校に行けず、学校教育についていけない不適応者が増えるにつれて、学校ぎらいはさらに進んで登校拒否、授業拒否、学校への反逆となる。「教育を受けざる権利」がこうして学校の第４の発達段階で顕著になる。

(ii)　学校の組織的特徴

制度としての学校を他の社会組織や教育機関として比較してその特徴を明らかにし、また学校を類型化し、発達段階によってそれぞれの特徴を明らかにしてきたが、次に単位として個々の学校に通じる特徴を示す図表を提示する。

前掲、表6でも説明したが、学校の特徴を他の社会的機関と比較して明示することができる。私は「新・比較教育学」を提唱し、学校を工場、病院、鉄道、会社、刑務所、レジャーランド、カルチャーセンター、塾、農場、マスコミという10の機関と比較して、その特徴を明らかにし、また「現代学校論」と名付けてその特徴を、タライ回し、エスカレーター式、寄り合い世帯、ナベブタ型、タコツボ型、一人多役、大量処理、独占公共事業、タテマエ支配、板ばさみ、事なかれ主義、マンネリズムの12に整理した。これらの特徴は現代の学校の制度的、組織的、形態的、あるいは風土的、意識的な面に表明されている。（『校長の帝王学』上・下、教育開発研究所、１９９３）詳しくはこの著書を見てほしいが、図1ではそのうち最も図表化しやすい特徴を、学校と一般の社会組織（例えば会社や官庁や工場など）とを比較しやすいよう単純化した。ふつう一般の組織の地位構造は図1の如く、ピラミッド状をなすのに対し、学校のそれはナベブタ型である。会社や官庁では地位の上下が何層にも分れ、上に行くほど人数は少なくなるのに対し、学校では一人の管理職（教頭を入れても二人）が多数のヒラ教員を管理する（ナベブタ型）。これは個々の学級や教室でも同様で、たった一人の教師が多数の子どもを教室で管理、指導しなくてはならない。このナベブタ型の組織の管理者は孤独であり、それだけに管理は困難である。多数の教員が

（図１）

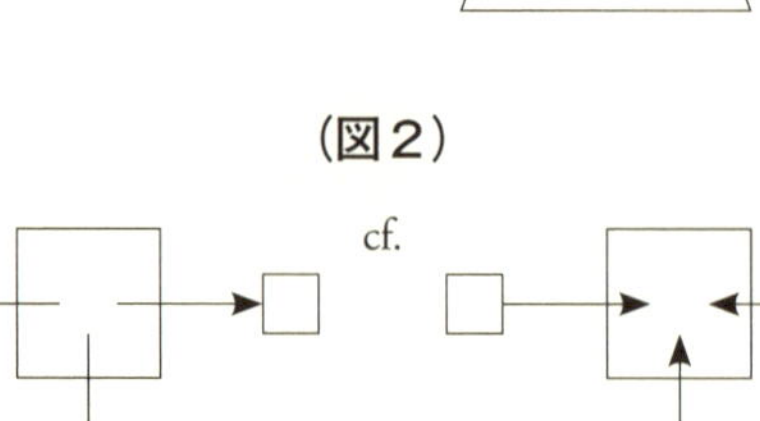

（図２）

校長を職員会議で攻め立てるとき、多数の子どもが教師に教室で反抗するとき、その困難は極に達し、学校や教室は崩壊状態に陥る。

もう一つの図2は学校内における単位としての学級の組織的特徴を図表化している。先に述べたタコツボ型がこれである。一般の職場（図2の右図）とはちがって、学校では始業のチャイムが鳴るまで中央の職員室に集まっていた教師たちはチャイムと同時に、各自自分の教室に行ってただ一人で数十人の子どもを教育する。「学級王国」の「国王」として「教室」に君臨する。上司や同僚に監督、観察されることも、また逆に上司や同僚に援助、指導されることもなく、たった一人で子どもたちの教育や管理の責任を負う。一般の職場ではそれまでバラバラに散らばっていた従業員は仕事開始とともにオフィスや作業場に集まって、上司の監督、指示、指導のもと、同僚から協力や助言を受けながらいっしょに仕事をする。教室という「タコツボ」型の世界が教師にとっての主要な活動たる子どもの指導や授業の舞台である。このタコツボ型という学校の特徴は、教師にタコツボ型の意識を生む。閉鎖的、独善的な思考がそれである。しかし学校という社会自体、外からの監視や介入、評価や要請に対して耳を傾けようとしないタコツボであるし、教師は生徒として学校に入学し、大学を卒業するまで学校で暮した後、教師として定年退職するまで学校で暮す。教師は学校というタコツボの中で、教師同士としか交わらない。「世間知らず」になりやすい教師がこうして生まれるのである。

(iii) 学校の提供する教育活動

次に学校が提供する教育活動の全体構造（表15）と、その中核を占める教科の全体構造（表16）とを図表化して、それぞれの下位分野の特徴を指摘する。こうした全体像から教育を解釈し、それぞれの役割と限界を知ることが何よりも必要である。この二つの表は学校のカリキュラムを分析したものであるが、表15は学校主導・対・生徒主導という、活動の計画や指導が学校側、教師側にあるか、それとも生徒側にあるかを一方の軸とし、活動が部分的・対・全体的、すなわち全人的であるか否かを他方の軸として、カリキュラムを大きく四つに分類したものである。また表16はそのうち表15で教科授業と称した部分を抜き出し、教科の構造を通して六つの教科群それぞれの特徴を指摘しようとしたものである。この表で示そうとしたのは、第一にタテに読んでもらうとき、言語系教科群—芸術系教科群はいわゆる人文系教科（教養）として共通性をもち、中央の社会系教科群—家庭系教科群はいわゆる社会科学系教科（教養）として、右側の理数系教科群—体育系教科群はいわゆる自然科学系教科（教養）として共通性をもつということである。事実、例えば言語系の国語という教科の一部たる文学鑑賞や創作や書道などは芸術の一部と考えてもよいし、理数系の生物は体育系の保健と密接な関係がある。第二に右斜線によって二分される教科群、すなわち理数・体育・家庭という三教科群はいわゆる理科系に、社会・言語・芸術という三教科群はいわゆる文科系に属する。第三に左斜線によって二分される教科

（表15）

部分的

学校主導	教科授業	クラブ部活動	生徒主導
	行事	生徒会HR	

全体的

（表16）

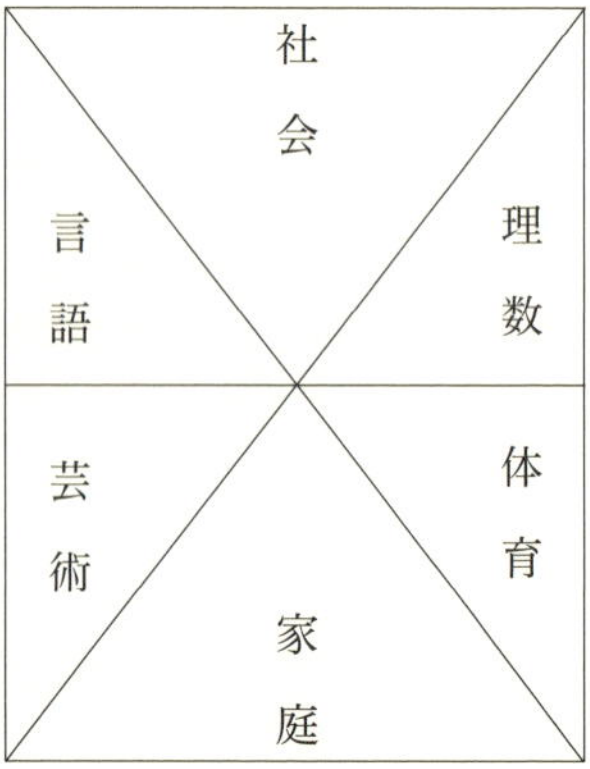

群、すなわち言語・芸術・家庭という三教科群は個性記述的、個性重視的な教養、学問に、社会・理数・体育という三教科群は法則定立的、共通性重視的な教養、学問に属する。第四に横線によって二分される上段の言語・社会・理数の三教科群は知的教科であり、下段の芸術・家庭・体系の三教科群は実践的教科、すなわち実践活動をそれぞれの教科にとって必要不可欠な要素とする教科である。例えば体育という教科は体育理論、体育史など知的な教育だけでは成立せず、体育実技やスポーツなど実践を抜いては成立しない。このようにそれぞれの教科群には分類軸によって共通性と独自性があり、それを知ることによって全人教育、統合カリキュラムへの道が開かれるのである。

(ⅳ) 指導の類型

教育の内容、教育課程の全体像を眺めたが、次に教育や指導の形態、方法の全体像を図式化してみると、表17のようになる。指導の場面、対象として大きく教科指導と教科外指導を分け、指導の形態、方法として集団指導と個人指導に分けると、表のように四つの主要な類型が得られる。教育活動、教育課程、教科の全体構造を表15、16で説明したが、指導についても四つの類型のそれぞれに固有な効果や機能があり、総合的にとらえることが必要である。

（表17）

	集団指導	個人指導
教科指導	いっせい指導	個別指導
教科外指導	教科外活動	相談

(ⅴ) 教育の一貫性

教育、中でも制度化された学校教育の特徴を眺めてきたが、次に学校を子どもの発達との対応という点からその問題点や課題を明らかにするため、作ったのが表18である。生涯教育は個人の生涯、一生というタテのライフの各時期に固有な学習課題、いわゆる発達課題、成長課題があるとし、教育の縦断面的、タテの統合を主張したが、これを学校教育に当てはめるとき、教育の一貫性、あるいは一貫教育の主張に関係してくる。表で示す通り、子どもは幼年期から少年期、さらに青年期と身心両面で発達し、やがて成人期、壮年期、熟年期、老年期などを迎える。こうしたライフ・サイクルを辿って子どもは社会化していくが、それに対応して学校という制度が設けられる。それが右欄に示した幼稚園、小学校、中学校、高校、大学などの学校である。ところが、いうまでもないが子どもの発達には個人差があり時代差がある。また幼年期、少年期、青年期（それぞれは前期、中期、後期などと細分化される）などというライフ・ステージ間の境界線ははっきりとしていない。身体的、精神的、社会的な発達は必ずしも平行しておらず、身体的には青年になっていながら、精神的、社会的には成熟していない人も少なくない。そのため各発達段階に明瞭な線を引くことはできないにもかかわらず、制度化された学校は暦年齢主義を採用しており、表の右欄が示すように明確に年齢段階によって区別されている。子どもの発達は個人差があり漸進的であるにもかかわらず、学校は段階によって明確な差がある。小中は義務制で通学区制を採用しているが、それ以上の高校や大学は選抜制でコース制を採用している。小学校は学級担任制だが、中学校は教科担任制である。子どもの発達と学校段階とは対応していない。子どもの発達は漸進的であるのに、学校の段階間には大きな段差がある。一言にしていえば学校制度は子どもの発達に対応していない。教育の一貫性、

（表18）

（学校制度）	（子どもの発達）
大学院	成人期
大学	
高校	青年期
中学校	
小学校	少年期
幼稚園	幼年期

例えば小中一貫、中高一貫その他の主張もこうした点から再検討する必要がある。

3 教師の特徴

学校という組織の特徴から、学校で働く教師にも固有の特徴があり、教師はそれを自覚しなくてはならない。ここではさらに職業としての教師、専門家としての教師という角度から教師の特徴を解明し、教師を類型化したい。

(i) 専門家の類型

教師は教育の専門家と見なされ自らもそう自負する。しかし専門家と一口にいっても、いろいろな種類、類型がある。英語でいえば表19のようにおよそ六つの単語があり、そのそれぞれに反対語が示すように、特徴がある。表を見るだけで詳しい説明は不用だが、教師は一つの職業である以上、すべてここでいうプロフェッショナルであり、教育を生活の糧とし、教育でメシを食っている職業人である。この意味でのプロフェッショナルは日本語でプロともいうが、プロの中には盗みのプロなど反社会的なプロもいる。不適格教員とかと判定されて解任される教師もそれまではプロであった。職業としての教師という場合、ふつうその職業とはプロフェッショナルを指している。日本語では知的専門職と訳され、その

(表19)

名称	特徴	反対語
プロフェッショナル	職業	ノン・プロ
プロフェッション	専門的知識、資格	レイマン
スペシャリスト	領域	ジェネラリスト
ベテラン	経験	ルーキー・ニューカマー
コヌワスール	鑑識眼	アマチュア
エキスパート	技量	ビギナー

職業につくには一定の専門的知識、またそれを身に着けていることを証明する資格、免許状をもっていなくてはならず、そうした専門的知識、学問を体系的に学習する大学を卒業していなくてはならない。かつては誰でも実力があれば学校を開き教師になることもできたが、学校が制度化され法的基準の充足を要求されるようになれば、高等専門教育を受けたという高学歴と教員免許状がなければ教師にはなれない。医者、法律家、僧侶などを代表とする知的専門職を先頭として、多くの職業が専門の学識と職業加入資格を要求することによって、その社会的威信と職業活動の独占を求めるようになったが、教師も同じようにプロフェッション化への道を辿ってきた。今日、学校の教師はプロフェッションの一つであり、次第に基礎資格としてより高度な専門的知識修得のため大学院修了を求められつつある。

このプロフェッションには職業活動の独占に伴って、高度な職業倫理（いわゆる倫理綱領に示される）を求められる。教師が専門家といわれる場合、その基準はプロフェッションの概念にある。また学校段階が下の小学校では学級担任による全教科担任制が採用されているように、ジェネラリスト的性格が教師には大きく、反対に学校段階が上になるほど狭い領域の専門家すなわちスペシャリスト的性格が強まり、それだけ「専門バカ」「世間知らず」「視野狭窄」に陥りやすい。そのためもあって現代、あらゆる段階の学校で教師にはジェネラリスト的な教養と役割が求められるようになっている。

(ii)　教師の類型

教師の意識や職業観、人生観などを基準に類型化してみると、表20のようにいくつか

（表20）

	本職中心	本職外中心
私利型	サラリーマン型 立身出世型	アルバイト型
没利型	教育者型 学者型 技術者型	政治家型

の類型が現実に存在する。その意識は必ずしも顕在化、自覚されているとは限らず、むしろ潜在、無意識の場合が多い。横軸には本職、すなわち教職を中心とするか、それ以外の関心や目標を中心とするかを、縦軸に私利型、すなわち自分の利益を追求する自分中心型か、それとも没利型、すなわち他者、他の個人や社会のために献身し、自己の利益や幸福を度外視する利他的な生き方か、をおいて教師の類型化を試みている。教師と一口にいっても、いろいろなタイプが存在するのである。

本職中心の没利型という望ましい、また望まれるタイプの教師（天職、聖職、専門職型の教師）の中にも教育者型、学者型、技術者型という三つの下位群が考えられるが、上述の知的専門職（プロフェッション）としての教師の役割を活動内容と活動方向との両面から分類してみると、表21が得られる。この表はもともと教育機関であるとともに研究機関である大学に勤務する大学教員の役割を類型化したものであるが、大学以下の学校の教師にも次第に高度な学歴が要求されるようになるにつれ、研究への関心が高まるにつれ、学校の教師にも当てはまるように思われる。教師がどの活動を重視するかによって、活動の優先順位が異なるのであり、学校の中、教師の世界の中にも、各種の教師が存在する。

なお、大学教師や大学に限っていえば、こうした役割に応じた能力開発（FD）が広く求められるようになっており、私はこのFDをさらにPD、ID、CD、SD、ODの五つに分けてそれぞれの目標、役割、方法などを図式化したことがある。（『大学評価』、玉川大学出版部、1993）

（表21）

		活動内容	
		社会的	知的
活動方向	対内的	管理	教育（伝達）
	対外的	サービス	研究（創造）

３　教育病理の研究

１　教育病理の分類

私の教育研究60年のうち最後の10年間は、武庫川女子大学教育研究所を母体として創設された大学院臨床教育学研究科と深く関係する。臨床教育学はその対象を教育病理に、その方法を学際性に求め、学問的にも制度的にも新しい分野であり、そこにいくつかの意味での独創性、オリジナリティがあると自負してきた。したがって教育病理への関心、研究の必要性の自覚がそこに端的に表われているとはいえ、この大学院を構想して急に高まったというわけではない。そこに長い間の源流や伏流が存在し、教育病理という名称を用いると否とにかかわらず、現実的にも理論的にも私を含めてほとんどすべての教育関係者、教育研究者にとって教育病理的な問題や現象は大きな関心の対象であった。

私自身の研究歴からいえば、本レポート、第33号（２００５年）に載せた「わが研究の軌跡――ある教育研究者の『自分史』」で述べたように、教育病理の研究への流れを辿ってみると、大学進学、受験競争、学歴主義、学歴意識など、入試地獄、「学歴病」と称される日本の教育がかかえる最も深刻な問題への関心とその研究から始まって、大学における学閥、学生運動、さらには「私語」の研究、そして第三に県別比較を手がけたさい、学校に出現する県間の学力差、非行その他の問題現象の差に注目し、社会病理とのアナロジーから、教育病理という名称とその研究の枠組みを提唱した。私自身、長い間、教師として教育現場にあって数々の問題現象や「問題」の学生生徒にかかわって悩んできたし、ほとんどすべての教師や学生生徒が同じような悩みを経験していることを知りつくしてきた。こうした

「問題」を教育病理という名でくるなら、それらが臨床教育学の対象に他ならない。

教育病理を体系的、構造的、網羅的に知り、研究するために私は表22を提唱した。教育病理の分類の枠組みと名付けることができる。この表は『教育病理の分析と処方箋』（教育開発研究所、1977）で初めて発表して以来、臨床教育学や教育病理に関する私の著書で常に用いているものであって、その要点は教育病理を機能的側面から機能不全に陥っている教育的病理と、構造的側面から構造異常に陥っている病理的教育とに二分し、さらに教育的病理を教育的浪費と教育的葛藤に、病理的教育を教育的遅滞と教育的格差に二分しているところにある。ふつう臨床場面、教育現場に出現する困った問題現象を教育病理というが、そうした現象を生み出す原因、背景、条件になっている教育自体の病理性に注目するとき、病理的教育という概念が生まれる。一例を挙げるなら落ちこぼれやいじめは教育的病理だが、その原因が過度のつめ込み、知育偏重、偏差値教育など教育自体にある場合、病理的教育と名付ける。前者は結果としての教育病理であり、後者は原因としての教育病理である。両者の関係を明らかにし、原因を是正除去することが真の解決をもたらす。

（表22）

教育的病理	機能的側面（機能不全）	（課題遂行、P機能）教育的浪費	（自己維持、M機能）教育的葛藤
病理的教育	構造的側面（構造異常）	（対外関係）教育的遅滞	（内部構造）教育的格差

2　不本意現象

以上述べてきたように教育病理は広範多岐にわたるが、学校が発達普及するにつれて起きざるを得ない教育病理の代表、また子どもも自身にとってもその教育に当たる親や教師にとっても最も身近かで深刻、厄介な問題現象は不本意就学、いやもっと広い不本意現象であろう。臨床教育学にとっても、不本意現象は教育現場に出現する教育的病理の典型であるから、その理論的体系的把握が何よりも求められるであろう。表23は、この不本意現象を分析するための図表である。

表は不本意現象が出現する人間を大きく二つに分け、教育を受ける学生・生徒と教育を授ける学校・教師とに区分し、前者を上欄に、後者を下欄に示し、さらにそれぞれの不本意現象を細分して示している。学生・生徒における不本意現象は表の通り不本意進学・入学・専攻・在学・出席などに細分される。不本意進学とは、進学すること自体、あるいは学校自体が「いや」であり「きらい」であって、どんな学校であれおよそ学校と名の付く組織、教育と名の付く活動を拒否するのに、就学、進学を強制されるときに起きる不本意現象である。学校が義務化、準義務化して、制度的、社会的に就学が強制されるときに起きる。よかれと思い、子どもの学習権を保障するという制度のもとでこの不本意進学が出現する。次に不本意入学とはこの学校、この大学という特定の志望校への希望が入試や各種の条件によってかなえられず、止むを得ず行きたくなかった学校に入学せざるを得なかった場合に起きる。不本意専攻とは行きたかった学科、コース、学部、専攻などを諸般の事情から断念せざるを得ず、止むを得ず別の専攻などに就学した場合に指す。大学に行きたかったし、第一志望の大学には入れたが、本来行きたかった学部は断念して、合格できそうな学部を選んで入学した場合などがそれである。次に不本意在学とは入学した

（表23）

学生・生徒の不本意現象	不本意進学・入学・専攻・在学・出席
学校・教師の不本意現象	不本意受入れ・就職・勤務

後にその学校や大学に在学すること自体が「いや」だが、今さら退学してやり直すのも面倒というのでいやいやながら在学、在籍しているなどの場合を指す。逆に大学や学校に在学すること自体は楽しく、進んで登校しているが、それは友だちと会ったり、クラブ活動に打ち込んだりすることは楽しみだが、肝心の授業は単位かせぎのため、必修課目のためにいやいや出席しているにすぎない場合は不本意出席である。学生・生徒の側の不本意現象はこのように多種多様であり、それがどれほど広く行き渡っているのかは明らかである。いやいやながら、止むを得ず就学することがいかに苦痛か、そうした学生生徒の教育がいかに困難かも明らかだ。

したがって学校や教師の側にも不本意現象がある。これにも表で示したようにいろいろなものがある。子どもの数が減ってくると、学校、大学の側には定員充足、「客集め」という生き残り競争が起きる。本来なら来てほしくない生徒、学生も目をつむって入学許可させなくてはならない場合が増える。学力や意欲の低い者、いやいや入ってきた者を受入れるという不本意受入れがそれだ。こうした学生生徒を相手に教えることは苦痛なので、もっと「格」「水準」の高い学校や大学に就職したいと思っていた教師は、今いる学校や大学からできれば別のところに行きたいと考えるが、その口もないので止むを得ず、現任校に就職し、やる気のない生徒ばかりが集まっている教室でいやいやながら授業を進めなくてはならない。学校側には学生・生徒・教員など、本心からこの学校に来たいと思っていた者だけを集めることができないため、この学校にしか来れなかった者を受入れざるを得ないという不本意受入れが、教師の側には不本意就職や不本意勤務が生まれる。不本意から生まれる不満が爆発すると、学級崩壊、登校拒否、校内暴力などの病理が起きる。不本意の程度も無本意、擬本意、半本意など、各種のものがあることは、『私語研究序説』(玉川大学出版部、１９９２）で指摘した。

今日の学校にこの不本意現象が広範化、深刻化することは、半ば不可避で構造的な傾向だといって差支えない。しかし、この現象に対する学校・教師側における基本的視点として、入学後に学生生徒の側に次の四つの経過の型が存在するということである（表24）。説明を加えるまでもないが、進学、入学、卒業という時間的な経緯を辿ってみるとき、進学、入学の時点には不本意であった者が、入学後も授業や学校生活に不満で不本意在学をつづける者がいるとすれば、それは予想通りであったことになる。逆に入学前、入学時は本意入学であり、本心から第一志望であった大学や専攻に合格し入学できた者が入学後も予想通り満足し、進んで出席し学習したとすれば、本意在学、本意出席をつづけ、卒業した後もここに来てよかったと思うであろう。最も望ましいのがこの型（本意↓本意）であるが、表でいう不本意↓本意型はその学校や大学の教育の成功を意味している。いやいや入学し、いやいや授業を受けた者が、次第に思い直してここに来てよかった、この授業を受けてよかったと思うようになり、進んで本意在学するようになったとすれば学校や教師の努力が実ったことになる。今日、急速に不本意入学など入学時における不本意現象が増えているから、この不本意入学者を入学後、本意在学者たらしめることがますます必要となっている。学校や教師の失敗は本意↓不本意型に表われている。折角、喜んで入学した本意入学者が入学後、期待外れに陥って不本意在学者となり、卒業時、卒業後も、この学校、大学を出たのは失敗だったと思うようになるのが、この型である。

（表24）

不本意　→　不本意	本　意　→　不本意
不本意　→　本　意	本　意　→　本　意

3 学歴主義と学歴意識

入試地獄、偏差値教育、受験戦争、浪人、通塾加熱など、今日の教育がかかえる病理症状の多くは社会に根強く行き渡っていると考えられる学歴偏重的な制度や慣行（これを学歴主義と称する）、そのため人びとの間に巣食う学歴意識、学歴コンプレックス、学歴志向の強さに支えられている。社会の進歩に従って、一方では高度な知識や技術を必要とする職業、専門職が増え、その養成機関としての学校、特に大学が社会的上昇のために求められるようになり、大学が発行する卒業証書や学位が重視されるようになる、他方では人材選別の機関としての学校や大学がその門戸を広く開くにつれて、大学進学への意欲が行き渡り、学歴獲得競争も激化する。社会からいえば人材発掘、人材養成の機関としての学校、大学を制度化し普及することが、個人からいえば社会的上昇、「立身出世」のために高度な学歴を得ることが求められるのである。この学歴主義は表25で示すようにタテの学歴主義とヨコの学歴主義とに2分される。タテ、すなわち段階的な学歴主義とは、より上級の学歴を重視する制度や慣行をいう。中学校出より高校出を、高校出より大学出を、大学出より大学院出を、それだけで高く評価するのがタテの学歴主義であり、同じ段階の学歴であっても「格」の高い大学や学部を出ているだけで、その他の大学や学部を出た人より優遇するのが、ヨコの学歴主義である。

学歴を得るためには入試という客観的に公平な試験に合格し、その後もたえず試験で採点され論文

（表25）

学歴主義	タテの学歴主義	ヨコの学歴主義
学歴意識	学歴への意識	学歴による意識（変容）

を審査されて卒業し学位を得るのだから、実力が必要である。学歴は当人の努力、能力、実力、実績を表わしている一方、学歴主義は形式的なレッテル、資格としての学歴を過度に評価し、学歴獲得のための実力（いわば偏差値的学力）以外の実力を無視、軽視している。学歴獲得競争は広く公平等に開かれているとはいえ、階層的、地域的、時代的などの条件による不平等や格差が存在する。学歴主義は学歴獲得後の実力の変化を無視している。学歴ないし学歴主義への意識に加えて、学歴によって個人の意識がいかに変容するかの研究が重要となる。有利な学歴所有者と不利な学歴所有者との比較を通して、本人の自己評価が学歴によっていかに大きく変わるかといった研究はその一例であり、私は『学歴――実力主義を阻むもの』（ダイヤモンド社、一九六六）等でこうした図式を下敷にして多くの理論的、歴史的、実証的研究を行ったし、学閥にもメスを入れた。

4　世代と世代葛藤

教育病理の理解や解釈にとってのもう一つの鍵概念、キーワードは世代である。デュルケームの有名な定義によれば「教育とは古い世代から新しい世代に対する方法的社会化である。」ところが今日、この教育が次第に困難となり、そこから多くの教育病理が生れている。新しい世代、子どもは古い世代、大人への尊敬を失い、大人は子どもを理解できなくなっており、世代間に対立、葛藤、暴力関係すら生れつつある。私は二つの世代概念があり、変動の激しさを特徴とする現代、世代の類型による解釈がますます重要になると考えている。二つの世代概念とは、年齢的世代と歴史的世代である。最も一般的にいえば、大人の世代、古い世代と、子どもの世代、新しい世代という世代区分が年齢的世代であり、暦年齢という生物学的な基準によって区分される。さらにティーンエージャー、10代、20代、老人世代など、多くの年齢的世代がある。これに対して戦前派、戦後派、大正世代、昭和1ケタ世代、全共斗世代、団塊の世代、ケータイ世代など、歴史的、時代的な段階を基準にした世代区分がある。年齢的世代の特徴は同一人物が次々に漸次、通過経験していく連続性にあり、歴史的世代のそれは当人にとって帰属的、属性的ともいえる一回性、非連続性にある。子ども世代はやがて若者世代に、さらに熟年世代、老人世代へと通過して行く。戦前派は生まれたときから死ぬまで戦前派であるが、今の子ども世代はやがて大人世代になって行く。時代や社会の変化が激しい状況の中では歴史的世代の概念が重要な意味をもつのに対し、その変化が緩やかな時代には年齢的世代だけで事足りる。変化が緩慢な、停滞した社会にあっては、今の子どもは大人になったとき、今の大人と同じような生活を送ることが予定されているから、大人を先輩として尊敬、信頼できるし、大人は自らの子どものころを思い起こせば、今の子どもを理解することができる。世代葛藤は起きないし、経験や知識に富む大人として年を重ねるにつれて、若い世代を指導、支配することを当然とする年功序列、老人支配が定着するのに対し、変動社会ではむしろ若い世代の方が学習力、柔軟性に富んでおり、古い世代は時代おくれになる。

こうして現代のような変化の激しい社会にあっては、歴史的世代の概念に注目する必要が大である。時代の特徴、例えば風潮、流行、世論、風土などを抜きにしては年齢的世代を理解することもできないし、教育の困難や課題を解決することもできない。抗し難い時代の風潮があって顕在的、潜在的に人びとの考え方や行動を支配するのであり、特に無意識の間に働くエゴイズムの解明が教育病理の研究にとって大きなテーマとなるであろう。地位が逆転した世代関係の中にあって、伝統的な教育が大きな困難に陥り、いかにして世代葛藤を解決し自らの身を守るかが大人、特に教師にとっての潜在的関心事となるからである。「殺し文句」「見て見ぬふり」「教育ポピュリズム」の研究などは、こうした点から教育病理に迫ろうとした私の試みの例である。

第3部　著書一覧

Ⅰ　単著（共著を含む）

Ⅱ　編著（共編を含む）

Ⅲ　訳書（共訳を含む）

Ⅰ　[単著]（共著を含む）

1.『特殊教育概論』　柳原書店　1952
2.『教育における愛の問題』　学術刊行会　1954
（『教育愛の問題』　福村出版　1971　と改題して出版）
3.『教育愛の構造』　福村出版　1954
4.『大学進学の問題—教育社会学的アプローチ』　光風出版　1955
5.『ルソー』（長田新監修シリーズ「西洋教育史」第5巻）　牧書店　1956
6.『学問』（アルプスシリーズ第296号）　アルプス　1965
7.『学歴とモラール』（同上　第305号）　アルプス　1965
8.『日本の大学教授市場—学閥の研究』　東洋館　1965
9.『〝学力時代〟の教育』　東方出版　1965
10.『デュルケーム研究—その社会学と教育学』　文化評論社　1966
11.『学生運動の論理—スチューデント・パワーと新しい大学の展望』　有信堂高文社　1969
12.『学生運動の心理・社会学的解釈』　新教育懇談会　1969
13.『社会教育』（友田泰正・有本章・野垣義行と共著）　玉川大学出版部　1970
14.『社会教育の方向—変動社会の教育ビジョン』　ぎょうせい　1970
（日本図書センターより復刻　2001）
15.『教師の権威—新しい教育的権威の発見』　ぎょうせい　0000
16.『現代教師の苦悩』　ぎょうせい　1974
17.『教師の良識』　ぎょうせい　1975
18.『現代日本の教育病理』　ぎょうせい　1976
19.『ゆとりある教育の探求』　ぎょうせい　1977
20.『日本の学界—〈学勢調査〉にみる学者の世界』（「日経新書」291号）　日本経済新聞社　1978
21.『ルソー再興』　福村出版　1979
22.『学校管理職の現実と課題』　ぎょうせい　1980
23.『ゆとりある教育』　広池学園出版部　1982
24.『文化と放送の役割』（斎藤清三・岡東寿隆と共著）　第一法規　1982
25.『学校管理の基本問題』（学校管理職講座第5巻）　ぎょうせい　1983
26.『今、子どもに何を』（菊地邦雄ほかと共著）　第一法規　1985
27.『日本の再建と教育改革』（衛藤瀋吉・広池千太郎と共著）　広池学園出版部　1985
28.『「殺し文句」の研究—日本の教育風土』　理想社　1985
29.『公的社会教育と生涯学習』　全日本社会教育連合会　1986
30.『今、親に問われているものは』（斎藤清三ほかと共著）　第一法規　1986
31.『「見て見ぬふり」の研究—現代教育の深層分析』　東信堂　1987
32.『教育社会学』（加野芳正と共著）　玉川大学出版部　1987
33.『サバイバルのための教育』　広池学園出版部　1988
34.『生涯学習体系の課題』　ぎょうせい　1989
35.『私語研究序説—現代教育への警鐘』　玉川大学出版部　1992
36.『校長の帝王学（上）—校長の権威』　教育開発研究所　1993
37.『校長の帝王学（下）—学校の活力』　教育開発研究所　1993
38.『戦争責任の宿題—真の平和を求めて』　国民会館　1994

38. 『教育病理への挑戦―臨床教育学入門』 教育開発研究所 1996
39. 『老兵の遺言状―現代教育警世録』 東信堂 1997
40. 『「生きる力」の探求―「生き方」と「心の教育」』 小学館 1997
41. 『志の教育―「危機に立つ国家」と教育』 教育開発研究所 2000
42. 『脱・教育ポピュリズム宣言―迎合のツケ誰が払う』 明治図書 2002
43. 『新堀通也の日本教育歴年史（1979～2004）』（安東由則編） 北大路書房 2005
44. 『歌集 戦中・戦後青春賦』 文芸社 2006

Ⅱ ［編著］（共著を含む）

1. 『教育人名辞典』（編集・年表作成） 理想社 1962
2. 『学歴―実力主義を阻むもの』 ダイヤモンド社 1966
3. 『現代教育社会学』（木原健太郎と共著） 明治図書 1967 （『増補・現代教育社会』として改版 1976）
4. 『学閥―この日本的なもの』 福村出版 1969
5. 『教育社会学』（末吉悌次と共著） 福村出版 1970
6. 『大学に関する欧文文献総合目録』（横尾壮英・中山茂と共著） 学術書出版会 1970
7. "The Notion of Modern Educational Sociology" UNESCO Institute for Education 1972
8. "Education and Student Problem in Japan" (with K. Kitamura) Kokusai Bunka Shinkokai 1972
9. 『日本の教育地図―県別教育診断の試み：体育・スポーツ編』 ぎょうせい 1973
10. 『高等学校 倫理・社会』（教科書）（監修） 第一学習社 1973
11. 『名著による教育原理』（片岡徳雄と共著） ぎょうせい 1975
12. 『高学歴社会の教育』（潮木守一と共著） 第一法規 1975 （「現代教育講座」第10巻）
13. 『日本の教育地図―県別教育診断の試み：社会教育編』 ぎょうせい 1975
14. 『現代教育の争点』 日本経済新聞社 1976
15. 『教育の県別診断―あなたの県の教育を採点する』 大阪教育図書 1977
16. 『道徳教育』 福村出版 1977
17. 『教育病理の分析と処方箋』 教育開発研究所 1977
18. 『これからの放送教育』 ぎょうせい 1979
19. 『教育革新の世界的動向』 学研 1979
20. 『現代社会教育用語辞典』（駒田錦一・日高幸男・吉田昇と共編） ぎょうせい 1979
21. 『日本の教育地図―県別教育診断の試み：学校教育編』 ぎょうせい 1980
22. 『教育学』（小笠原道雄と共編） 福村出版 1980
23. 『地方の時代―コミュニティ、そして文化』 ぎょうせい 1980
24. 『日本の教育』（「現代教育学シリーズ」全12巻の第9巻） 東信堂 1981
25. 『現代教育ハンドブック』（沖原豊と共編）（同上シリーズの第12巻） 東信堂 1981

26.『学者の世界』　福村出版　1981
27.『社会教育学』(「現代教育学シリーズ」第11巻)　東信堂　1981
28.『教育の病理』　福村出版　1982
29.『日本教育の力学』(青井和夫と共編)　東信堂　1983
30.『知日家人名辞典』(監修)　東信堂　1984
31.『大学教授職の総合的研究—アカデミック・プロフェッションの社会学』　多賀出版　1984
32.『教育の環境と病理』(津金沢聡広と共編)　第一法規　1984
33.『学問の社会学』　東信堂　1984
34.『大学生—ダメ論をこえて』　至文堂　1985
35.『現代生涯教育の研究』(広島大学退官記念論文集、上)　ぎょうせい　1985
36.『現代学校教育の研究』(同右、下)　ぎょうせい　1985
37.『学問業績の評価—科学におけるエポニミー現象』　玉川大学出版部　1985
38.『教員養成の再検討』　教育開発研究所　1986
39.『知日家の誕生』　東信堂　1986
40.『教師—その人間力・行動力』(斎藤清三と共編)　ぎょうせい　1986
41.『大学評価—理論的考察と事例』　玉川大学出版部　1993
42.『教育名句・名言読本』　教育開発研究所　1993
43.『戦後教育の論争点』　教育開発研究所　1995
44.『教育「大変な時代」』(新堀監修、全6巻の第1巻)　教育開発研究所　1996
45.『夜間大学院—社会人の自己再構築』　東信堂　1999
46.『臨床教育学の体系と展開』　多賀出版　2002

Ⅲ　[訳書]　(共訳を含む)

1. ドゥ・ガン『ペスタロッチ伝—その思想と事業』　学芸図書　1955
2. ウォーナーほか『誰が教育を支配するか—教育と社会階層』(清水義弘・森孝子と共訳)　同学社　1956
3. フレミング『教育の社会心理学』(森孝子と共訳)　東京創元社　1958
4. リースマン『大学教育論』(片岡徳雄・森楙と共訳)　みすず書房　1961
5. クライン『小集団の研究』(末吉悌次・池田秀男と共訳)　明治図書　1962
6. ケラー『現代のエリート』(石田剛と共訳)　関書院新社　1967
7. ベン・デービット『科学と教育』(安積鋭二・宮脇陽三・森孝子と共訳)　福村出版　1969
8. パーキン『イギリスの新大学』　東京大学出版会　1970
9. カリフォルニア大学・マスカティン委員会『バークレーの大学改革』　東京大学出版会　1970
10. ラングランほか『世界の生涯教育』(原田彰と共訳)　福村出版　1972
11. (監訳)コリンズ『資格社会—教育と階層の歴史社会学』　東信堂　1984

おわりに

『未曾有の国難に教育は応えられるか』というタイトルを選んで、過去60年間私自身が歩んだ教育の実践と研究、批判と提案を整理した。そこから教師を代表として、読者が何らかの示唆、方向を得られたなら、これにすぎる喜びはない。しかし改めて読み返してみると、特に3・11以後の未曾有の国難への教育の具体的課題はそれほど明確には示されていないように思う。収録した文章の大部分が3・11以前に書かれたものだからでもあろう。そこで「おわりに」に当たって端的、箇条書き的に2つだけ「未曾有の国難」に今後の教育がいかに応えるべきかを指摘したい。

①「未曾有の国難」克服の先駆的モデルの構築への使命感をもつこと。たしかに3・11の国難は未曾有ではあったが、そのうちもっとも深刻なのは福島原発の事故だ。しかしそれとてチェルノブイリやスリーマイルという先例がある。わが国が直面する国難は、それ以外にも世界でも最も深刻な少子高齢化、エネルギー、水、資源、財政、失業、格差、空洞化、財政破綻、自然破壊、温暖化、貿易赤字、社会保障、貧困などなど、数え上げれば際限がないが、これらは何もわが国だけの現象ではない。グローバル化が進行し、食糧、資源、市場などの奪い合いが激化しつつあるほとんど全世界に共通してみられる国難であり、いわば地球難といってもいいほどのものである。内戦、宗派的対立、クーデター、革命、若者の反乱なども大きな国難だが、わが国には幸か不幸かそうした国難はまだ見られない。

全世界的、地球規模で起きつつあるこれら多くの「未曾有」で「解決の見通し困難な」国難を先駆的、積極的、平和的に解決することはわが国にとって名誉、尊敬、信頼をもたらす絶好のチャンスとなるし、わが国に世界のモデルたるの地位をもたらすであろう。いたずらに「未曾有の国難」のもとで自信、希望、目標を喪失することなく、こうした前向きな使命感を育てることが教育の指導理念となるべきであろう。

②農業、中小企業などの後継者不足、産業の国際競争力の低下、企業の海外移転、円高、中国や韓国の急激な追い上げなどのもと、「資源小国」「災害列島」「少子高齢化」などのレッテルが当然視されてきたわが国が今後、何を頼りにして世界の中で生きていくかを知るには、今一度、わが国の伝統、文化、思想などを考え直し、その世界的意義を再発見しなくてはならない。科学、技術、文明、経済、人間を中心におき、自然を支配し、人知の結晶として、幾何学的な公園、高さと規模を誇る建築物など、計画的に設計された大都市などに対して、わが国には自然と融合した日本庭園、藁葺き家屋、茶室、神社仏閣など、独特の文化がある。盆栽、箱庭、家屋の模型など繊細でミニ自然ともいえる芸術品、民芸品がある。精密な鉄道の模型、ミニ野菜、世界最少の詩といわれる俳句などなど、ナノ、ミニなどの名を冠しうる技術や製品は、今後ますます世界的に貴重な価値をもつ日本の特産物となるだろう。資源小国といわれるが、日本の領海は世界でも稀なほど広い。海底資源、地熱エネルギーなど、日本は決して資源小国ではない。こうした事実を知らせることによって、子どもは日本の将来への希望と、自らに課せられた使命感とに目覚めることができよう。

新堀　通也

著者略歴

新堀通也（しんぼり　みちや）

1921年　神戸市に生れる
1945年　（旧制）広島文理科大学教育学科卒業、（旧制）広島女子高等師範学校教諭
1946年　（旧制）広島高等師範学校助教授
1952年　広島大学教育学部助教授
1968年　文部省社会教育官
1972年　広島大学教育学部教授、その後、同大学附属中高校長、教育学部長、大学教育研究センター長などを併任
1985年　広島大学退職、同大学名誉教授、武庫川女子大学教授、同大学教育研究所長に転任
2005年　武庫川女子大学退職、同大学名誉教授

1983年　中国文化賞
1987年　紫綬褒章
1992年　旭日中綬章

著書（別掲）100冊を越す

未曾有の国難に教育は応えられるか——「じひょう」と教育研究60年——

2012年3月15日　初　版第1刷発行　〔検印省略〕

＊定価はカバーに表示してあります。

著者 © 新堀通也／発行者　下田勝司　印刷・製本　モリモト印刷

東京都文京区向丘1-20-6　郵便振替　00110-6-37828
〒113-0023　TEL 03-3818-5521（代）　FAX 03-3818-5514

発行所　株式会社 東信堂

Published by TOSHINDO PUBLISHING CO.,LTD.
1-20-6, Mukougaoka, Bunkyo-ku, Tokyo, 113-0023, Japan
E-Mail：tk203444@fsinet.or.jp　http://www.toshindo-pub.com

ISBN978-4-7989-107-7　C3037　© Michiya SHIMBORI